T0209602

Arbeit – Marxistische und systemtheoretische Zugänge

Stefan Kühl

Arbeit – Marxistische und systemtheoretische Zugänge

 Springer VS

Stefan Kühl
Bielefeld, Deutschland

Bei diesem Buch handelt es sich um eine grundlegend überarbeitete und erweiterte Fassung des Buches „Arbeits- und Industriesoziologie" (transcript 2004).

ISBN 978-3-658-18116-1   ISBN 978-3-658-18117-8   (eBook)
DOI 10.1007/978-3-658-18117-8

Die Deutsche Nationalbibliothek verzeichnet diese Publikation in der Deutschen National-bibliografie; detaillierte bibliografische Daten sind im Internet über http://dnb.d-nb.de abrufbar.

Springer VS
© Springer Fachmedien Wiesbaden GmbH 2018

Lektorat: Katrin Emmerich

Gedruckt auf säurefreiem und chlorfrei gebleichtem Papier

Springer VS ist Teil von Springer Nature
Die eingetragene Gesellschaft ist Springer Fachmedien Wiesbaden GmbH
Die Anschrift der Gesellschaft ist: Abraham-Lincoln-Str. 46, 65189 Wiesbaden, Germany

Inhalt

Arbeit – theoretische Perspektiven 1

Arbeit ist ein schillernder Begriff. Intuitiv meint man zu wissen, was darunter zu verstehen ist. Wenn man aber genau hinsieht, wird deutlich, wie unklar es ist, was als Arbeit bezeichnet werden kann und was nicht. Dass jemand, der für seine Tätigkeit in einer Fabrik, in einem Altenheim oder einem Verein eine Entlohnung bekommt, arbeitet, mag noch unumstritten sein, aber was ist, wenn die Tätigkeit nicht entlohnt wird? Einer Unternehmerin, die ihre Firma selbst führt, kann man schwerlich absprechen, dass sie arbeitet, aber was ist, wenn sie ihr Unternehmen von anderen managen lässt und sich auf den Aufsichtsratsvorsitz zurückzieht? Wenn jemand als bezahlter Tutor an einer Universität seinen Kommilitonen die Feinheiten der Varianzanalyse beibringt, würde man vermutlich von Arbeit sprechen, aber wie sieht es aus, wenn die gleiche Person diese Leistung als Freundschaftsdienst erbringt?

Man könnte es sich einfach machen und alle menschlichen Tätigkeiten als Arbeit bezeichnen (zur Schwierigkeit siehe Applebaum 1992 und Budd 2011). Erwachsene, die ihre Kleinkinder wickeln, sie zum Kindergarten bringen oder ihnen abends aus Büchern vorlesen, würden dann Erziehungsarbeit leisten, und selbstverständlich müsste das Aufräumen, Putzen, Einkaufen und Kochen ebenfalls als Arbeit angesehen werden. Und auch jemand, der sich politisch engagiert, künstlerisch tätig ist oder ein Ehrenamt ausübt, würde nach diesem breiten Verständnis arbeiten. Wer mit seinem Partner oder seiner Partnerin spricht, vollbrächte aus dieser Perspektive Beziehungsarbeit, und wenn das auch noch mit Emotionen geschieht, würde zusätzlich Gefühlsarbeit verrichtet werden. Wer sich nach vergeblicher Beziehungsarbeit mit dem Verlust des Partners oder der Partnerin auseinandersetzt, würde Trauerarbeit leisten, und wer dies erst lange nach der Trennung verarbeitet, leistete dann Erinnerungsarbeit. Was immer wir tun, wir würden arbeiten – vorausgesetzt, es gelingt uns, diese Tätigkeiten vor uns und vor anderen als Arbeit erscheinen zu lassen (siehe Liessmann 2000, S. 86f.).

Die Frage ist jedoch: Wie genau gelingt es, uns und anderen deutlich zu machen, dass wir arbeiten und nicht einfach nur einem Vergnügen nachgehen? Alle Versuche, häusliche Tätigkeiten wie die Erziehung von Kindern, die Pflege von Angehörigen und die Zubereitung der Mahlzeiten als Arbeit anerkannt zu bekommen, verlaufen erfolglos: Die finanzielle Entlohnung scheint immer noch das entscheidende Kriterium dafür zu sein, dass es sich bei einer Tätigkeit um Arbeit handelt (siehe dazu Waring 1999). Durch Bezahlung wird signalisiert, dass eine Tätigkeit jemand anderem etwas wert ist; und dann lässt sich Arbeitskraft auf Märkten handeln, genauso wie Waren und Kapital.

Die Möglichkeit und – wichtiger noch – die Notwendigkeit, die eigene Arbeitskraft auf Arbeitsmärkten anzubieten und zu verkaufen, bildete sich umfassend erst mit der Entstehung der kapitalistischen Wirtschaftsordnung aus (siehe dazu Polanyi 1977, S. 94). In der Übergangszeit von der Feudalgesellschaft zur kapitalistischen Gesellschaft gab es noch viele Personengruppen, für die das Anbieten von entlohnter Tätigkeit auf dem Arbeitsmarkt keine zentrale Rolle spielte. Die auf dem Land lebenden Kleinbauern, Heimarbeiter und Handwerker hatten verschiedene Quellen, die zu ihrem Lebensunterhalt beitrugen. Sie verkauften zwar Produkte und Dienstleistungen, lebten aber in beträchtlichem Umfang von selbst angebauten und hergestellten Erzeugnissen. Aber auch die in Städten lebenden Handwerker und Lohnarbeiter pachteten ein kleines Stück Land und bauten dort Nahrungsmittel für den Eigenbedarf an, um so wenigstens teilweise unabhängig zu sein. Die in vielen Städten noch zu findenden Kleingartensiedlungen sind ein Überbleibsel dieser ökonomischen Überlebensstrategien (siehe dazu Crouch und Ward 1997; Willes 2014). Hauspersonal, Gesinde und unverheiratete Handwerksgesellen hatten in der Regel keinen Zugang zu einem solchen Stück Land. Da sie jedoch in den Haushalt ihres Arbeitgebers integriert waren, war auch für sie die Lohnarbeit nicht von zentraler Bedeutung. Die wichtigsten Grundlagen ihrer Existenz waren Kost und Logis, die sie „kostenlos" von ihrem Arbeitgeber erhielten. Lohn in Form von Geld spielte eine untergeordnete Rolle (siehe Kocka 1983, S. 40; Kocka 1990, S. 109.). Rudimente dieser ursprünglich einmal stark verbreiteten Arbeitsform findet man bei Au-pairs, die für einen begrenzten Zeitraum und bei geringer Entlohnung in den Haushalt einer Familie integriert werden (siehe Búriková und Miller 2010).

Erst mit der Durchsetzung der Lohnarbeit wurde Arbeit zu einer durch Geld quantifizierbaren Ware. Es wurde möglich, die Tätigkeit eines Soldaten mit der eines Webers oder der eines Landarbeiters unter monetären Gesichtspunkten zu vergleichen. In Betrieben konnten Kosten für Arbeitskräfte ähnlich wie Kosten für Rohstoffe und für Kapital kalkuliert werden, und diese verschiedenen Kostenfaktoren konnten miteinander in Beziehung gesetzt werden. Es wurde möglich, auszurechnen, ob es günstiger ist, eine Aufgabe durch Einführung neuer automatisierter Produktionsmethoden oder durch extensiven Einsatz von Arbeitskräften zu erledigen. Und ganz zentral – von dem Moment an, als Arbeitsleistungen in Dollar, Mark oder Franken quantifizierbar wurden, wurden sie, ähnlich wie Produkte oder Kapital, auf Märkten handelbar (zur Beobachtungsfunktion von Märkten siehe Luhmann 1988a, S. 95).

Das letzte Jahrhundert ist gekennzeichnet durch das Bestreben, immer mehr Tätigkeiten als zu entlohnende Arbeit anerkennen zu lassen. Besonders die Frauenbewegung setzte sich dafür ein, dass Haushalts-, Erziehungs- und Pflegearbeit durch monetäre Belohnung aufgewertet werden sollte (siehe einschlägig Oakley 1985; Oakley 1990). Konservative Kreise übernahmen diesen Gedanken in einem gewissen Rahmen, indem sie forderten, dass Frauen vom Staat eine „Herdprämie" ausgezahlt bekommen sollten, wenn sie ihre Kinder nicht in eine Kindertagesstätte geben, sondern zu Hause großziehen. Auch gab es verstärkt Überlegungen dazu, die Ehrenamts-, Bürger- und Eigenarbeit dadurch aufzuwerten, dass sie in irgendeiner Form entgolten werden sollte (siehe Boll und Reich 2012; Bungum und Kvande 2013). Man dachte dabei nicht nur an Formen von monetärer Entlohnung, sondern auch an Vergünstigungen in Form von Steuererleichterungen, Zugang zu Studienplätzen oder staatlichen Dienstleistungen (siehe dazu Beck 1999; Georgeou 2012).

Letztlich hat dieser Kampf um Anerkennung durch monetäre Aufwertung zur Folge, dass immer mehr Tätigkeiten einer Kommodifizierung unterliegen. Unter Kommodifizierung versteht man in den Sozialwissenschaften, dass immer mehr Dinge monetär bewertet und damit letztlich auf Märkten handelbar gemacht werden. Genauso wie Kunstwerke (Velthuis 2005), Adoption von Kindern (Zelizer 1985), menschliches Sperma und Eizellen (Almeling 2007), Organe (Healy 2006), Bildungsleistungen (Kühl 2012) oder Umweltschäden (Fourcade 2011) mit „Preisschildern" versehen werden, würde auch der Wert von immer mehr menschlichen Tätigkeiten zunehmend in Dollar, Euro oder Yuan berechnet werden (Budd 2011, S. 43ff.).

Dass das Aufkommen von bezahlter Arbeit und die damit verbundene Entstehung von Arbeitsmärkten ein zentrales Merkmal der modernen Wirtschaft darstellt, ist unumstritten (siehe dazu Castel 1995). Eine der Kernfragen der Sozialwissenschaften ist jedoch, wie entscheidend dieser Prozess des Anbietens und Verkaufens von Arbeitskraft auf Märkten nicht nur für die Wirtschaft, sondern für die moderne Gesellschaft insgesamt ist.

Die Erklärung der Gesellschaft über die Schlüsselkategorie der Arbeit

Hinter sozialwissenschaftlich informierten Zeitdiagnosen wie der von der Arbeitsgesellschaft, der Industriegesellschaft, der Dienstleistungsgesellschaft oder der kapitalistischen Gesellschaft verbirgt sich die Vorstellung, dass Arbeit *die* zentrale

Kategorie ist, um die moderne Gesellschaft zu erklären. Mit dem Bekenntnis zu solchen Zeitdiagnosen herrschte in der Soziologie lange Zeit die Vorstellung vor, dass über die Schlüsselkategorie „Arbeit" nicht nur die Verhältnisse in Unternehmen, Verwaltungen oder Krankenhäusern, sondern in der gesamten Gesellschaft beschrieben werden können (vgl. Offe 1985, S. 129ff.). Das hängt maßgeblich damit zusammen, dass die Entstehung der Soziologie als wissenschaftliche Denkrichtung mit der Hochphase der Industrialisierung und der Ausbildung des Kapitalismus zusammenfiel (vgl. Dahrendorf 1962, S. 7ff.). So verglich der im späten 18., frühen 19. Jahrhundert wirkende Sozialwissenschaftler Claude-Henri de Saint-Simon in „Du système industriel" (1964), einer der ersten soziologischen Arbeiten überhaupt, die französische Gesellschaft mit einer großen Manufaktur. Sein Begriff des „entreprise industriel" bezeichnet dabei nicht nur einen Betrieb, sondern letztlich auch die Gesellschaft selbst. Der im 19. Jahrhundert lebende Evolutionstheoretiker Herbert Spencer (1969) beschrieb die Entwicklung von einer militärischen zu einer industriellen Gesellschaft, in der der geschäftsmäßige Austausch von Leistungen zur allgemein herrschenden sozialen Beziehung wird.

Die Sozialwissenschaftler hatten lange Zeit eine deutliche theoretische Präferenz für den Marxismus – schließlich gibt es kaum eine andere Theorie, die der Arbeit eine solche Bedeutung bei der Erklärung der Gesellschaft einräumt. Die Arbeit – so schon Friedrich Engels (1962, S. 444) – sei „die erste Grundbedingung allen menschlichen Lebens, und zwar in einem solchen Grade, dass wir in gewissem Sinn sagen müssen: Sie hat den Menschen selbst geschaffen". Spätestens nach den Umbrüchen an den Universitäten in den späten 1960er und frühen 1970er Jahren orientierten sich die an Arbeit interessierten Sozialwissenschaftler in ihrer Mehrzahl an der Marx'schen Gesellschafts- und Geschichtstheorie. Kein Weg schien an Marx vorbeizuführen, bot dieser doch eine „umfassende theoretische Deutung all dessen, was man erforschen wollte, auf höchstem denkerischem Niveau" (Bahrdt 1982, S. 14; siehe dazu auch Strangleman 2016, S. 22). Über die Schlüsselkategorie *Arbeit* hatten die an Marx orientierten Sozialwissenschaftler überzeugende Anschlussstellen an die soziologische Gesellschaftstheorie, an die Theorie des Betriebes und an Theorien über das Individuum. Konkret: Da die Klassenverhältnisse bei Marx das Verhältnis zwischen Kapital und Arbeit widerspiegeln, war es möglich, über das Konzept der *Klassen* die gesamtgesellschaftlichen Verhältnisse, die Spannungen in Betrieben und das Verhalten von Individuen mehr oder minder mit der gleichen Theorie zu fassen.

Aber spätestens seit den 1990er Jahren scheint großen Teilen der Sozialwissenschaft der Marxismus als zentraler Bezugspunkt verloren gegangen zu sein. Ob dieser eher stillschweigende Abschied von Marx nun einer allgemeinen Theoriemüdigkeit alter soziologischer Kämpfer, der Unzufriedenheit mit Aspekten der Marx'schen Theorie oder einer politischen Ernüchterung angesichts des Scheiterns des Staatssozialismus geschuldet ist – auf jeden Fall kommt es zu einer zunehmenden gesellschaftstheoretischen Abstinenz großer Teile der Arbeits- und Industriesoziologie, der Arbeitswissenschaft und der Wirtschaftswissenschaft. Grundlegende Arbeiten über die Entwicklung der kapitalistischen Wirtschaft stellen zurzeit eher seltene Ausnahmen dar. Neue Rationalisierungsstrategien in Unternehmen werden beschrieben, ohne dass Profitmaximierungsstrategien in eine marxistische Grundinterpretation eingeordnet werden. Forschungen über Arbeitseinstellungen werden kaum noch an die einstmals prominenten Forschungen zum Klassenbewusstsein rückgebunden.

Die marxistischen Wurzeln der an Arbeit interessierten Sozialwissenschaftler reichen so tief, dass sich die meisten von ihnen nur begrenzt an grundlegend anders gebaute gesellschaftstheoretische Konzepte heranwagten. Vorherrschend scheint der Trend zu sein, sich entweder auf Theorien mittlerer Reichweite wie Mikropolitik, Prinzipal-Agent-Theorie oder Neoinstitutionalismus zu stützen oder gleich gänzlich auf jeden theoretischen Zugang zu verzichten. Die Mehrzahl sozialwissenschaftlicher Analysen ist durch eine auffällige theoretische Bescheidenheit gekennzeichnet. Wenn überhaupt, werden Theorien genutzt, deren Erklärungsanspruch sich auf einen kleinen Ausschnitt des Sozialen beschränkt. Das Heil wird in Theorien gesucht, die nicht mehr auf die Gesellschaft als Ganzes ausgerichtet sind, sondern nur noch auf einen kleinen Aspekt des Sozialen (siehe für eine frühe Kritik Stollberg 1978, S. 21). Immer mehr empirische Forschungen werden aneinandergereiht, ohne dass das vermehrte Wissen zur Bildung einer umfassenden Theorie führen würde (Luhmann 1984, S. 7).

Jenseits der Begrenzung auf Theorien mittlerer Reichweite – Marxismus und Systemtheorie als Großtheorien

Entgegen diesem Trend zu einem weitgehenden Verzicht auf die Anbindung arbeits- und industriesoziologischer, arbeits- und wirtschaftswissenschaftlicher Forschungen an umfassende gesellschaftstheoretische Ansätze geht es mir in diesem Buch darum, die zentralen Debatten über Arbeit aus der Perspektive der beiden zurzeit besonders interessanten Großtheorien zu rekonstruieren – des Marxismus und der Systemtheorie. Dabei geht es nicht darum, eine verbindliche Definition von Arbeit voranzustellen (zu den Schwierigkeiten siehe z. B. Provis 2009; Voß 2010 oder Budd 2013) und dann zu zeigen, wie sich die Großtheorien daran abarbeiten, sondern vielmehr darum, zu zeigen, wie die beiden Theorien sich in den mit Arbeit verbundenen zentralen Kontroversen positionieren.

Der Anspruch der beiden Großtheorien – dieser „Grand Theories" – ist es, nicht nur *einzelne*, sondern *alle* Aspekte des Sozialen erklären zu können. Von einer

Großtheorie kann man also erst dann sprechen, wenn eine Theorie die Stabilität und den Wandel von Gesellschaften erklären kann, wenn sie das Verhältnis von Wirtschaft, Politik, Recht, Erziehung, Wissenschaft, Religion, Massenmedien und Sport zueinander bestimmen kann, die Funktionsweise von Organisationen, seien es nun Unternehmen, Schulen, Universitäten, Kirchen oder Fernsehanstalten, beleuchten und wenn sie so elementare Sozialformen wie das Einkaufen in Supermärkten, den Austausch von Zärtlichkeiten auf der Betriebsfeier oder Mobbing in Schulklassen beschreiben kann.

Sicherlich – nicht zu allen sozialen Phänomenen wird bereits eine Analyse aus der Perspektive einer Großtheorie vorliegen, aber es muss prinzipiell möglich sein, jedes soziale Phänomen mit deren Mitteln zu beschreiben. Man braucht Zeit, um so unterschiedliche Themen wie die weltweite soziale Ungleichheit, die Abnahme der physischen Gewalt in modernen Staaten, die zunehmende rechtliche Gleichstellung von Frauen und Männern in Organisationen, die Vorrangregeln in Warteschlangen oder die Rollenkonflikte von Gastgebern in Talkshows aus einer theoretischen Perspektive auszuarbeiten. Der Anspruch einer Großtheorie besteht jedoch darin, diese unterschiedlichen Phänomene in ihrer Bedeutung theoretisch konsistent und gleichzeitig empirisch angemessen beschreiben zu können – sonst wäre sie keine Großtheorie.

Welche sozialwissenschaftlichen Theorien als Theorie mittlerer Reichweite und welche als „Grand Theory" zu verstehen sind, ist nicht immer ganz leicht zu unterscheiden. Es gibt Theorien – man denke beispielsweise an die Rational-Choice-Theorie –, die als Theorien mittlerer Reichweite gestartet sind, aber immer mehr den Anspruch entwickelt haben, eine Theorie zur Erklärung aller sozialen Phänomene zu sein. Und es gibt Theorien – wie beispielsweise die Konflikttheorien von Ralf Dahrendorf (1957) oder Randall Collins (2012) –, die zwar umfassende Ansprüche zur Erklärung der modernen Gesellschaft gehabt haben, aber von denen letztlich nur eine – stark umstrittene –Theorie von Interessenkonflikten auf der Gesellschaftsebene übrig geblieben ist.

Der Test, mit der man die Reichweite einer Theorie bestimmen kann, ist jedoch vergleichsweise einfach. Man nimmt eine Theorie, die man erfolgreich zur Analyse eines sozialen Phänomens verwendet hat, und wendet sie auf ein anderes an. Wenn die Theorie zur Erklärung des anderen sozialen Phänomens nicht geeignet ist, dann hat man es mit einer Theorie begrenzter Reichweite zu tun. Häufig geben Anhänger einer Theorie dies selbst zu erkennen, indem sie offensiv erklären, dass zum Beispiel „ihre" Theorie der Mikropolitik, der Mobilisierung von Ressourcen oder der hegemonialen Männlichkeit sehr gut geeignet ist, einige soziale Phänomene zu beschreiben, andere sich damit aber gar nicht oder nur sehr unpräzise darstellen lassen.

Um nicht missverstanden zu werden: Es ist möglich, Theorien mittlerer Reichweite vielfältig zu nutzen. Mit der Theorie des Neoinstitutionalismus lässt sich – um ein Beispiel zu nennen – gut erklären, weswegen sich bestimmte Managementmuster in Organisationen weltweit durchgesetzt haben (siehe Bromley und Meyer 2015). Mit der Praxistheorie – um ein anderes Beispiel zu erwähnen – lässt sich gut analysieren, weswegen sich in der Oberschicht ein bestimmter Habitus ausbildet (siehe Bourdieu 1979). Aber wenn man weitergehende gesellschaftstheoretische Ansprüche hat, darf man sich mit Erklärungen einzelner Aspekte des Sozialen nicht zufriedengeben, sondern muss den Anspruch haben, alle Aspekte des Sozialen erklären zu können.

In den Sozialwissenschaften existieren spätestens seit Beginn des 20. Jahrhunderts zwei grundlegend unterschiedliche gesellschaftstheoretische Perspektiven, von denen eine mehr auf Klassenherrschaft fokussiert ist und die andere eher auf die Arbeitsteilung zwischen gleichrangigen gesellschaftlichen Teilbereichen. Vereinfacht ausgedrückt: Während der Marxismus Klassenunterschiede, also die durch die Produktionsverhältnisse geprägte Unterscheidung von oben und unten, als primäres Kriterium moderner Gesellschaften ansieht, erklärt die Systemtheorie die Gesellschaft aus dem spannungsreichen Zusammenspiel gesellschaftlicher Teilsysteme wie Wirtschaft, Politik, Wissenschaft und Religion.

Dabei darf nicht übersehen werden, dass weder der Marxismus ein Monopol darauf hat, die Gesellschaft über Klassengegensätze zu erklären, noch die Systemtheorie die einzige Theorie ist, die das Zusammenspiel gesellschaftlicher Funktionssysteme thematisiert. Auch wenn der Begriff der Klasse vorrangig mit der marxistischen Bestimmung über den Besitz an Produktionsmitteln assoziiert wird, finden sich wichtige Klassentheorien beispielsweise auch bei Ferdinand Tönnies oder Pierre Bourdieu. Für Tönnies war der Kampf um ökonomische, politische und geistig-moralische Vorherrschaft immer auch ein Kampf zwischen Klassen (Tönnies 2010), und Bourdieu negiert zwar die Bedeutung des ökonomischen Kapitals für die Klassenbildung nicht, hält aber die Bedeutung von kulturellem und sozialem Kapital für die Klassenbildung für ähnlich wichtig (Bourdieu 1979). Die Theorie funktionaler Differenzierung wird heutzutage mit der Systemtheorie Niklas Luhmanns identifiziert, ihre Grundlagen finden sich jedoch bereits bei den Ende des 19., Anfang des 20. Jahrhunderts wirkenden Soziologen Émile Durkheim und Max Weber. Durkheim vergleicht moderne Gesellschaften mit höheren Lebewesen, in denen verschiedene Organe jeweils eine Funktion für das „große Ganze" erfüllen. In der modernen Gesellschaft bildet sich eine „organische Solidarität" aus, weil die verschiedenen „Organe" gerade aufgrund ihrer Arbeitsteilung aufeinander angewiesen sind (vgl. Durkheim 1988, S. 236ff.). Auch Weber argumentiert, dass in der modernen Gesellschaft verschiedene „Wertsphären" wie Wissenschaft, Wirtschaft, Recht, Politik und Kunst miteinander in Widerstreit geraten (vgl. Weber 1990, S. 536ff.).

Die unterschiedliche Bauart der marxistischen Theorie einerseits und der Systemtheorie andererseits führt dazu, dass Phänomene wie der Einfluss wirtschaftlicher Interessengruppen auf die Politik, das Recht oder die Wissenschaft, die Konflikte zwischen Gewerkschaften und Arbeitgebern, die Organisation von Arbeit in Betrieben, die Kooperationsbeziehungen zwischen Unternehmen, öffentlichen Verwaltungen und Universitäten oder die Klassenidentität von Proletariern verschieden betrachtet werden. Während die Marx'schen Theorieinstrumente es verlangen, die Analyse von Politik, Recht oder Wissenschaft auf die ökonomischen Verhältnisse zu beziehen und auch die Logiken von Organisationen und Individuen in engem Zusammenhang mit diesen ökonomischen Verhältnissen zu denken, betont die Theorie funktionaler Differenzierung nicht nur die Unterschiedlichkeit der gesellschaftlichen Teilbereiche, sondern stellt auch die Eigenlogik von Organisationen und Personen als Systeme in den Mittelpunkt.

Der Fokus auf drei Debatten

Im Folgenden stelle ich drei zentrale Debatten dar, in denen die marxistische Theorie mit ihrem eigenen Verständnis von Arbeit prominente Vorlagen geliefert hat und die sich deswegen besonders gut eignen, die Differenz zur Systemtheorie herauszuarbeiten. In einer veralteten Terminologie würde man von einer Analyse auf der Makroebene der Gesellschaft, der Mesoebene der Organisation und der Mikroebene des individuellen Denkens und Handelns sprechen (für eine weitere Verwendung der veralteten Terminologie siehe aber z. B. Scott 2001, S. 83ff.).

Der erste Fokus richtet sich auf die Rekonstruktion gesamtgesellschaftlicher Entwicklungen. Wie wird der Konflikt zwischen Kapital und Arbeit rechtlich reguliert? Welche moderierenden Funktionen übernimmt die Politik in dieser Auseinandersetzung? Die klassische marxistische Theorie bestimmt die Funktionsweise des Rechts oder der Politik jeweils aus den Produktionsverhältnissen. Die Wirtschaft ist kein gesellschaftlicher Teilbereich unter vielen, sondern derjenige, der den maßgeblichen Einfluss darauf hat, wie die Gesellschaft insgesamt funktioniert. „Kapitalismus" bezeichnet deswegen nicht allein die Funktionsweise des Wirtschaftssystems, sondern der Gesellschaft allgemein. Die Systemtheorie hingegen betont – wie andere Theorien funktionaler Differenzierung auch – die Ausdifferenzierung verschiedener gesellschaftlicher Teilbereiche wie Politik, Recht oder Wirtschaft, die wichtige Funktionen füreinander erfüllen, ohne dass von der Dominanz eines gesellschaftlichen Teilbereichs über die anderen ausgegangen werden kann.

Ein zweiter Fokus ist auf den Betrieb als den Ort gerichtet, an dem jedenfalls in der Hochphase der Industrialisierung die zentralen Produktionsprozesse ablaufen – die Organisation. Die klassische marxistische Theorie begreift die Kooperations-, Herrschafts- und Kontrollstrukturen in Organisationen als Teil einer Auseinandersetzung zwischen durch objektive Interessen geprägten antagonistischen Lagern. Auf der einen Seite finden sich diejenigen, die aufgrund ihres Kapitalbesitzes über fremde Arbeitskraft verfügen können. Auf der anderen Seite stehen diejenigen, die nichts zu verkaufen haben als ihre Arbeitskraft. Die Systemtheorie gesteht zu, dass es in Organisationen Konflikte zwischen Kapitalbesitzern und Arbeitern gibt, stellt aber fest, dass diese häufig durch andere Konflikte zum Beispiel zwischen verschiedenen Abteilungen oder zwischen verschiedenen Berufsgruppen überlagert werden; sie betont indes auch die Eigensinnigkeit von Organisationen – von Unternehmen genauso wie von Universitäten, Verwaltungen und Krankenhäusern. Während in der marxistischen Theorie die Analyse von Organisationen zu großen Teilen aus den gesellschaftlichen Produktionsverhältnissen abgeleitet wurde, wird in der Systemtheorie die Eigensinnigkeit von Organisationen – von Unternehmen genauso wie von Universitäten, Verwaltungen und Krankenhäusern herausgearbeitet. Es wird in der Systemtheorie zugestanden, dass die wirtschaftliche, rechtliche, politische und massenmediale Umwelt für Organisationen eine wichtige Rolle spiele, aber es geht dieser Theorie darum, Organisationen als soziale Systeme zu verstehen, die sich über Mitgliedschaftsregeln, eigene Zweckformulierungen und Hierarchien von dieser Umwelt abgrenzen.

Der dritte Fokus liegt auf den Erfahrungen, Verhaltensreaktionen und Denkformen der durch die Produktionsverhältnisse geprägten Personen. Mit dem Begriff der Klasse besitzen die marxistisch geprägten Theorieansätze eine Kategorie, die einerseits über die Produktionsverhältnisse zwischen Arbeit und Kapital eindeutig bestimmbar zu sein scheint und die es andererseits ermöglicht, die Beziehung zwischen Gesellschaft und Individuum zu begreifen. Insofern war es konsequent, dass ein wichtiger Forschungsstrang sich mit der Ausbildung des Klassenbewusstseins der arbeitenden Bevölkerung beschäftigte. Die Systemtheorie setzt dagegen bei der Bestimmung des Verhältnisses von Gesellschaft und Individuum besonders auf den Begriff der Rolle. Aus dieser Theorieperspektive erscheint das Individuum als Rollenträger, dessen Rollenrepertoire auch die Rolle des klassenbewussten Proletariers beinhalten kann, aber eben nur als eine Rolle unter vielen.

Die zentrale Perspektive liegt also auf gesellschaftlichen Prozessen der heutigen Zeit, die sich in den letzten Jahrhunderten zuerst in Europa und in Amerika ausgebildet und dann über die ganze Welt verbreitet haben. Damit soll nicht ausgeschlossen werden, dass man aus einem marxistischen oder aus einem systemtheoretischen Verständnis viel über die Arbeit in der Antike, im Mittelalter oder der frühen Neuzeit lernen kann (siehe für prägnante historische Überblicke Conze 1972; Applebaum 1992 oder Jochum 2010). Aber die zentralen Debatten wurden über die Veränderung von Arbeit in den letzten Jahrhunderten geführt.

Primat der Ökonomie vs. funktionale Differenzierung: Die Debatte über die Form der modernen Gesellschaft **2**

In aktuellen Zeitdiagnosen findet sich häufig die These einer „Ökonomisierung" der Gesellschaft. Jede Entscheidung, die in der Gesellschaft getroffen wird, wird als eine letztlich ökonomische präsentiert. Die Wahl eines Studienfaches, eines Jobs, der Fahrspur auf der Autobahn oder eines Sexualpartners stellt sich als eine nutzenorientierte Entscheidung von Individuen dar. Aus den Wirtschaftswissenschaften kommend, gibt es die Tendenz, das „ökonomische Kalkül" bei jeder Entscheidung als letztlich rational zu präsentieren.

Neoliberale Ansätze gehen davon aus, dass Gesellschaften zu einem höchstmöglichen Wohlstandszuwachs für alle kommen, wenn man in allen Bereichen ökonomische Kriterien walten lässt und das sich über Preise selbst regulierende Spiel der Marktkräfte nicht durch politische Interventionen verzerrt. Dieser Ansatz, der auf frühe Überlegungen des Ökonomen Léon Walras zurückgeht, proklamiert, dass Arbeits-, Finanz-, Produkt-, aber auch Freundschafts- und Heiratsmärkte sich in einem stabilen Gleichgewicht halten können, wenn man der unsichtbaren Hand des Marktes nur freien Lauf lässt (vgl. z. B. Friedman 1999, S. 414).

Die Kritiker des Neoliberalismus spiegeln in letzter Konsequenz nur diese Auffassung. Sie beklagen, dass der Planet zu einem Spielfeld ausschließlich einer Triebkraft wird: der des Profits. Die „neurotische Gewinnsucht", die „Verlockung des Profits" bringe „das gesamte Territorium unter ihre Herrschaft" (vgl. Forrester 2001, S. 7 und S. 26). Kritisiert wird die Entwicklung hin zu einer „McKinsey-Gesellschaft", in der wie bei der weltweit tätigen Unternehmensberatungsgesellschaft die „Diktatur der Effizienz" herrsche. Dies führe zu einer „totalen Ökonomisierung der Gesellschaft", in deren Folge alle Teilbereiche durch die Logik der Wirtschaft erfasst würden (vgl. Kurbjuweit 2003, S. 11).

Bei aller politischen Unvereinbarkeit dieser Positionen legen beide es nahe, die Gesellschaft über die Wirtschaft zu bestimmen. Die Gesellschaft erscheint als „Arbeitsgesellschaft", „Industriegesellschaft", „postindustrielle Gesellschaft",

„Dienstleistungsgesellschaft", „Wissensgesellschaft", „Marktgesellschaft", „Klassengesellschaft" oder „kapitalistische Gesellschaft".

In der Soziologie steht Karl Marx wie kein anderer Theoretiker für eine Bestimmung der Gesellschaft über die ökonomischen Verhältnisse. Auch wenn früher bereits Politökonomen wie David Ricardo oder Adam Smith Gesellschaften über ihre ökonomische Funktionsweise zu bestimmen suchten, so war es doch Marx, der im 19. Jahrhundert als Erster eine systematische Gesellschaftsanalyse auf der Grundlage einer Bestimmung der Produktivkräfte und der Produktionsverhältnisse vornahm.

2.1　Der Marx'sche Grundgedanke: Von der kapitalistischen Wirtschaft zur kapitalistischen Gesellschaft

Auffällige Neuentwicklungen reizen dazu, die gesamte Gesellschaft in Bezug auf diese Neuerungen zu beschreiben. In dem Moment, indem sich die Sphäre der Arbeit aufgrund der Triebkräfte der Kapitalverwertung und der technisch-organisatorischen Entwicklung als eigenständiger Bereich ausdifferenzieren lässt und die Arbeitsteilung zum zentralen Prinzip einer industriellen Fertigung wird, liegt es nahe, die Gesellschaft als eine „Arbeitsgesellschaft" oder „Industriegesellschaft" zu beschreiben. Wenn nicht mehr das in großen Industriebetrieben gebundene Kapital, sondern Wissen als der zentrale Hebel für gesellschaftliche Wertsteigerung angesehen wird, liegt es nahe, die „Wissensgesellschaft" auszurufen. Wenn die durch Gentechnologie oder Atomtechnik produzierten Risiken weltweit die Menschen in Atem halten, dann lassen sich diese Entwicklungen mit dem Begriff der „Risikogesellschaft" fassen.

Die Stärke dieser Zeitdiagnosen liegt darin, dass sie durch das Postulat einer gesamtgesellschaftlichen Beschreibung des Übergangsphänomens das Neue in der Gesellschaft genau in den Blick bekommen. Das Risiko besteht jedoch darin, dass alle Dimensionen der Gesellschaft auf dieses Übergangsphänomen bezogen werden und es so zu einer Übergeneralisierung von Entwicklungstrends kommt (vgl. dazu Savage 2009). Rückblickend können die Überlegungen von Karl Marx genau in Bezug auf dieses Spannungsfeld betrachtet werden: Sie entstanden zu einer Zeit des Übergangs von durch Landwirtschaft geprägter ständischer Gesellschaft zur Industriegesellschaft. Man kann Marx jetzt entweder als einen Zeitdiagnostiker betrachten, der ein Übergangsphänomen der modernen Gesellschaft, nämlich die Ausdifferenzierung der kapitalistischen Wirtschaft, zu einer übergreifenden

Gesellschaftstheorie ausgebaut hat, oder man kann die Beständigkeit seiner ökonomischen Analysen jenseits von vergänglichen und begrenzten Zeitdiagnosen hervorheben. In der soziologischen Forschung tendierte man lange Zeit zu Letzterem (vgl. Bischoff et al. 2002, S. 7ff.).

Die Logik der Wirtschaft: Vom Gebrauchswert zum Tauschwert der Ware

Karl Marx geht in seiner Bestimmung des Kapitalismus von einer Analyse der Ware aus. Waren sind nützlich, weil sie der Befriedigung menschlicher Bedürfnisse dienen. Sie haben, so Marx, einen „Gebrauchswert". Dem bereits von Adam Smith in die politische Ökonomie eingeführten Steinzeitmenschen nützt ein Bärenfell, weil er sich damit vor der bitteren Kälte der Eiszeit schützen kann. Der Raubritter des Mittelalters profitiert von einem Pferd, weil es ihm ermöglicht, sich schneller von einem Ort zum anderen zu bewegen. Für den Broker hat das Waldbeeren-Sorbet einen Gebrauchswert, weil es seinen Hunger reduziert und seinen Gaumen kitzelt. Einem Gebrauchswert rechnen wir also etwas zu, das wir als nötig, nützlich oder angenehm empfinden (vgl. Marx 1959a, S. 67ff.) .

Da die Ware eines anderen oftmals interessanter ist als die Ware, die man selbst besitzt, setzen Tauschprozesse ein. Man ist am Gebrauchswert seiner eigenen Ware weniger interessiert als am Gebrauchswert der Ware seines Gegenübers. Von daher ist es für beide vorteilhaft, die Waren zu tauschen. Es ist möglich, Waren direkt zu tauschen: „Gib du mir dein Bärenfell, und du bekommst von mir ein Pferd". Diese direkten Tauschprozesse finden sich in frühzeitlichen Gesellschaften, aber auch in Krisenmomenten moderner Gesellschaften wie zum Beispiel während längerer Bürgerkriege oder bei starker Inflation. Generell ist es jedoch sinnvoll, zwischen Tauschaktionen ein Medium zu schieben: Geld. Man tauscht also nicht mehr „Bärenfell gegen Pferd", sondern „Bärenfell gegen 250 Euro" und „Pferd gegen 250 Euro". So ist es nicht nur möglich, sich spontan ergebende Tauschgelegenheiten zu nutzen, sondern auch, darauf zu warten, dass sich anderswo als beim Käufer der eigenen Ware und zu einem späteren Zeitpunkt attraktive Gebrauchswerte finden (vgl. Sweezy 1972, S. 41f.).

Die unmittelbare Form der Warenzirkulation, so die Bestimmung von Marx, ist die Umwandlung von Ware in Geld (man bekommt 250 Euro für das Bärenfell) und die Rückverwandlung von Geld in Ware (man kauft für 10 Euro das Kaviarsandwich) (vgl. Marx 1961b, S. 70; Marx 1962a, S. 161). Im Mittelpunkt steht dabei der Gebrauchswert der Ware: „Ich möchte das Bärenfell gerne gegen deine Beeren tauschen, weil ich daraus eine leckere Vierfruchtmarmelade machen möchte". Geld ist lediglich ein Mittel, damit wir die Waren gut tauschen können (kritisch dazu Graeber 2012, S. 27). Nichts anderes als den Tausch von gleichwertigen Produkten über das Hilfsmittel Geld meint Marx, wenn er mit der Formel „W-G-W" (Ware – Geld – Ware) die ursprüngliche Form des Warentausches in vormodernen Gesellschaften beschreibt. Geld wird zu einem Tauschäquivalent, mit dem man alle anderen Waren erwerben kann. Es ist die allgemeinste aller Waren.

Wo liegt jetzt die Crux? Marx konstatiert, dass Waren immer eine doppelte Dimension haben. Waren haben nicht nur einen Gebrauchswert, sondern auch einen „Tauschwert". Man kann das Bärenfell selbst als Kleidung nutzen, aber man kann es auch für Geld verkaufen. Das Pferd kann man reiten, man kann es aber auch auf einem Pferdemarkt anbieten. Die Vierfruchtmarmelade kann man mit Genuss verzehren oder aber auch im Supermarkt verkaufen. Die Ware ist also nicht nur ein Gegenstand mit einem Gebrauchswert, sondern ein Gegenstand mit einem Preis, mit einem Tauschwert.

Die Ausbildung des Kapitalismus führt – und hier ist Marx Zeitdiagnostiker – dazu, dass das Interesse am Gebrauchswert gegenüber dem Tauschwert immer mehr ins Hintertreffen gerät. Man erlegt den Bären nicht mehr, weil man sein Fell zum Wärmen braucht, sondern weil sein Fell auf dem Markt gegen einen hohen Geldbetrag eingetauscht werden kann. Man kocht die Vierfruchtmarmelade nicht, weil man selbst oder der Nachbar sie gerne mag, sondern weil sie auf dem Markt einen höheren Tauschwert hat als die Einfruchtmarmelade. Der Sinn des Warentausches verschiebt sich grundlegend: Es geht nicht mehr um die Befriedigung der eigenen Bedürfnisse, um die Gebrauchswerte, sondern um die Maximierung von Geld. Im Kapitalismus wird die Zirkulation des Geldes zum „Selbstzweck". Statt „W-G-W" (Ware – Geld – Ware) dominiert jetzt die Logik „G-W-G" (Geld – Ware – Geld) (vgl. Marx 1962a, S. 167; siehe auch Marx 1961b, S. 105).

Ein Kapitalist, so die Auffassung von Marx, ist ein wirtschaftlich Handelnder, der diese Orientierung an Geldvermehrung übernimmt: „Seine Person oder vielmehr seine Tasche ist der Ausgangspunkt und der Rückkehrpunkt des Geldes. Nur soweit wachsende Aneignung des abstrakten Reichtums das allein treibende Motiv seiner Operation darstellt, funktioniert er als Kapitalist" (Marx 1962a, S. 167f.). Während es dem selbstständigen Produzenten und dem Arbeiter noch darum geht, seine Produkte oder seine Arbeitskraft zu verkaufen, um dafür das fürs Leben Notwendige zu kaufen, geht es dem Kapitalisten darum, Rohstoffe, Produkte und Arbeitskraft zu kaufen, um diese später so zu verkaufen, dass er mehr Geld als vorher hat. Kurz: Die selbstständigen Produzenten und die Arbeiter verkaufen, um zu kaufen. Der Kapitalist kauft, um zu verkaufen (siehe auch Schimank 2000, S. 72).

Dieser Prozess ist maß- und grenzenlos. Mehr Geld kann man immer brauchen – eine Beobachtung, die schon Aristoteles angestellt hat. Der Kapitalismus sei, so Marx, durch „die rastlose Bewegung des Gewinnens" gekennzeichnet (Marx 1962a, S. 167f.). Die Einzelteile, die man für 250 Euro gekauft hat, möchte man als fertiges

Produkt gerne für 300 Euro oder noch besser 350 Euro weiterverkaufen. Das Ziel des Kapitalisten ist, dass im Prozess „G-W-G" das zweite „G" größer ist als das erste „G". Statt eines einfachen „G-W-G" möchte er ein „G-W-G'" (Geld – Ware – mehr Geld). Den Prozess, aus Geld mehr Geld zu machen und dieses Geld dann wiederum zur Vermehrung des Geldes einzusetzen, nennt Marx „Akkumulation des Kapitals" (vgl. Marx 1962a, S. 605ff.).

Aber wie macht man das? Wie gelingt es dem Kapitalisten, mehr Geld durch den Verkauf einer Ware zu verdienen, als er ursprünglich dafür ausgegeben hat?

Die Ware Arbeitskraft: Die Ausbildung des Arbeitskraftunternehmers und seine Ausbeutung

Das Verhältnis, in dem sich verschiedene Waren gegeneinander tauschen lassen, ist bestimmt durch die Arbeitskraft und die genaue Arbeitszeit, die in ihnen steckt. Dass ein Pferd 250 Euro kostet und ein Bärenfell auch 250 Euro, dass sie sich also im Verhältnis 1:1 tauschen lassen (und nicht etwa im Verhältnis 1:5), liegt daran, dass man durchschnittlich gleich viel Zeit braucht, um ein Pferd großzuziehen und um ein Bärenfell herzustellen. Der Wert einer Ware bestimmt sich aus der in ihr steckenden Arbeitszeit – genauer: aus der zu ihrer Herstellung nötigen durchschnittlichen Arbeitszeit. Marx spricht hier von der gesellschaftlich notwendigen Arbeitszeit.

Wie bestimmt sich nun der Wert der Arbeitskraft? Nach Marx ist Arbeitskraft eine „ganz normale Ware". Auch sie hat einen Gebrauchswert und einen Tauschwert, genauso wie das Bärenfell. Ihr Gebrauchswert liegt darin, was man damit machen kann, also welche Tätigkeiten der Arbeiter in einer gegebenen Zeit ausführen kann, welchen Stoffen er welchen Wert zusetzen kann. Der Tauschwert der Arbeit bestimmt sich – genauso wie der Tauschwert jeder anderen Ware – aus der zu ihrer Herstellung nötigen Arbeitszeit. Was aber ist die zu ihrer Herstellung nötige Arbeitszeit? Um Arbeitszeit herzustellen, muss man zunächst einmal Arbeiter herstellen, also Kinder müssen geboren und großgezogen werden. Sie müssen wenigstens so viel Kleidung, Nahrung und Wohnungen haben, dass sie leben können und arbeitsfähig sind. Diese sogenannten „Reproduktionskosten" der Arbeit bestimmen den Tauschwert der Arbeit: Die Arbeit eines Tages ist so viel wert, wie man an Ressourcen braucht, um einen Arbeiter einen Tag seines Lebens am Leben zu erhalten.

Der springende Punkt ist nun – und das ist der Kern der Marx'schen Kapitalismustheorie – dass der Gebrauchswert der Arbeit größer ist als ihr Tauschwert. Das, was ein Arbeiter den von ihm bearbeiteten Stoffen an einem Arbeitstag an Wert zusetzt, ist mehr wert als das, was die Herstellung oder Aufrechterhaltung seiner Arbeitskraft für einen Tag kostet. Deshalb steckt der Kapitalist einen Mehrwert ein – der Mehrwert ist die Differenz zwischen dem Tauschwert der Arbeit, also dem, was die Arbeit den Kapitalisten kostet, und dem Gebrauchswert der Arbeit, also dem, was der Kapitalist an Wertgewinn aus der Arbeit des Arbeiters herauszieht. Der vom Arbeiter den Stoffen zugesetzte Wertzuwachs „gehört" dem Kapitalisten, da er der Gebrauchswert der Arbeitskraft ist, und da der Kapitalist die Arbeitskraft sagen wir für einen Tag gekauft hat, gehört ihm ihr Gebrauchswert in dieser Zeit.

Zugespitzt: Die einzige Möglichkeit für den Kapitalisten, aus Geld mehr Geld zu machen, besteht darin, die Arbeit so zu organisieren, dass er mit der Arbeitskraft seiner Arbeiter mehr Werte schaffen kann, als er für deren Löhne ausgibt. Bei der durch ihn organisierten Warenproduktion gibt der Kapitalist also, so die hier stark simplifizierte Darstellung, nicht alles, was an Wert produziert wird, an die Arbeitskräfte als eigentliche Produzenten zurück, sondern behält einen Teil der produzierten Werte für sich. Für den Arbeiter bedeutet dies, dass er nicht nur die für seinen Unterhalt und die für die Reproduktion seiner Arbeitskraft notwendige Zeit arbeitet, sondern er ist gezwungen, mehr zu arbeiten, um in den darüber hinausgehenden Zeiten einen Mehrwert (das „m" in der politischen Ökonomie) für den Kapitalisten zu schaffen.

Dieses „Prinzip der Ausbeutung" wird jedoch durch einen einfachen Mechanismus verschleiert. Der Lohn erscheint als Preis, den der Kapitalist dem Arbeiter für die geleistete Arbeit zahlt. Wenn das wirklich so wäre und der Kapitalist dem Arbeiter das bezahlen würde, was dieser an Wert produziert, hätte der Kapitalist keine Möglichkeit, sich den Mehrwert Arbeit anzueignen. Der Lohn spiegelt aber, so die Auffassung von Marx, nicht den Wert der Arbeit, sondern den Wert der Arbeitskraft wider. Anders ausgedrückt: Der Kapitalist erwirbt das Arbeitsvermögen eines Arbeiters für eine bestimmte Zeit. Wie viel Mehrwert der Kapitalist aus dieser Arbeitskraft gewinnt, hängt von seinem Geschick ab.

Die „Ware Arbeitskraft" unterscheidet sich in Bezug auf ihren Gebrauchswert und ihren Tauschwert erst einmal nicht von einer Ware wie dem Bärenfell oder der Marmelade (vgl. Marx und Engels 1958b, S. 468). Der Kapitalist muss sich als Käufer der Ware Arbeitskraft sowohl für den Gebrauchswert als auch für den Tauschwert interessieren. Den Gebrauchswert der Arbeit, also die konkrete Arbeit, mit der Gegenstände so umgewandelt werden, dass sie Bedürfnisse von Menschen befriedigen, kann der Kapitalist natürlich nicht ignorieren – nutzt es ihm doch wenig, wenn Sachen produziert werden, die nicht benötigt werden. Gleichzeitig spielt der Tauschwert der Arbeit eine wichtige Rolle – also der Geldbetrag, für den Arbeitskraft getauscht wird. Den Kapitalisten muss der abstrakte Tauschwert, zu dem er Arbeitskraft einkaufen kann, interessieren, weil dieser Wert entscheidend dafür ist, ob er Profit machen kann oder nicht. Die gekaufte Arbeitskraft wird so lange für die Produktion von Kochtöpfen, Pflugscharen oder Rasierklingen eingesetzt, wie der Kapitalist das für erforderlich hält, um damit den höchsten Mehrwert zu erzielen. Wenn er feststellt, dass er mehr Profit machen könnte, wenn seine Arbeiter stattdessen Mähdrescher, Panzer oder Peace-Buttons herstellten, dann wird er die von ihm eingekaufte Arbeitskraft dafür einsetzen (vgl. auch Geiger 1929, S. 688).

Um seine Arbeitskraft als Ware anzubieten, ist die „doppelte Freiheit" des Lohnarbeiters vonnöten. Mit der Ausbildung des Kapitalismus erlangt der Arbeiter einerseits die „Freiheit", aus den sklavischen, herrschaftlichen, ständischen und zünftigen Verbindungen der Vormoderne auszubrechen und erlangt dadurch die volle „Freiheit" über sein Arbeitsvermögen. Als „freier Lohnarbeiter" ist er alleiniger Besitzer seiner Arbeitskraft und hat damit ein exklusives Verfügungsrecht darüber. Andererseits ist er aber auch „frei" von allen zur Produktion nötigen Mitteln und damit wiederum gezwungen, den Kapitalbesitzern seine Arbeitskraft anzubieten – seine Arbeitskraft also zu verkaufen (vgl. Marx 1962a, S. 183; siehe ausführlich Berger 1995 und Berger 2008; siehe zur historischen Entwicklung Castel 1995).

Wenn also der Mensch in „fremde Dienste tritt", um sich seinen Lebensunterhalt zu verdienen, dann handelt er als freier Eigentümer seiner Arbeitskraft, die er zum Kauf anbieten kann. Bei dem Vertrag, den er mit einem „Arbeitgeber" abschließt, handelt es sich um einen ganz „normalen" Kaufvertrag zwischen Käufer und Verkäufer. Es hängt von der Qualität der angebotenen Arbeitskraft, der Lage auf dem Arbeitsmarkt und dem jeweiligen Verhandlungsgeschick des Käufers und Verkäufers ab, ob der Arbeiter dabei einen guten „Schnitt" macht oder nicht (vgl. Marx 1962a, S. 190ff.).

Kurz: Mit der Durchsetzung des Lohnarbeitsprinzips wurden die Arbeiter „Unternehmer ihrer selbst", die Arbeitskraft auf einem freien Markt anbieten konnten – und mussten. Der „Arbeitskraftunternehmer" entstand also in dem Moment, als der Mensch über seine Arbeitskraft, die sich einzig und allein in seinem Besitz befindet, frei disponieren konnte und nicht erst – wie in Teilen der Soziologie zurzeit suggeriert wird –, als sich vor 20 bis 30 Jahren die starke betriebliche Einbindung von Arbeitnehmern aufzulösen begann (vgl. Voß und Pongratz 1998; siehe die Klarstellungen bei Deutschmann 2002, S. 68; Kühl 2002, S. 81ff.).

Damit war aber auch die Frage, ob der Arbeiter mit dem Verdienst zurechtkommt oder nicht, nicht mehr das Problem des Käufers der Ware Arbeitskraft. Genauso wie der Käufer auf dem orientalischen Basar die Klagen des Teppichverkäufers überhört, dass bei dem vereinbarten Preis nicht nur er, sondern seine gesamte Familie verhungern werde, überhört der Kapitalist als Käufer der Ware Arbeitskraft die Klagen des Arbeiters, dass er mit dem Lohn kaum „über die Runden" komme. Das moderne Proletariat verdankt, so Peter Decker und Konrad Hecker (2002, S. 17), seine „politökonomische Geburt" der „denkbar gelungensten Kombination von Not und Freiheit": Durch die rechtsstaatlich abgesicherte Etablierung des bürgerlichen Privateigentums sei es grundsätzlich von den Produktionsmitteln abgeschnitten. Selbst niemandem (auch nicht dem Kapitalisten) gehörig, sondern gleichfalls rechtsstaatlich abgesichert und mit dem alleinigen Verfügungsrecht über die eigene Arbeitskraft und Lebenszeit ausgestattet, werde das moderne Proletariat zum Objekt der Begierde kapitalistischer Eigentümer. Seine Lebenschance finde das Proletariat auf dem Arbeitsmarkt darin, dass es sich dem Kapital zwar frei, aber notgedrungen zur Verfügung stelle.

Der Schritt zur Gesellschaftsanalyse: Von ökonomischer Basis und politischem Überbau

Man könnte die Ausbildung des Arbeitskraftunternehmers und das Interesse des Kapitalisten an der Vermehrung von Geld des Geldes wegen, den Wechsel von „W-G-W" zu „G-W-G", als eine Ausdifferenzierung des Wirtschaftssystems in der modernen Gesellschaft bezeichnen. Die meisten Sozialwissenschaftler würden mit Marx insofern übereinstimmen, als das private Eigentum an Produktionsmitteln, der auf Expansion angelegte Erwerbsbetrieb, die abhängige Lohnarbeit als dominante Form der erwerbsorientierten Arbeit und die Verwandlung aller produzierten Güter und Dienstleistungen sowie der dafür notwendigen Arbeitskraft in marktfähige Waren zentrale Merkmale der kapitalistischen Wirtschaft sind (vgl. prominent Aron 1964; Weber 1976 ; Polanyi 1977; Collins 1990).

Aber Marx beließ es nicht bei einer Beschreibung dieser Ausdifferenzierung der Wirtschaft. Es ging ihm nicht primär um die Beschreibung der kapitalistischen Wirtschaft, sondern um die Beschreibung der kapitalistischen Gesellschaft. „In allen Gesellschaftsformen", so Marx, „ist es eine bestimmte Produktion", die allen übrigen Verhältnissen „Rang und Einfluß anweist". „Das Kapital ist die alles beherrschende Macht der bürgerlichen Gesellschaft." Es muss deswegen „Ausgangspunkt wie Endpunkt" der Analyse bilden (vgl. Marx 1961a, S. 637f.). Im Kapitalismus werde die Gesellschaft in einer noch durchdringenderen Weise als im Feudalismus von der Wirtschaft „vereinnahmt". „Die Bourgeoisie", so Karl Marx und Friedrich Engels, kann nicht existieren, ohne „die Produktionsverhältnisse, also sämtliche gesellschaftliche[n] Verhältnisse, fortwährend zu revolutionieren" (Marx und Engels 1958b, S. 465).

Marx geht in seiner Gesellschaftstheorie – einfach gesprochen – von einem Primat der Ökonomie aus. Die ökonomische „Basis", so die „vulgärmarxistische" Kurzformel, bestimmt den „Überbau" (Marx 1961b, S. 8). In ihren Frühschriften konzipierten Marx und Engels Politik und Recht noch vordringlich als ein Instrument des Kapitals, um die ökonomische Ausbeutung der Arbeiter fortsetzen zu können. Recht war aus dieser Perspektive für Marx und Engels nur „der zum Gesetz erhobene Wille einer Klasse"; Politik stelle „die organisierte Gewalt einer Klasse zur Unterdrückung einer anderen" dar (Marx und Engels 1958b, S. 477).

Dieses Bild wurde von Marx und Engels aber später immer stärker modifiziert, durch Marx besonders in den Grundrissen der „Kritik der politischen Ökonomie" und in seiner Analyse des französischen Staates unter Louis Napoleon, durch Engels besonders in seinen Überlegungen zum Ursprung der Familie, des Privateigentums und des Staates. Ohne dass Karl Marx und Friedrich Engels jemals eine kohärente Staatstheorie herausgearbeitet hätten, wird bei beiden deutlich, dass sie sowohl Politik als auch Recht als eher autonome Autoritäten begriffen, die als „Regulierer" des Klassenkampfes eine stabilisierende Funktion für den Kapitalismus übernehmen. Dabei befinden sich Recht und Politik in einer „Zwitterposition". Auf der einen Seite repräsentieren sie die Herrschaftsverhältnisse zwischen Kapital und Arbeit, auf der anderen Seite nehmen sie aber auch die Funktion eines klassenübergreifenden Regulators des Klassenkampfes wahr. Der Staat ist aus dieser Perspektive immer beides: Rechts- und Klassenstaat.

Zum Recht: Die Ausbildung einer eigenständigen Rechtssphäre ist deswegen wichtig, weil der Kapitalismus auf der freiwilligen Transaktion zwischen autonomen Rechtssubjekten basiert und die im Feudalismus noch dominierenden Knechtschaftsbeziehungen überwindet. Das bürgerliche Rechtswesen ist der Garant dafür, dass die Vertragsvereinbarungen zwischen den freien Rechtspersonen eingehalten werden. Wenn der Tausch einer Latexmatratze gegen 250 Euro oder einer Stunde Arbeitskraft gegen 8 Euro vereinbart wurde, müssen sich beide Seiten darauf verlassen können, dass es übergreifende Instanzen gibt, bei denen sie die Einhaltung der Vereinbarungen einklagen können. Wenn der Käufer der Latexmatratze auf die Idee kommen sollte, die vereinbarten 250 Euro nicht zu bezahlen oder der Käufer der Ware Arbeitskraft sich weigert, seinem Arbeitnehmer die im Arbeitsvertrag festgelegte Summe zu zahlen, dann kann man ziemlich sicher sein, dass der Rechtsstaat mit unerbittlicher Härte auftritt (vgl. z. B. Tuschling 1976; siehe auch Carruthers und Ariovich 2004).

Zur Politik: Die Möglichkeit, dass die politischen Institutionen eine „scheinbar verselbstständigte" politische Gewalt ausbilden können, schließen Marx und Engels auch hier nicht aus. Während in vielen Situationen in der kapitalistischen Gesellschaft nur das Gesetz des ökonomischen Zwangs zu gelten scheint, hat die politische Gewalt in Krisenmomenten jedoch Möglichkeiten, sich den Zwängen des Kapitals zu entziehen. So zeigte Marx auf, mit welchen politischen Instrumenten es dem französischen Staat unter Louis Napoléon gelungen war, den wirtschaftlichen Zusammenbruch nicht nur zu verhindern, sondern die kapitalistische Expansion sogar noch weiter voranzutreiben (vgl. Marx 1960; siehe auch Gurland 1969, S. 55). Friedrich Engels sieht die Funktion des Staates darin, sicherzustellen, dass die „Klassen mit widerstreitenden ökonomischen Interessen nicht sich und die Gesellschaft in fruchtlosem Kampf verzehren." Der Staat stelle „eine scheinbar über der Gesellschaft stehende Macht" dar, die den „Konflikt dämpfen, innerhalb der Schranken der ‚Ordnung' halten soll" (Engels 1969, S. 165; siehe auch Jakob 1999, S. 20).

Es kann hier nicht darum gehen, das Verhältnis von „Basis" und „Überbau", wie es von Marx und Engel ausgearbeitet und dann in den gesellschaftstheoretischen Debatten im 20. Jahrhundert weiterentwickelt wurde, im Detail zu bestimmen (siehe für einen Überblick Mayer 1994, S. 172). Wichtig ist, dass ein bedeutender Strang der Sozialwissenschaften durch das gesellschaftstheoretische Projekt des Marxismus geprägt wurde: die Bestimmung des Verhältnisses der kapitalistischen Wirtschaft zur Politik und zum bürgerlichen Recht. Das Bestreben bestand darin, einerseits zu vermeiden, Politik und Recht lediglich reduktionistisch aus den kapitalistischen Verhältnissen abzuleiten, und andererseits die politische und rechtliche Sphäre nicht so lose gekoppelt von den ökonomischen Verhältnissen zu entwickeln, dass das Primat der Ökonomie darüber aus den Augen verloren wurde (vgl. Holloway und Piciotto 1979, S. 4).

2.2 Die gesellschaftstheoretischen Debatten: Vom Präfordismus über den Fordismus zum Postfordismus

In den Ländern mit kapitalistischer Wirtschaftsordnung hat die Entwicklung der Produktivkräfte offensichtlich nicht zu einem von vielen Marxisten vorhergesagten Zusammenbruch des Systems geführt. Eine den Marx'schen Vorstellungen entsprechende sozialistische Gesellschaft scheint heute weiter entfernt denn je. Selbst marxistische Theoretiker rücken deshalb von zusammenbruchs- und verelendungstheoretischen Konzepten ab. Sie plädieren dafür, die Konzepte, die von einem zwangsläufigen Zusteuern auf eine Krise ausgehen, ad acta zu legen. Dabei wird darauf verwiesen, dass Marx in den späteren Schriften selbst nicht von einem fast naturgesetzmäßigen Übergang von einer durch den Konflikt von Kapital und Arbeit gekennzeichneten Gesellschaftsordnung zu einer klassenlosen Gesellschaft ausging. Im Gegensatz zu den im 19. Jahrhundert gängigen Weltuntergangs- und Massenverelendungstheorien der Malthusianer, der Darwinisten und der utopischen Sozialisten hielt Marx eine Verbesserung der Lage der arbeitenden Massen durch organisierte Aktionen und damit eine Anpassung des Kapitalismus für möglich (vgl. Gurland 1969, S. 52; Sweezy 1972, S. 225ff.; Hirsch und Roth 1986, S. 41.).

Die zentrale Herausforderung für eine marxistisch orientierte Sozialwissenschaft besteht darin, die Entwicklung des Kapitalismus als ein zentrales strukturierendes

Merkmal moderner Gesellschaften theoretisch „in den Griff" zu bekommen. Wie kann man aus einer marxistischen Perspektive erklären, dass es dem Kapitalismus trotz der immer wieder auftretenden Krisen gelingt, zu überleben? Durch welches „Flickwerk" und welche „partikularen Maßnahmen" gelingt es, den Gegensatz von Kapital und Arbeit stabil zu halten (Adorno 1969, S. 20)? Welche gesellschaftlichen Strukturen sind es, so die zentrale Frage, die die fortlaufende kapitalistische Produktion sicherstellen, und wie entstehen und transformieren sie sich (Aglietta 1979, S. 17)?

Die Regulationstheorie, die ihre Wurzeln in der politischen Ökonomie hatte, geht davon aus, dass die Dynamik des Kapitals eine „gigantische Produktivkraft freisetzt", das Kapital aber gleichzeitig eine „blinde Macht" ist, die die freigesetzten Kräfte selbst nicht bändigen kann. Die kapitalistische Wirtschaft hat, so die Annahme der Regulationstheoretiker, die Fähigkeit, menschliche Energien so in Bewegung zu setzen, dass sie in Wachstum umgewandelt werden. Sie sei jedoch nicht in der Lage, angesichts der aufeinanderprallenden Einzelinteressen den Gesamtzusammenhang zu gewährleisten (vgl. Aglietta 2000, S. 19).

Erst der Blick auf die Ausbildung von ökonomischen, politischen, rechtlichen und sozialen Regulationsweisen könne – und da greifen die Regulationstheoriker auf die Hegemonietheorie des in der ersten Hälfte des 20. Jahrhunderts wirkenden italienischen Sozialisten Antonio Gramsci (1999) zurück – erklären, weswegen der Kapitalismus trotz immer wieder auftretender Krisen am Leben bleibt. Die Aushandlungen zwischen den Vertretungsorganen von Kapital und Arbeit, die staatlichen Instanzen der Politik, ein sowohl von der Politik als auch von der Wirtschaft weitgehend autonomes Rechtssystem, die verschiedenen schulischen und universitären Bildungseinrichtungen, die wissenschaftlichen Institutionen und die Massenmedien trügen, so die Auffassung der Regulationstheoriker, dazu bei, den „Klassenkampf" zu kanalisieren, ohne die weitere Akkumulation von Kapital zu gefährden (vgl. Aglietta 1979, S. 123; siehe auch Lipietz 1998, S. 17; Aglietta 2000, S. 19; Jessop 2003, S. 91).

Die Argumentation der Regulationstheoriker ähnelt dabei stark der zentralen These des Wirtschaftsanthropologen Karl Polanyi. Dieser hat herausgestellt, dass eine ungebremste Entwicklung des Kapitalismus zu einer „Überausbeutung der Arbeitskraft" und damit zu einer „Zerstörung der Gesellschaft" führe. Auf diese Tendenz zur Selbstzerstörung habe die kapitalistische Gesellschaft mit einer ganzen Reihe von Selbstbegrenzungen reagiert, die letztlich auf eine Planung, Regulierung und Kontrolle der Wirtschaft nach politischen Kriterien ziele. Die Ausbildung des Kapitalismus sei, so Polanyi, eine „Doppelbewegung" zweier gegensätzlicher Organisationstendenzen. Während die eine Tendenz auf eine Ausweitung der Marktorganisation abhebe, ziele die andere Tendenz darauf, die Freiheit des Marktes einzuschränken, um so die Selbstzerstörung der Gesellschaft zu verhindern (vgl. Polanyi 1977; siehe zur Ähnlichkeit auch Hübner und Mahnkopf 1988, S. 23). Wenn sich eine dominierende Regulationsweise ausgebildet hat, könne es, so die Regulationstheorie, immer wieder relativ stabile Phasen des Kapitalismus geben. Es träten lediglich kleinere Krisen auf, die die grundlegende Regulationsweise nicht bedrohen würden. Aber aufgrund des Strebens des Kapitals nach immer höheren Profiten könnten sich die Investitionsstrategien, die Produktionstechnologien und die Arbeitsorganisationen so verändern, dass sie in Widerspruch zu den herrschenden Formen der Regulation gerieten. Mit der Zeit entstünden strukturelle Krisen, die dazu führten, dass die alte Regulationsweise zusammenbreche und sich eine neue kapitalistische Regulationsform durchsetze.

Auf dieser Basis erarbeiten die Regulationstheoretiker ein Vierphasenmodell, mit dem die Entwicklung des Kapitalismus bis zur Gegenwart erklärt werden soll.

Die Ausbildungsphase des Kapitalismus: Die Phase der extensiven Akkumulationsstrategie

Bis zur Mitte des 19. Jahrhunderts war in den Zentren der Vereinigten Staaten und in den meisten Städten Europas der Übergang von der Feudalgesellschaft zum Kapitalismus weitgehend abgeschlossen. In dieser Frühphase des entwickelten Kapitalismus, die der ersten industriellen Revolution folgte, investierten die Unternehmer ihr Kapital vorwiegend in die Verbesserung der bestehenden Produktionsanlagen. Natürlich wurden neue technische Entwicklungen besonders im Bereich der Werkzeugmaschinen, des Dampfantriebes und der Gusstechniken aufgegriffen und in die Produktion integriert, aber die Unternehmen versuchten vor allem, das bereits vorhandene Wissen für ihre Geschäfte zu nutzen.

Die Profitmaximierungsstrategie der Unternehmen war in den Vorreiterländern der Industrialisierung bis zum Ende des 19. Jahrhunderts darauf ausgerichtet, durch die Verlängerung des Arbeitstages den Lohnarbeitern noch mehr Leistung abzufordern. Michel Aglietta bezeichnet diese auf Lohnsenkung und Arbeitszeitverlängerung ausgerichtete Haltung des Kapitals als eine „extensive Akkumulationsstrategie" (Aglietta 1979, S. 130; siehe auch Glick und Brenner 1999, S. 43).

Warum investierten in dieser Frühphase des entwickelten Kapitalismus die Unternehmen nur begrenzt in die Produktionstechniken?

Nach Auffassung der Regulationstheoretiker war eine zentrale Ursache die mangelnde Nachfrage auf den Konsumgütermärkten. Bis in die Mitte des 19. Jahrhunderts sicherten sich viele Arbeiter ihr Überleben durch Selbstversorgung und eben nicht durch den Kauf von Waren. Die Gruppe der Kleinbauern, Heimarbeiter und ländlichen Handwerker, teilweise aber auch die städtischen Handwerker und Arbeiter besaßen oder pachteten ein kleines Stück Land und bauten dort

Nahrungsmittel für den Eigenbedarf an. Diese Subsistenzwirtschaft war für die Arbeiter häufig wichtiger als die nur unregelmäßige und auf wenige Monate im Jahr beschränkte Lohnarbeit (vgl. auch Kocka 1983, S. 40ff.). Dies machte die Arbeiter zum Teil unabhängig von Preisschwankungen auf den Warenmärkten, ermöglichte es „dem Kapital" andererseits aber auch, sehr niedrige Löhne zu zahlen. Die Regulationstheoretiker bezeichnen diesen Prozess, der die Frühphase des Kapitalismus bestimmte, als „Dominanz nicht-warenförmiger Verhältnisse" (gemeint ist die Subsistenzwirtschaft) über „warenförmige Verhältnisse in der Konsumtionsweise" (also die Güter, die man von seinem Lohn erwirbt) (vgl. Aglietta 1979, S. 80).

Massenproduktion ohne Massenkonsum: Die intensive Akkumulationsstrategie in der fordistischen Frühphase

Zu Beginn des 20. Jahrhunderts setzte sich die Massenproduktion schrittweise als zentrale Strategie des Kapitals durch. Die Massenproduktion, zentrales Phänomen der durch Elektrifizierung, Verbreitung des Verbrennungsmotors und Ausbreitung der chemischen Industrie geprägten zweiten industriellen Revolution (vgl. Friedmann 1959, S. 6ff.), erforderte enorme Investitionen der Kapitalisten in Förderanlagen, Maschinen und Produktionstechniken. Die auf Technologieentwicklung und Investition in Maschinen gestützte Strategie wird von den Regulationstheoretikern als „intensive Akkumulationsstrategie" des Kapitals bezeichnet (vgl. Glick und Brenner 1999, S. 37ff.).

Die immensen Investitionen in die Produktionsanlagen konnten sich viele Unternehmen nicht leisten, und in wichtigen Branchen kam es deswegen zu einer Ausbildung von Oligopolen, einer Ansammlung einiger weniger Unternehmen, die den Markt weitgehend unter sich aufteilen konnten. In der Automobilbranche, in der sich allein in den USA anfangs weit über 200 Anbieter tummelten, führte beispielsweise die Ausrichtung auf Massenproduktion bald dazu, dass nur noch ein knappes Dutzend Anbieter auf dem Markt bestanden. Bei Cornflakes, die anfangs alleine in der US-amerikanischen Stadt Battle Creek von mehreren hundert Herstellern produziert wurden, führten die notwendigen Investitionen in die Produktionstechnik zum Verschwinden eines Großteils der Anbieter.

Das auf Massenproduktion basierende kapitalistische System wird unter Rückgriff auf eine Begriffsschöpfung Antonio Gramscis als „Fordismus" bezeichnet (Gramsci 1999; siehe auch Aglietta 1979, S. 117; Tanner 1999, S. 480ff.). Henry Ford war der Gründer der „Ford"-Automobilwerke und gehörte zu den treibenden Kräften bei der Einführung des Prinzips der Massenproduktion. Werkzeuge und Arbeiter sollten in der „Reihenfolge der bevorstehenden Verrichtungen" angeordnet werden, sodass jedes Teil während des Produktionsprozesses einen möglichst kurzen Weg zurücklegte. Über Gleitschienen, Fließbänder und andere Transportmittel sollten die sich in der Produktion befindlichen Teile fortbewegt werden, damit die Arbeiter immer am gleichen Platz stehen bleiben konnten. Ford ging es nicht nur darum, den Produktionsprozess nach diesen Grundprinzipien zu organisieren, sondern die gesamte Wertschöpfungskette, von der Beschaffung der Rohmaterialien bis zum Verkauf der produzierten Waren, sollte sich am Prinzip des „wissenschaftlichen Managements" orientierten und dem Rationalisierungsprozess unterworfen werden (Ford 1923, S. 93).

Ford entwickelte das Produktionskonzept Frederick Taylors, des Begründers der „wissenschaftlichen Betriebsführung" (Scientific Management), weiter. Taylor hatte die Trennung der planenden und kontrollierenden von den ausführenden Tätigkeiten als Grundbedingung für eine effiziente Produktion verstanden. Der Arbeitsprozess sollte von jeglichen handwerklichen Fertigkeiten und jeglichen Kenntnissen des Arbeiters unabhängig gemacht werden. Nach Taylors Vorstellung sollte jedes Detail des industriellen Produktionsprozesses analysiert und wissenschaftlich aufbereitet werden. Die atomistisch zergliederten Tätigkeiten, die nur noch geringe Qualifikationen von den Arbeitern verlangten, sollten organisational so zusammengeführt werden, dass Menschen und Maschinen wie in einem Uhrwerk miteinander verzahnt waren. Bei der wissenschaftlichen Betriebsführung lag das Wissen über die beste Durchführung einer Tätigkeit nicht mehr beim Arbeiter, sondern beim Management (vgl. Taylor 1967, S. 35ff.).

Die große Herausforderung für den Kapitalismus bestand in dieser Phase darin, dass die Massenproduktion von Konsumgütern nicht auf eine entsprechende Nachfrage stieß. Die große Wirtschaftskrise am Ende der 20er Jahre des 20. Jahrhunderts wird von den Regulationstheoretikern als Indiz dafür gesehen, dass die sich ausbildenden neuen fordistischen Produktionsformen zwar enorme Effizienzvorteile brachten, jedoch zu einer Krise führten, da für die Produkte keine zahlungskräftigen Abnehmer vorhanden waren. Das Problem bestand, um die Terminologie der Regulationstheoretiker zu verwenden, in der Existenz eines »intensiven Akkumulationsregimes ohne Massenkonsum« (vgl. Lipietz 1985, S. 123f.; Lipietz 1998, S. 38f.).

In fast paradoxer Weise trugen, so die Auffassung der Regulationstheoretiker, erst die erfolgreichen Kämpfe der Arbeiterklasse zu einer Verbesserung ihrer Lebensbedingungen bei, sodass sich, ansatzweise bereits nach der Weltwirtschaftskrise der späten 1920er Jahre, aber besonders nach dem Zweiten Weltkrieg, ein stabiler Markt für Massenkonsumprodukte ausbildete. Einfach ausgedrückt: Erst als die Kapitalisten gezwungen waren, den Arbeitern höhere Löhne zu zahlen, bildeten sich Märkte, die eine neue, stabile Entwicklungsstufe des Kapitalismus ermöglichten (vgl. Aglietta 1979, S. 154ff.).

Die Phase des großen fordistischen Kompromisses: Massenproduktion und Massenkonsum

Der große fordistische Kompromiss, der sich nach dem Zweiten Weltkrieg abzeichnete, sah so aus, dass die Profite, die aus den Effizienzgewinnen der Massenproduktion gezogen wurden, nicht nur für Investitionen in neue Maschinen genutzt wurden, sondern auch in Form steigender Löhne an die Arbeiter weitergegeben wurden. Diese Lohnsteigerungen bildeten nach Ansicht der Regulationstheoretiker die Basis für den Massenkonsum in den westlichen Industriestaaten, an dessen Ende sich fast jeder Arbeitnehmer seinen Kleinwagen, seine Waschmaschine und seinen Mallorca-Urlaub leisten konnte (vgl. Aglietta 2002, S. 13).

„Fordismus" bezeichnet für die Regulationstheoretiker also letztlich nicht nur eine auf Gleitbahnen, Fließbändern und anderen Transportmitteln basierende Form der Produktion, sondern ebenso eine grundlegende Veränderung der Konsummuster der arbeitenden Bevölkerung. Wie keine andere Aussage steht eine Äußerung Henry Fords für diese doppelte Orientierung auf Produktion und Konsum: Jeder seiner Arbeiter, so Ford, sollte sich auch das in seinen Werken produzierte Auto, die Tin Lizzie, leisten können. Durch die Großserienfertigung bei gleichzeitig steigenden Löhnen sollte das Automobil „demokratisiert" werden (vgl. Hounshell 1985).

Das steigende Lohnniveau in den industriellen Kernsektoren beförderte einen Prozess, den Burkart Lutz als kapitalistische Landnahme der wirtschaftlichen Sektoren bezeichnet. Die traditionelle Familienwirtschaft, die für den Eigenverbrauch arbeitenden Kleinunternehmer, die zahlreichen Selbstständigen und die Netzwerke kleiner Dienstleistungsbetriebe wurden zunehmend verdrängt. Die Produktion von Waschmaschinen hatte das Aussterben der kleinen Wäschereien zur Folge. Die industrielle Produktion von Fertiggerichten führte dazu, dass viele Menschen immer seltener selbst kochen. Bei der Unterhaltung der Massen ersetzt die vorwiegend in Asien produzierte X-Box von Microsoft den selbstständigen Kleinkünstler (vgl. Lutz 1989; siehe auch Gershuny 1978, S. 92ff.; Aglietta 2000, S. 33).

Welche Rolle spielte der Staat bei der Ausbildung dieser stabilen Produktions- und Konsumtionsverhältnisse? In der Tradition von Marx gehen die Regulationstheoretiker davon aus, dass das Kapital von sich aus kein Interesse daran hat, die Überproduktions- oder besser: die Unterkonsumtionskrise durch ein Anheben des Lohniveaus der Arbeiter zu lösen. Erst ein „etatistischer Reformismus" habe, so die Argumentation, die Anhebung des Lohniveaus ermöglicht. Drei Aspekte lassen sich als die zentralen Merkmale des „etatistischen Reformismus" identifizieren (vgl. Hirsch 1995, S. 76ff.; Lipietz 1998, S. 14).

Erstens ergriff der Staat zur Sicherung dieser Wachstumsdynamik flankierende Maßnahmen mit dem Ziel, über eine keynesianische Nachfragepolitik die Vollbeschäftigung zu sichern. Die Steigerung der Nachfrage war möglich, weil die nationalen Märkte durch Zölle so abgeschottet waren, dass direkte Investitionen des Staates oder Abgabenerleichterungen für die Arbeitnehmer vorrangig der nationalen Wirtschaft zugutekamen (vgl. Lipietz 1998, S. 21).

Zweitens war der Staat bestrebt, die Arbeitnehmer durch Maßnahmen der sozialen Sicherung vor allzu großen Einkommenseinbußen im Alter, bei Krankheit oder Arbeitslosigkeit zu schützen. Über Arbeitslosenversicherung, Pensionsvorsorge, Unfall- und Krankenversicherung, Regelungen zur Lohnfortzahlung im Krankheitsfall und Berufsunfähigkeitsversicherungen entstanden „indirekte Löhne", die auch bei kurz- oder längerfristigem Ausfall aus der Erwerbsarbeit einen wenn auch eingeschränkten Konsum sicherstellten. Die „industrielle Reservearmee" aus Arbeitslosen, deren Funktion Marx in einer Disziplinierung der „in Brot" befindlichen Arbeiter gesehen hatte (Marx 1962a, S. 661), verlor angesichts der verschiedenen staatlich regulierten Absicherungsmechanismen an Bedeutung (vgl. auch Habermas 1981, S. 530ff.).

Drittens schuf der Staat den Rahmen für eine „Sozialpartnerschaft" zwischen Kapital und Arbeit. Der Klassenkonflikt wurde beigelegt, indem der Staat die Verantwortung für das wirtschaftliche Wachstum in die Hände beider Arbeitsmarktparteien übertrug. Durch die Beteiligung der Gewerkschaften an dem Konzept der Sozialpartnerschaft kam es, so die Auffassung, zu einer Selbstdomestizierung der Arbeiterklasse. Gerade der Erfolg der Gewerkschaften bei der Aushandlung von Lohnsteigerungen sowie bei der Durchsetzung von Schutz-, Informations- und Mitbestimmungsrechten habe dazu geführt, dass sich selbst die offiziell auf Ziele des Klassenkampfes ausgerichteten Interessenorganisationen zu „systeminternen Akteuren" transformierten (vgl. Beckenbach 1991, S. 185).

Diese hochgradig standardisierte Form von Arbeit und Massenkonsum, die „innere Landnahme" immer mehr gesellschaftlicher Bereiche durch das industrielle Produktionsparadigma und die Integrationswirkung des Sozialstaates kumulierten bei einigen Beobachtern in der Diagnose einer „formierten Gesellschaft" (Ludwig Ehrhard) oder „programmierten Gesellschaft" (Alain Touraine). Das „Leben der Menschen" im fordistischen Zeitalter wurde, so Ulrich Beck, „ebenso standardisiert wie die Stahlbleche, aus denen sie Autos zusammenschweißten" (Beck 2000b, S. 39).

Aber der „Traum der immerwährenden Prosperität" (Lutz 1989), die Hoffnung auf ein andauerndes „goldenes Zeitalter" (Lipietz 1998) währte nur bis in die 1970er Jahre. Der Fordismus führte, so die Diagnose der Regulationstheoretiker, über kurz oder lang zu sinkenden Profitraten. Die Vorteile, die das Management aus der Intensivierung der Arbeit, aus der Zerstückelung des Arbeitsprozesses und der Einführung neuer Maschinen gezogen hatte, hatten sich erschöpft. Zusätzlich geriet die vorrangig nationalstaatliche Regulationsweise in Widerspruch zur zunehmenden Internationalisierung der Produktion (vgl. Aglietta 1979, S. 163; Lipietz 1998, S. 39; Hirsch 1995, S. 84ff.).

Diese Krisenerscheinungen lieferten lange Zeit das Forschungsprogramm für die marxistisch orientierten Sozialwissenschaften: Welche Konturen – so die für Marxisten interessante Frage – hat die kapitalistische Gesellschaft nach dem Ende des dominierenden fordistischen Zeitalters?

Die Konturen in der postfordistischen Phase: Weltweite Finanzmärkte und globale Wertschöpfungsketten

Bei der Beschreibung der sich seit Ende des 20. Jahrhunderts ausbildenden kapitalistischen Gesellschaftsordnung tendieren die in der Marx'schen Tradition stehenden Soziologen entweder zu der sehr abstrakten Formulierung des „Postfordismus" oder „Spätfordismus" (z. B. Hirsch und Roth 1986), oder sie versuchen über Konzepte wie „Toyotisierung" (Roth 1994), „Sonyismus" (Wark 1991) oder dem sich aus „Windows" und „Intel" zusammensetzenden „Wintelismus" (Borrus und Zysman 1998) einen möglichst präzisen Gegenbegriff zum Fordismus zu prägen. Während in der ersten Begriffsstrategie schon allein das „Post-" und das „Spät-" eine gewisse Hilflosigkeit bei der Bestimmung der neuen Regulationsweise zum Ausdruck bringen, hat die Begriffswahl des „Toyotismus", „Sonyismus" oder „Wintelismus" häufig zu einer Einengung der Perspektive auf die reinen Produktionsstrategien des Kapitals geführt. Anders als mit dem Begriff des „Fordismus", der in der ursprünglichen Anlage einen gesellschaftstheoretischen Ansatz formulierte, gerieten die unter den neuen Begriffen zusammengefassten Studien häufig zu fast theorieabstinenten betriebssoziologischen Arbeiten (vgl. die Kritik von Jessop 2003, S. 95ff.).

Unter Regulationstheoretikern herrscht weitgehend Übereinstimmung darüber, dass man sich nicht einig ist, welche Kriterien für die neue Regulationsweise des „Postfordismus", des „Toyotismus", des „Sonyismus" oder des „Wintelismus" charakteristisch sind. Eine ähnlich präzise Bestimmung wie die des Fordismus konnte für die heutige Zeit von den Regulationstheoretikern bisher nicht geliefert werden. Es zeichnen sich lediglich zwei zentrale Trends ab, die darauf hinweisen, dass die zunehmende Bedeutung globaler Finanzmärkte und die Entstehung globaler Wertschöpfungsketten den „Postfordismus" entscheidend prägen.

Zur Globalisierung der Finanzmärkte: Der fordistische Kompromiss basierte darauf, dass Löhne und Preise nationalstaatlich orientiert waren und die Finanzmärkte primär national ausgerichtet waren. Im Fordismus wurden die in einem Land anfallenden Ersparnisse weitgehend Unternehmen im eigenen Land zur Verfügung gestellt. Die Träger des fordistischen Finanzregimes waren – wenigstens in Deutschland, Frankreich und Italien – national verankerte Banken und Versicherungen. Entweder besaßen sie selbst erhebliche Anteile an Industrieunternehmen

und bestimmten über die Aufsichtsräte die Unternehmenspolitik maßgeblich
mit (Eigenkapitalbeteiligung), oder sie beeinflussten die Unternehmen über die
Kreditvergabe (Fremdkapitalvergabe). Die Banken trugen, so die Einschätzung,
den fordistischen Kompromiss, wonach der produzierte Mehrwert nicht nur den
Kapitalbesitzern zugutekommen, sondern sich auch in Lohnsteigerungen für die
Arbeitnehmer widerspiegeln sollte, lange Zeit mit. Ihr Ziel war eine langfristige
Absicherung der kapitalistischen Akkumulation. „Otto Normalverbraucher", der
fordistische Prototyp, verdiente als Arbeitnehmer genug Geld, um nicht nur seine
Konsumbedürfnisse befriedigen zu können, sondern auch seine geringen Ersparnisse seiner Bank zu einer langfristigen Festverzinsung von vier oder fünf Prozent
anvertrauen zu können und es dadurch dem Management der Bank ermöglichte,
einem mittelständischen Unternehmen in der gleichen Region einen Kredit zu
geben (vgl. Aglietta 2000, S. 50ff.). Die postfordistische Ära ist dagegen durch die
Globalisierung der Finanzmärkte geprägt, deren Träger jetzt nicht mehr die Banken
des fordistischen Zeitalters sind, die über Jahre und Jahrzehnte mit Unternehmen
verbunden waren, sondern die institutionellen Anleger an den Finanzplätzen in aller
Welt. Fonds, Stiftungen, Versicherungen und am Investmentgeschäft orientierte
Banken investieren ihr eigenes und das ihnen anvertraute Geld in die Geschäfte,
die einen kurzfristigen Profit auf ihre Anlage versprechen (siehe dazu Krippner
2011). Ob dieses Geschäft in Frankfurt, Chicago, New York, Singapur oder Tokio
getätigt wird, ist zweitrangig. Dieser Wandel korreliert mit einem veränderten
Anlageverhalten von „Otto Normalverbraucher" (siehe dazu auch Polillo 2009).
Statt sein Geld in Postsparbüchern oder Schatzbriefen anzulegen, investiert der
Prototyp des postfordistischen Sparers jetzt entweder direkt in Aktien von Groß-,
High Tech- und kleinen Wachstumsunternehmen, oder er erwirbt Anteile an
Fonds, die für ihn das Geld in Unternehmen investieren. Hat er im Fordismus sein
Geld noch seiner Bank gegen eine feste Verzinsung anvertraut, hofft er jetzt auf
hohe Dividenden und besonders auf steigende Aktienkurse. Gerade dann, wenn
die Finanzmärkte boomen, kumuliert dies in einem „Exit-Kapitalismus", in dem
Kapitalbesitzer einmal erworbene Unternehmensanteile nach kurzer Zeit mit einem
möglichst hohen „Exit-Profit" wieder zu verkaufen suchen (vgl. Kühl 2003, S. 9ff.).
Für die Unternehmen bedeutet dies, dass sie ihre am schnellen profitablen „Exit"
interessierten Kapitalanleger durch permanente Erfolgsmeldungen bei der Stange
halten müssen. Der Aktiengewinn wird so zur „Leitvariablen für das Verhalten
der Unternehmen" (Aglietta 2000, S. 94).

Globale Wertschöpfungsketten: Im Postfordismus wird die Internationalisierung
des Finanzmarktes durch eine besondere Form der internationalen Arbeitsteilung
begleitet. Diese Entwicklung wird häufig auch unter dem Schlagwort der „Globalisierung" zusammengefasst. Das Neue ist dabei sicherlich nicht die Ausbildung welt-

weiter Märkte. Schon Karl Marx und Friedrich Engels haben im „Kommunistischen Manifest" konstatiert, dass die „große Industrie" den Weltmarkt hergestellt habe und die Bourgeoisie durch ihre „Exploitation des Weltmarktes" die „Produktion und Konsumtion aller Länder kosmopolitisch gestalte". „An die Stelle der alten lokalen und nationalen Selbstgenügsamkeit und Abgeschlossenheit" trete ein allseitiger Verkehr, eine allseitige Abhängigkeit voneinander (Marx und Engels 1958b, S. 464ff.). Was ist also neu? Vereinfacht gesprochen, sehen die Regulationstheoretiker den Unterschied darin, dass im Fordismus die Produktion der Güter (aber nicht der Handel) primär national fokussiert war, während im Postfordismus Firmen und komplette Branchen die Produktion ihrer Waren zunehmend ins Ausland auslagern: Unterstützt durch die Entwicklung der Mikroelektronik, ein zentrales Merkmal der dritten industriellen Revolution, seien unternehmensübergreifende, systemische Rationalisierungsprozesse entwickelt worden (vgl. Altmann et al. 1986). Vom Kauf der Rohstoffe über die Entwicklung der Produkte und Maschinen bis zu zentralen Fertigungsschritten und der Endmontage würden die einzelnen Schritte der Wertschöpfungskette zunehmend über unterschiedliche Regionen des Globus verteilt. Die einzelnen Elemente der Produktion würden jeweils in das Land verlagert werden, wo die Qualifikation, die Lohnkosten und die Steuern für das Unternehmen am günstigsten seien (vgl. Altvater und Mahnkopf 1996, S. 247; Lipietz 1998, S. 127).

Welche Auswirkungen hat diese Entwicklung auf den Nationalstaat? Der Nationalstaat bekommt, so die Auffassung der Regulationstheoretiker, die durch ihn anfangs geförderten wirtschaftlichen Kräfte nicht mehr in den Griff. Er vermag immer weniger die Funktionen einer Regulierung des Kapitalismus wahrzunehmen. Zwar führe die Internationalisierung der Finanzmärkte und die Internationalisierung der Arbeitsteilung nicht zu einem Verschwinden der Nationalstaaten (vgl. Aglietta 2000, S. 42), aber es setze zwischen den Nationalstaaten immer mehr ein „sozialer Unterbietungswettstreit" ein. Da das Kapital zunehmend global agiere, die Arbeitskräfte aber weiterhin stark nationalstaatlich ausgerichtet seien, konzentriere sich der „nationale Wettbewerbsstaat" darauf, „in Konkurrenz mit anderen Staaten günstige Verwertungsvoraussetzungen zu schaffen". Unter Labeln wie der „Deutschland AG"; „USA AG" oder „Japan AG" begriffen sich, so beispielsweise die Diagnose von Joachim Hirsch, die Nationen selbst als kapitalistische Unternehmen, die „glatt und effizient funktionierend" auf ein „ökonomisches Ziel ausgerichtet" seien (Hirsch 1995, S. 103ff.). Unter diesen Bedingungen falle es, so die Einschätzung der Regulationstheorie, zunehmend schwer, den fordistischen Lohnkompromiss aufrechtzuerhalten.

Die Grenzen des Regulationsansatzes: Wie weit trägt eine produktionistische Gesellschaftstheorie?

Die Stärke des Regulationsansatzes kann darin gesehen werden, dass er ein Gerüst geliefert hat, mit dem die groben Linien der ökonomischen Veränderung sowohl theoretisch als auch empirisch erfasst werden konnten (siehe als Überblick die Sammelbände von Amin 1994; Boyer und Saillard 2002; Jessop und Sum 2006). Über die Debatte, ob wir es mit einem Fordismus, Hochfordismus, Neofordismus oder Postfordismus zu tun haben, verlor die sich für Arbeit interessierende Soziologie die gesamtwirtschaftlichen Entwicklungen nicht aus dem Blickfeld. Die Regulationstheorie trug so maßgeblich dazu bei, dass dieser Strang der Soziologie nicht zu einer reinen Betriebssoziologie verkümmerte.

Die Prämissen dieser Herangehensweise dürfen aber nicht übersehen werden: Mit den Diagnosen des Spät- oder Neokapitalismus, des Fordismus oder des Postfordismus wird darauf abgehoben, dass die Marx'sche Analyse nach wie vor gültig sei und im Vergleich mit den zu Lebzeiten Marx' herrschenden Formen der ökonomischen Produktion lediglich graduelle Unterschiede bestünden. Die Interventionen des „Wohlfahrtsstaates", die Marx so nicht voraussagen konnte, hätten zwar zu einem „Stillsetzen" des Klassengegensatzes geführt, aber die Klassengegensätze könnten, so jedenfalls die Annahme, in einer Krise jederzeit wieder aufbrechen. Damit grenzte man sich von den Bezeichnungen der „Wohlfahrts-", „Dienstleistungs-" oder später auch der „Wissensgesellschaft" ab, die behaupten, dass die Gesellschaft „so durch und durch von der ungeahnt entfalteten Technik bestimmt ist", dass demgegenüber das „soziale Verhältnis, das einmal den Kapitalismus definierte", also die Ausbildung der Lohnarbeitsverhältnisse und die Entstehung der Klassengegensätze, an Relevanz eingebüßt habe (Adorno 1969, S. 12; siehe auch den Überblick bei Beckenbach et al. 1973, S. 25; Beckenbach 1991, S. 94f.).

In dieser Variante der Gesellschaftstheorie geht es um eine „produktionistische Bestimmung" von Gesellschaft. Wenn Otto Morf (1970, S. 90f.) herausstellt, dass die politische Ökonomie die Produktion als „Begriff des größten Umfanges, als gesellschaftlich allgemeine Bestimmung" fasst, dann trifft er damit letztlich alle ausdrücklich an Marx anschließenden Erklärungsansätze des Spätkapitalismus, Fordismus oder Postfordismus. Durch diese produktionistische Bestimmung werden jene Probleme reproduziert, die sich schon bei der Theorie von Marx andeuteten: eine letztlich funktionale Ableitung des Staates aus den Produktionsverhältnissen und eine Tendenz zu deterministischen Annahmen über die Entwicklungswege der kapitalistischen Wirtschaft (vgl. Scherrer 1995, S. 457ff.).

Die zentrale Anfrage an diese Richtung der Gesellschaftstheorie ist, wie weit eine Bestimmung der Gesamtgesellschaft über die Produktionsverhältnisse tragen kann. Ist es möglich, die Gesellschaft insgesamt über das Verhältnis von Kapital und Arbeit zu bestimmen? Kann man, wie es marxistische Theoretiker von Antonio Gramsci (1967) über Louis Althusser (1977) bis Nicos Poulantzas (1973) getan haben, der Eigensinnigkeit gesellschaftlicher Teilbereiche wie Politik, Recht oder Wissenschaft einen relativ hohen Stellenwert beimessen und trotzdem immer noch die kapitalistischen Produktionsverhältnisse als Ausgangspunkt einer Analyse beibehalten? Wie ist eine entgegengesetzte Gesellschaftstheorie aufgebaut, die die Eigensinnigkeit von gesellschaftlichen Teilbereichen in den Mittelpunkt ihrer Analyse stellt und gleichzeitig in der Lage ist, die Prominenz kapitalistischer Wirtschaft in den Griff zu bekommen?

2.3 Der systemtheoretische Ansatz der funktionalen Differenzierung: Kapitalistische Wirtschaft statt kapitalistischer Gesellschaft

Marx hat mit Formeln wie „G-W-G" die Ausdifferenzierung der Wirtschaft beschrieben und dann – vielleicht vorschnell – von der Ausbildung der Wirtschaft als eigenständigem Funktionssystem auf die Gesamtgesellschaft geschlossen. Die Theorie funktionaler Differenzierung stimmt mit Marx in der These der Ausdifferenzierung der kapitalistischen Wirtschaft überein, behauptet dann aber, dass die Wirtschaft nicht der einzige gesellschaftliche Teilbereich sei, der einen Prozess der Verselbstständigung durchlaufen habe. Auch die Politik, das Recht, die Wissenschaft, die Religion, das Gesundheitswesen, die Bildung, die Massenmedien, ja selbst die Familie und die Intimbeziehungen hätten ähnliche Prozesse hinter sich. Max Weber war mit seinem Konzept der Ausdifferenzierung „gesellschaftlicher Wertsphären" wie religiöser Ethik, kapitalistischer Wirtschaft, wissenschaftlicher Rationalität und Akzeptanz bürokratischer Regeln sicherlich einer der ersten Soziologen, der für diese Entwicklung einen Blick gehabt hat (vgl. Weber 1990).

Wirtschaft als ein gesellschaftlicher Teilbereich unter anderen

Ausdifferenzierung eines gesellschaftlichen Teilbereichs, egal ob es sich dabei um Wirtschaft, Politik, Recht oder Wissenschaft handelt, bedeutet, dass die Operationen des jeweiligen Funktionssystems nach eigenen Logiken und Regeln ablaufen. Mit zunehmender Ausdifferenzierung ist beispielsweise in der Wissenschaft nicht mehr die Lösung praktischer Probleme der Wirtschaft relevant, sondern den Wissenschaftlern geht es um die Publikation von Aufsätzen in Fachzeitschriften. Den Wissenschaftler interessiert vorrangig die Meinung der Fachkollegen und nicht die politische oder wirtschaftliche Nützlichkeit der eigenen Forschung. Auch mit der

Ausdifferenzierung der Wirtschaft als eigenständiges Funktionssystem zählt nur noch das „Geldmachen des Geldes wegen" (siehe „G-W-G"). Man kann – anders als in vormodernen Gesellschaften – Geld heutzutage nicht mehr dafür einsetzen, um Seelenheil, politische Ämter oder wissenschaftliches Renommee zu kaufen. Für Seelenheil muss man beten, für politische Ämter muss man bei Wahlen kandidieren und für wissenschaftliches Renommee von Fachkollegen akzeptierte Artikel publizieren. Geld kann man „nur" dazu benutzen, um seine Konsumbedürfnisse zu befriedigen – oder um daraus noch mehr Geld zu machen (siehe „G-W-G'"). Mit der Ausdifferenzierung von Liebe als eigenständigem gesellschaftlichem Teilbereich interessiert, anders als im Mittelalter und in der frühen Neuzeit, nicht mehr, inwiefern der Partner wirtschaftliche, rechtliche oder politische Funktionen erfüllen kann, sondern alles dreht sich um die „romantische Liebe". Die Partygirls, die sich den Pop- und Sportstars dieser Welt an den Hals werfen und in den Massenmedien als „Geldluder" diskriminiert werden, dienen dann nur noch als moralisch verwerflicher Gegenpol zur „wahren" romantischen Liebe.

In der am weitesten gehenden Form der funktionalen Differenzierung funktionieren gesellschaftliche Teilbereiche nur noch nach einfachen Zweier-Schemata: In der Wirtschaft interessiert nur noch, ob gezahlt wird oder ob nicht gezahlt wird und nicht, ob einem die Hautfarbe, das Geschlecht oder die politische Orientierung eines Kunden oder Verkäufers genehm ist. Im Rechtssystem müssen Urteile mit dem Verweis auf die Rechtmäßigkeit oder Unrechtmäßigkeit eines Verhaltens begründet werden. Es mag sein, dass Schwarze häufiger wegen Mordes verurteilt werden als Weiße, dass Arbeiter ohne Hauptschulabschluss bei Geschwindigkeitsüberschreitungen eher schuldiggesprochen werden als ein mit allen Zeichen der Bürgerlichkeit ausgestatteter Professor – aber der Verweis auf Hautfarbe, Bildungsstand oder Besitzverhältnisse gilt im Gerichtsverfahren nicht als relevantes Argument für die Frage nach Rechtmäßigkeit oder Unrechtmäßigkeit.

Die Eigenlogik der gesellschaftlichen Teilsysteme ist so stark, dass man sich in der Regel automatisch an ihnen orientiert. Ein Student weiß in der Regel, dass gute Noten durch die Erfüllung der Prüfungsanforderungen erlangt werden und nicht durch regelmäßige Überweisungen auf das Konto seines Dozenten oder Liebesdienste gegenüber seiner Professorin. In Bildungseinrichtungen wie der Universität dreht sich alles ums Lernen, in der Wirtschaft alles um Zahlungsfähigkeit. Auch wenn Geld dafür eingesetzt werden kann, Nachhilfestunden bei emeritierten Professoren oder Zugänge zu Universitäten zu kaufen und umgekehrt eine gute Ausbildung es wahrscheinlicher macht, dass man einen guten Job in der Wirtschaft erhält, sind sich alle Beteiligten des Unterschieds zwischen Geld und Bildung bewusst. Das bei US-amerikanischen Studierenden beliebte Argument, dass man für 20 000 US-Dollar Studiengebühren im Semester doch einen guten Hochschulabschluss verdient habe, können Professoren genauso als Pathologie abtun wie der Arbeitgeber das Argument eines Bewerbers, dass er doch alleine aufgrund seiner brillanten Hochschulabschlüsse ein höheres Gehalt einfordern könne.

Die zunehmende Ausdifferenzierung von Wirtschaft, Politik, Recht, Kunst oder Liebe als gesellschaftliche Teilbereiche bietet, so die Terminologie Luhmanns (z. B. 1984) „Erwartungssicherheit". Wenn im Sommerschlussverkauf ein Badelaken als vermeintliches „Schnäppchen" angeboten wird, dann geht der Käufer davon aus, dass das Kaufhaus trotz des günstigen Preises nach Gewinn strebt und nicht danach, ihm mit dem günstigen Badelaken einen Liebesdienst zu erweisen oder ihn zur Stimmabgabe für eine bestimmte politische Partei zu bewegen. Das Management wiederum weiß, dass der Käufer im Kaufhaus nicht Liebe oder politische Selbstverwirklichung sucht, sondern einen „guten Deal" im Sommerschlussverkauf, und richtet sich dementsprechend daran aus. Auf der anderen Seite geht ein Liebender davon aus, dass sein Freund der Liebe wegen mit ihm zusammen ist und nicht weil er ihn zur Wahl einer konservativen Partei, zum Besuch einer Sitzung bei der marxistischen Gruppe oder zum Kauf eines bestimmten Produktes bewegen will. Das gegenseitige Gesäusel („Ich liebe Dich") verstärkt die Überzeugung, dass es auch der anderen Seite immer nur um die Liebe geht. So ist die funktionale Differenzierung nicht einfach ein gesellschaftliches Prinzip, das sich über das Handeln der Akteure legt, sondern ein Prinzip, das in der alltäglichen Kommunikation immer wieder reproduziert und bestätigt wird.

Wenn man die verständliche marxistische Abwehrreaktion gegenüber der Theorie funktionaler Differenzierung außer Acht lässt, kann man sie als eine Radikalisierung von Karl Marx lesen (vgl. auch Luhmann 1975e, S. 81; Luhmann 1997, S. 366). Die Eigensinnigkeit ausdifferenzierter gesellschaftlicher Teilbereiche wie Religion, Politik oder Liebe führt dazu, dass sich die Wirtschaft um vieles nicht mehr zu kümmern braucht. Erst unter diesen „Entlastungsbedingungen" – und hier liegt die Radikalisierung – kann der Kapitalismus seine Dynamik entfalten (vgl. Luhmann 1997, S. 724ff.). Stark vereinfacht ausgedrückt: Die Trennung von Religion und Wirtschaft in der Moderne führt dazu, dass man auf die unter Profitgesichtspunkten wenig hilfreichen Investitionen in das Seelenheil verzichten und sein Geld stattdessen in neue Maschinen stecken kann. Ähnlich dynamisierende Effekte hatte die Ausbildung eines eigensinnigen politischen Systems. Mit der Sicherstellung kollektiver staatlicher Handlungsfähigkeit über gewählte Parlamente und Regierungen verlor die für die Vormoderne noch charakteristische Verbindung von Grundbesitz und politischem Einfluss massiv an Bedeutung. Die dadurch mögliche Veräußerung des häufig unrentablen Landbesitzes führte dazu, dass Kapital für gewinnträchtigere Investitionen zur Verfügung stand. Die Ausbildung von Wirtschaft und Liebe als zwei gesellschaftlichen Feldern mit ihren jeweils eigenen Logiken brachte nicht nur das Phänomen der romantischen (weil nicht mehr ökonomisch oder politisch begründeten) Liebe hervor, sondern versetzte auch der kapitalistischen Wirtschaft einen Dynamisierungsschub. Man kann heute noch in einigen afrikanischen und asiatischen Gegenden beobachten, wie stark die kapitalistische Wirtschaft dadurch gehemmt wird, dass Familien größere Geldbeträge zurücklegen, um für ihre Tochter oder (eher selten) ihren Sohn einen „liebenden" Partner zu „kaufen".

Legitime Indifferenz als Kennzeichen funktional differenzierter Gesellschaften

In der frühen Differenzierungstheorie Émile Durkheims oder Talcott Parsons' wurde die funktionale Differenzierung noch als eine große gesellschaftliche Arbeitsteilung konzipiert, in der jeder Bereich mehr oder minder abgestimmt seine Leistungen für die Gesellschaft erbringt. Der Ende des 19., Anfang des 20. Jahrhunderts wirkende Soziologe Durkheim stellt dar, wie sich in der modernen Gesellschaft die verschiedenen Teilbereiche mit ihren jeweiligen Logiken ausbilden, betont aber, dass aufgrund des Aufeinander-angewiesen-Seins der gesellschaftlichen Teilbereiche auch eine neue gesellschaftliche Kohäsion, eine „organische Solidarität" entsteht. Parsons, dessen wichtigste Werke in der Mitte des 20. Jahrhunderts erschienen sind, verweist in der von ihm maßgeblich begründeten strukturfunktionalistischen Theorie darauf, dass die Selbsterhaltung einer Gesellschaft gewährleistet wird, wenn sich die Systeme an ihre Umwelt anpassen, ihre Zielparameter im Blick gehalten werden, die Integration der Prozesse gesichert ist und die Werte stabil sind (vgl. Durkheim 1984; Parsons 1971).

Die Differenzierungstheorie von Niklas Luhmann, die sich seit den 1960er Jahren ausbildete, hat mit diesem tendenziell harmonistischen Gesellschaftsverständnis nichts mehr zu tun. Im Gegensatz zur Theorie der gesellschaftlichen Arbeitsteilung Durkheims und zum Strukturfunktionalismus Parsons', aber ebenso zu der Regulationstheorie oder auch der Bürokratietheorie Max Webers geht der von Systemtheoretikern vertretene Ansatz der funktionalen Differenzierung von einer „Unterintegration" moderner Gesellschaften aus (vgl. Schwinn 1995, S. 29).

Die Ausdifferenzierung von Teilsystemen erfolgt als eine „Kultivierung, Vereinseitigung und schlussendlich Verabsolutierung von Weltsichten". Dies führt dazu, dass die Teilsysteme die Gesellschaft als Ganzes aus ihrer jeweils eigenen Perspektive heraus begreifen: Aus der Perspektive der Wirtschaft stellt sich die Gesellschaft als Kapitalismus dar. Die Wissenschaft denkt sich die Gesellschaft als Wissensgesellschaft oder gar als Wissenschaftsgesellschaft. Für das Rechtssystem scheint es selbstverständlich, die Gesellschaft als Rechtsstaat zu begreifen. Die Medien verstehen alles als Teil einer großen Kommunikationsgesellschaft, die selbstverständlich ohne die Massenmedien nicht existieren könnte (Tyrell 1978,

S. 175; siehe für die Ähnlichkeit zu Webers Theorie Schluchter 1979, S. 59ff.; Müller 1992, S. 265f.).

Jedes Geschehen in der modernen Gesellschaft wird aus der Logik der jeweiligen gesellschaftlichen Teilsysteme anders interpretiert. Ernährungsprobleme in Äthiopien werden von der Wirtschaft unter dem Gesichtspunkt betrachtet, ob man aus Im- oder Export von Getreide, dem Transport nach Äthiopien und der Verteilung an die vermeintlich darbende Bevölkerung ein Geschäft machen kann. Die äthiopische Politik interessiert sich dafür, ob sie über die Lenkung von Hilfslieferungen ihre Macht im Land sichern kann. Unter wissenschaftlichen Gesichtspunkten ist interessant, ob sich das Thema für eine universitäre Qualifikationsarbeit oder gar für ein größeres Forschungsprojekt eignet. Die Medien interessieren sich für das Thema unter dem Gesichtspunkt, ob sie eine Geschichte über eine Hungerkatastrophe oder eher einen kritischen Beitrag über den „inszenierten Hunger" bringen sollen.

Aus dieser Perspektive ist die oben angeführte Klage (oder auch die Begeisterung) über die „Ökonomisierung der Gesellschaft" nur noch eine von vielen an den gesellschaftlichen „Klagemauern" (vgl. Luhmann 1997, S. 763). Genauso wie die Ökonomisierung beklagt werden kann, kann die Selbstherrlichkeit der Wissenschaft angeprangert werden, und Befürchtungen können geäußert werden, dass eine wissenschaftliche Expertokratie zunehmend alle Lebensbereiche kolonialisiert (vgl. Illich 1979, S. 7ff.). Oder es wird das Primat der Politik kritisiert, weil dort zu wenig Rücksicht auf die Eigenlogik von Wissenschaft, Wirtschaft, Sport oder Kultur gelegt wird. Den Neuaristotelikern, die eine Rückkehr der Politik fordern, wird zugerufen, dass doch gerade die Einmischung der Politik das Problem sei (vgl. Kieserling 2003, S. 423ff.). Oder es wird beklagt, dass soziale, ökonomische und politische Beziehungen immer stärker einem Rechtsregime unterworfen werden. Letztlich, so die überzogene Kritik, würden im Streitfall nicht die US-amerikanischen Großunternehmer, die Medienmogule oder gar die Wähler darüber entscheiden, wer der neue US-Präsident ist, sondern irgendwelche Gerichtshöfe in Florida. Oder man beklagt die zunehmende Macht der Medien bei der Bestimmung gesellschaftlicher Themen und erklärt, dass man als politisch interessierter Mensch keinen Bedarf für die Analyse von Leitartiklern hat, deren Analysen nach „kurzem Aufenthalt in den Bestsellerlisten" in die „vergilbten Sammlungen der Antiquare wandern" (Bourdieu 2003, S. 10f.).

Wie kommt es, dass sich diese Klagen ausbilden? Die moderne Gesellschaft ist, so die Auffassung der Theoretiker der funktionalen Differenzierung, durch ein hohes Maß an „legitimer Indifferenz" der einzelnen Teilsysteme gekennzeichnet (Luhmann 1965, S. 35; vgl. auch Tyrell 1978, S. 183). Die Wirtschaft braucht in der modernen Gesellschaft keine Rücksicht darauf zu nehmen, dass die durch sie verursachte Massenarbeitslosigkeit zu einem Zusammenbruch des Renten-

oder Gesundheitssystems führt. Wenn ein Unternehmer angesichts der von ihm durchgeführten Massenentlassungen darauf hinweist, dass er nicht für das Wohl der ganzen Welt verantwortlich ist, dann spielt er auf genau diese legitime Indifferenz an. Die Wissenschaft ist in der modernen Gesellschaft von den Zwängen befreit, übermäßige Rücksicht auf religiöse Gefühle, Aspekte der wirtschaftlichen Verwertbarkeit oder der politischen Brauchbarkeit zu nehmen. Natürlich wird eingefordert, dass Wissenschaft die „christlichen Werte" beachten, die Herstellung „nützlicher Produkte" erleichtern und mehr als bisher das „kritische Potenzial" der sozialen Bewegung stärken sollte, aber es ist ein Zeichen hoher funktionaler Ausdifferenzierung, wenn es der Wissenschaft gelingt, mit dem Verweis auf die „Freiheit der Forschung" ihre legitime Indifferenz gegenüber Religion, Wirtschaft oder Politik deutlich zu machen.

Diese „funktionale Entlastung" (Luhmann 1975c, S. 145ff.) führt jetzt nicht zu einer Unabhängigkeit der einzelnen Funktionssysteme voneinander, sondern zum genauen Gegenteil. Da die Hochschulen außer im Fall einiger alter Privatuniversitäten in den USA und Großbritannien keine eigenen Güter haben, über die sie ihre Forscher und Lehrer finanzieren können, sind sie darauf angewiesen, dass die Wirtschaft Reichtümer produziert, die dann über ein funktionierendes politisches System teilweise in die Wissenschaft umgeleitet werden können. Da sich die Wirtschaft „nur" noch auf das Prinzip der Profitmaximierung konzentrieren kann und zum Beispiel nicht mehr – wie zu Beginn des europäischen Kapitalismus und teilweise heute noch in Entwicklungsländern – mit Privatarmeen selbst für den Schutz ihres konstanten und variablen Kapitals sorgen muss, ist man stark vom Funktionieren der Polizei abhängig. Da sich kapitalistische Unternehmen nicht mehr ihre „eigenen Richter" halten, sind sie auf eine Autonomie des Rechtswesens angewiesen. Wenn die Politik wie in Russland das Rechtswesen für ihre Zwecke vereinnahmt und Unternehmer mit fadenscheinigen Gründen verurteilen lassen kann, kann die Entwicklung einer eigenständigen kapitalistischen Wirtschaft in Schwierigkeiten kommen.

Es gibt aus dieser Perspektive keinen Grund, einem Funktionssystem eine besondere Prominenz zuzuweisen. Nicht nur die kapitalistische Wirtschaft ist von einem funktionierenden politischen System, einer lebhaften Wissenschaftslandschaft und einem ausgefeilten Rechtssystem abhängig, sondern auch die Politik muss sich auf ein funktionierendes Wirtschaftssystem und eine stabile Rechtsordnung verlassen können. Ein Differenzierungstheoretiker würde den marxistischen Staatstheoretikern entgegenhalten, dass sie das Problem von Abhängigkeiten gesellschaftlicher Teilbereiche wie Politik und Recht von der Wirtschaft richtig erkannt haben, dass es aber keinen Grund gibt, dieses Abhängigkeitsverhältnis auf die Wirtschaft zu beschränken.

Vom Problem der Ausbeutung zum Problem der Exklusion

Was sind aus dieser Perspektive die zentralen Probleme moderner Gesellschaften? Die funktionale Differenzierung erzeugt Folgeprobleme, die ihrerseits nicht ohne Weiteres durch weitere funktionale Differenzierung aufgelöst werden können: die Risiken von Kernenergie, Gentechnik und ökologischen Katastrophen oder der Ausschluss großer Teile der Menschheit von elementaren Lebensgrundlagen. Es zeigt sich, dass die einzelnen Funktionssysteme mit der Lösung dieser Probleme überfordert sind und sich deswegen auch für nicht (allein-)zuständig erklären.

Der zentrale Unterschied zu einer durch Marx angeleiteten Gesellschaftstheorie besteht darin, dass die Hauptprobleme der Gesellschaft nicht mehr über durch die Produktionsverhältnisse zu bestimmende Ungerechtigkeiten in der Sozialstruktur erklärt werden. Wenn man auf die großen Massen von hungernden Menschen blickt, die keines ihrer Grundbedürfnisse ausreichend befriedigen können und weder Rechtssicherheit und politisches Mitspracherecht noch Zugang zum Bildungs- oder Gesundheitswesen haben, dann könne man dies, so Niklas Luhmann, nicht mit Begriffen wie „Ausbeutung" und „Unterdrückung" fassen. Diese Begriffe seien lediglich überkommene Mythologien, die man nur noch aus Gewohnheit nutze. Ausbeutung und Unterdrückung aufgrund einer international oktroyierten Klassenherrschaft legten zwar einfache Lösungen wie Revolutionen nahe, liefen aber ähnlich wie die Theorien des modernen Individualismus auf eine Verharmlosung des Problems hinaus (Luhmann 1995a, S. 147; Luhmann 1995c, S. 259). Das Hauptproblem der modernen Gesellschaft sei, dass die Armen in den Metropolen, die von Karl Marx als „Lumpenproletariat" bezeichnet wurden, nicht einmal mehr für eine Ausbeutung gebraucht würden. Kurz: Das Problem moderner Gesellschaft ließe sich eher im Schema Drinnen/Draußen als mit dem Schema von Oben/Unten begreifen. Die Benachteiligten seien in der funktional differenzierten Gesellschaft mit dem Begriff der „Exkludierten" besser getroffen als mit dem des „Proletariats" (siehe zu der Debatte Bude 1998; Kronauer 1997; Kronauer 2010).

Ein besonderes Problem der Exklusion sei, so die Perspektive der Systemtheorie, dass es zu „Exklusionsverkettungen" komme. Es könne, so die Beobachtung, aufgrund des Ausschlusses aus einem Funktionssystem zu „kumulativen Exklusionen" kommen. Familien, die auf der Straße leben und keine feste Adresse haben, können ihre Kinder nicht zur Schule anmelden. Wer keinen Ausweis hat, ist von Sozialleistungen ausgeschlossen, kann nicht wählen, kann nicht legal heiraten. Der Ausschluss aus einem Funktionssystem gilt als Entschuldigung für den Ausschluss aus dem anderen: keine Arbeit – kein Einkommen – Einschränkung der Konsummöglichkeiten – schlechtere Gesundheitsversorgung – keine stabilen Intimbeziehungen – ungünstigere Bildungschancen für die Kinder – kaum noch

Zugang zu Rechtsschutz und rechtlichen Klagemöglichkeiten – schlechtere Erwerbsmöglichkeiten für die Kinder (Luhmann 1995c, S. 260; Luhmann 1997, S. 630). Nur die Exklusion aus einigen wenigen Funktionsbereichen scheint man unbeschadet zu überstehen. Der Austritt aus der Kirche und damit die weitgehende Ignorierung von Religion führt weder zum Status der Rechtlosigkeit noch zum Ausschluss von politischen Mitbestimmungsrechten oder zu einem Berufsverbot (auch wenn Schilderungen aus den protestantischen Hochburgen in den südlichen USA teilweise anderes vermuten lassen). Die Nichtteilnahme an den gesellschaftlichen Teilbereichen Kultur und Sport verschlechtert nicht die Chancen, ein Gerichtsverfahren zu gewinnen. Vor Wahlen gibt es weder für die Politiker als Leistungserbringer noch für die Wähler einen Kunst- oder einen Sporttest. Auch der Abschied aus der Familie bleibt im Gegensatz zu segmentären und stratifizierten Gesellschaften weitgehend folgenlos, kann man sich doch in der funktional differenzierten Gesellschaft als Teil einer großen „Single-Gesellschaft" verstehen.

Das Risiko von „Exklusionsverkettungen" scheint dann besonders hoch zu sein, wenn man aus den Funktionssystemen der Wirtschaft, des Rechts, der Politik, der Gesundheit oder der Bildung herausrutscht. Es gibt dramatische Fälle von individueller Exklusion, bei denen die Exklusionsverkettung ihren Ursprung in einer Exklusion aus der Wirtschaft hat, und es gibt auch Anhänger der Theorie funktionaler Differenzierung, die Arbeit als das Inklusionsmedium in eine funktional differenzierte Gesellschaft betrachten und deswegen in der Exklusion aus der Arbeitswelt und den daraus resultierenden geringeren Konsumchancen den Anfang vom Ende sehen. Aber es spricht weder empirisch noch theoretisch etwas dafür, dass Exklusionsverkettungen grundsätzlich von der Wirtschaft aus zu denken sind, weisen doch Untersuchungen über Migranten darauf hin, dass der fehlende Rechtsstatus oft Auslöser dieses Phänomens ist und häufig alleine schon eine Legalisierung des Aufenthaltsstatus das Problem deutlich verkleinern würde. Der Fall von indischen und chinesischen Minderheiten in einigen ostafrikanischen Staaten oder auch von Unternehmern und Arbeitnehmern jüdischer Religion während der Zeit des Nationalsozialismus zeigt, dass auch eine erfolgreiche wirtschaftliche Inklusion wenig nützt, wenn zentrale politische und rechtliche Grundlagen verweigert werden und darüber Exklusionsverkettungen einsetzen.

Die Exklusionsverkettungen werfen Probleme zunächst für die einzelnen Personen und dann aber auch für die Gesellschaft auf. „Was bedeutet es", so fragt Luhmann, „daß die Analphabetenquote nicht abnimmt, sondern zunimmt aus Gründen, die schulisch nicht kontrolliert werden können? Was bedeutet es für das Rechtssystem, wenn der Exklusionsbereich und dann auch die Polizei als Verbindungsorganisation zwischen Inklusion und Exklusion und schließlich auch die Politik selbst nicht mehr rechtsstaatlich gebunden werden, sondern ebenso gut und ebenso erfolgreich rechtmäßig wie rechtswidrig gehandelt werden kann? Was bedeutet es für das Wirtschaftssystem, wenn große Teile der Bevölkerung von der Marktteilnahme ausgeschlossen sind, sich aber auch nicht mehr subsistenzwirtschaftlich selbst ernähren können, so daß sichtbar wird, daß die Wirtschaft nicht in der Lage ist, ausreichend Nahrung dorthin zu bringen, wo sie benötigt wird?" (Luhmann 1995c, S. 261).

Das Krisenszenario der Theorie funktionaler Differenzierung sieht so aus, dass – wie sich in einigen Regionen Europas, Amerikas, Asiens und Afrikas abzeichnet – die Unterscheidung von Inklusion und Exklusion zentraler wird als die Unterscheidung zwischen den Funktionssystemen. In den Favelas und Barrios Lateinamerikas, den großen Flüchtlingslagern in Afrika, aber auch den Hyperghettos und Banlieues der großen nordamerikanischen und europäischen Metropolen hänge, so Luhmann (1997, S. 632), die Frage, ob die Unterscheidung von Recht und Unrecht überhaupt zum Zuge käme, von der vorherigen Filterung durch die Unterscheidung von Inklusion und Exklusion ab. Es gibt keine Gesetzmäßigkeit, dass eine funktional differenzierte Gesellschaft nicht durch eine andere Differenzierungsform abgelöst wird, weswegen für Anhänger dieser Theorie die Entdeckung der Exklusionsverkettung vielleicht beunruhigend, aber nicht überraschend ist (vgl. Kronauer 2002, S. 126ff.).

Offene Fragen: Wie erklärt man, dass Wirtschaft eine so wichtige Rolle spielt?

Die Theorie funktionaler Differenzierung geht davon aus, dass die gesellschaftlichen Teilbereiche unterschiedliche Funktionen erfüllen, die nicht einfach durch ein beliebiges anderes gesellschaftliches Teilsystem übernommen werden können. Wenn es die Politik „nicht packt", dann mag zwar die Wirtschaft in Person ihrer Arbeitgeber- oder Arbeitnehmerrepräsentanten darüber klagen, die Aufgaben der Politiker können sie aber nicht übernehmen. Genauso wenig kann aber die Politik die Funktionen der Wirtschaft übernehmen, wenn diese aus der Perspektive politischer Repräsentanten ihre Aufgaben nicht erfüllt hat.

Man würde es sich zu einfach machen, wenn man die Funktionssysteme gleichberechtigt nebeneinanderstellte. Zwar weist Luhmann darauf hin, dass tendenziell alle Teilsysteme ihre Funktion für die Gesellschaft erfüllen und nicht einfach auf ein Teilsystem verzichtet werden kann, aber es wäre naiv, würde man der Religion heute einen ähnlich prominenten Status zugestehen wie der Politik. Die Kunst und der Sport mögen eigenständige Funktionssysteme darstellen, aber schon ein Blick auf eine Reihe der dort agierenden Mitmenschen zeigt, dass man auf ihre Leistungen als Einzelperson gut verzichten kann.

Funktionale Differenzierung, so Luhmann, garantiert in keiner Form gleiche Chancen für alle gesellschaftlichen Teilbereiche. Es sei eine Frage der gesellschaftlichen Evolution, welche Entwicklungsschwerpunkte, welche Funktionssysteme sich besonders durchsetzen (vgl. Luhmann 1997, S. 770f.). Diese abstrakte Aussage kann aber alleine nicht zufriedenstellen. Die Theorie funktionaler Differenzierung verlangt nach Forschungen, die sich mit derselben Fragestellung und mit denselben Begrifflichkeiten auf verschiedene Teilsysteme der modernen Gesellschaft beziehen. Nur so sei es möglich, die verschiedenen gesellschaftlichen Teilbereiche miteinander zu vergleichen und in einer Gesellschaftstheorie auch gewichtend aufeinander abzustimmen (Beck et al. 2001, S. 79).

Die Theorie gibt nur erste Ansatzpunkte, wie ein „funktionales Primat" der Ökonomie zu denken wäre (siehe dazu Schimank 2009). In der durch Marx geprägten Soziologie wird das Primat der Ökonomie einerseits über eine besondere Rolle der Wirtschaft bei der Entwicklung der modernen Gesellschaft und andererseits über eine stärkere Machtposition der Wirtschaft gegenüber anderen gesellschaftlichen Teilbereichen bestimmt (siehe dazu Deutschmann 1999; Deutschmann 2009). In ihrer – zugegebenermaßen karikaturhaften – Variante stellt man sich vor, wie das Kapital die Massenmedien kontrolliert, wie die Politiker durch die Wirtschaft geführt werden oder die Wissenschaft gezwungen wird, sich an ökonomischen Vorgaben zu orientieren. Luhmann dagegen versteht unter dem Primat eines Funktionssystems keine Herrschaft eines Funktionssystems über ein anderes. „Primat" heißt bei ihm vielmehr, dass die Entwicklung einer Gesellschaft „in erster Linie von einem ihrer funktional notwendigen Teilsysteme abhängt" und die anderen Funktionssysteme ihre Probleme durch dieses Funktionssystem vordefiniert erhalten (Luhmann 1975e, S. 96). Für das politische System zählt beispielsweise nur der politische Erfolg – ganz egal, ob man den Erfolg an einer gewonnenen Wahl, der gewaltsamen Entfernung eines Despoten aus dem Amt oder einer gelungenen Weltrevolution bemisst. Eine in religiöser Ehrfurcht erstarrte Bevölkerung, ein funktionierendes Rechtssystem oder ökonomischer Wohlstand für alle sind für die Politik nur insofern interessant, wie sie zum politischen Erfolg beitragen. Von einem funktionalen Primat eines Funktionssystems würde Luhmann dann sprechen, wenn der politische Erfolg maßgeblich von dem Funktionieren dieses Funktionssystems abhängig ist.

Aus der Sichtweise der Systemtheorie wird die Prominenz eines Funktionssystems deswegen nicht über seine Stärke, sondern über seine Schwäche begriffen. „Das System mit der höchsten Versagerquote dominiert", so Luhmann, „weil der Ausfall von spezifischen Funktionsbedingungen nirgendwo kompensiert werden kann und überall zu gravierenden Anpassungen zwingt." Wenn Geld nicht mehr angenommen würde oder Recht nicht mehr durchgesetzt würde, stünden nicht nur die Wirtschaft beziehungsweise das Rechtssystem, sondern auch alle anderen gesellschaftlichen Teilbereiche vor kaum noch zu lösenden Problemen (Luhmann 1997, S. 769).

So erklärt sich, weswegen Wirtschaft als ein prominentes gesellschaftliches Teilsystem in unser Blickfeld gerät, wenn Phänomene wie Massenarbeitslosigkeit, schwindende Kaufkraft oder Inflation auftreten. Gerade das Versagen der kapitalistischen Wirtschaft trägt dazu bei, dass ihr große Aufmerksamkeit zuteilwird. Aber es gibt in der funktional differenzierten Gesellschaft keine Gesetzmäßigkeit, die dazu beiträgt, dass diese Rolle des „chronisch Kränkelnden" von der Wirtschaft eingenommen werden muss. Genauso wie das italienische Modell der Politik als permanente Regierungskrise das Augenmerk auf die notwendige Funktionsweise der Politik richtet, sorgen große Wertekrisen aufgrund des Bedeutungsverlustes von Religion dafür, dass dieses gesellschaftliche Feld größere Aufmerksamkeit erhält.

Betrieb vs. Organisation: Die Subsumierung des Unternehmens unter die Logik der Profitmaximierung oder die Betonung der Eigenlogik der Organisation

Anfang der 70er Jahre des 20. Jahrhunderts veröffentlichten die Schriftsteller Yaak Karsunke und Günter Wallraff einen „Fragebogen für Arbeiter". Der Arbeiter wurde gebeten, anhand von 90 Frageblöcken Auskunft über seine Situation zu geben: „Gehört der Betrieb, in dem Sie arbeiten, einem Privatbesitzer oder einer Aktiengesellschaft?" „Wie verhalten sich Vorarbeiter und Meister gegenüber: den Kollegen – den höheren Vorgesetzten?" „Gab es größere Entlassungen wegen Produktionsumstellung bzw. -einstellung?" „Gibt es Stempeluhren?" „Können Sie Ihr Arbeitstempo selbst bestimmen?" „Durch wen bzw. wodurch erfolgt die Arbeitskontrolle?" „Entspricht einem Anstieg der Dividende für die Aktionäre auch ein Ansteigen Ihres Lohns, werden Sie also an dem von Ihnen erarbeiteten Gewinn des Unternehmens beteiligt?" „Ist Ihnen die Vermögenslage des Besitzers bzw. der Mehrheitsaktionäre des Betriebes bekannt, für den Sie arbeiten?" „Ist innerhalb der letzten fünf Jahre gestreikt worden?" „Gibt es in dem Betrieb, in dem Sie arbeiten, Mißstände, die Ihrer Meinung nach einen Streik rechtfertigen würden oder die nur durch einen Streik zu beheben wären?" (Karsunke und Wallraff 1970, S. 2ff.).

Dieser Fragebogen, der in deutschen Betrieben verteilt wurde, lehnte sich an ein bekanntes Vorbild an. Karl Marx hatte im Jahr 1880 für die Pariser Revue Socialiste einen Fragebogen entwickelt, um eine „ernsthafte Untersuchung" über die Lage der französischen Arbeiterklasse anzustellen. Auch die Fragen von Marx richteten sich auf die Arbeitssituation in den Betrieben, auf die Kapitalverhältnisse und auf die Lebenssituation der Arbeiter: „Ist die Arbeitsstätte mit Maschinen überfüllt?" „Wie viele Stunden arbeiten Sie täglich und wie viele Tage in der Woche?" „Welcher Art ist das Arbeitsverhältnis mit Ihrem Lohnherrn?" „Erhalten Sie Zeit- oder Stücklohn?" „Wie hoch ist Ihr Geldlohn pro Tag oder pro Woche?" „Haben Sie aus eigener Erfahrung ein stärkeres Ansteigen der Preise für die lebensnotwendigen Dinge als das der Löhne festgestellt?" „Kennen Sie Fälle, dass Arbeiter infolge der Einführung von Maschinen oder anderen Vervollkommnungen ihren Arbeitsplatz verloren haben?" „Bestehen Vereinigungen der Lohnherren, um Lohnkürzungen,

Verlängerungen des Arbeitstags zu erzwingen, um Streiks zu zerschlagen und um im allgemeinen der Arbeiterklasse ihren Willen aufzuzwingen?" „Wie ist der allgemeine körperliche, geistige und moralische Zustand der in Ihrem Beruf beschäftigten Arbeiter und Arbeiterinnen?" (Marx 1962b, S. 230ff.).

Die „Fragebögen für Arbeiter" hatten in der Marx'schen Fassung, aber später auch in der Variante von Karsunke und Wallraff, eine doppelte Funktion. Einerseits ging es darum, in der Form einer Sozialenquete Daten über die Situation der Arbeiterklasse zu sammeln. Andererseits sollte der Arbeiter schon beim Lesen des Fragebogens die dort „erörterten, scheinbar ganz selbstverständlichen und alltäglichen Einzelheiten zu einem Gesamtbild seiner Lage" zusammenfügen. Er gewann, so die Einschätzung der Sozialwissenschaftlerin Hilde Weiss, über die Beantwortung der Fragen „Einsicht in das Wesen der kapitalistischen Wirtschaft und des Staates und lernt Mittel und Wege zur Aufhebung des Lohnarbeitsverhältnisses, zu seiner Befreiung kennen" (Weiss 1936, S. 86).

Auch wenn Sozialwissenschaftler für eine „Betriebsanalyse" heute wohl nicht das Mittel des Fragebogens verwenden würden (schon allein deswegen, weil der Rücklauf bei so umfangreichen Fragenkatalogen unbefriedigend sein dürfte), sind in den Fragebögen doch die zentralen Themen angerissen, die in der auf die Situation in den Betrieben fokussierten Arbeits- und Industriesoziologie immer wieder behandelt werden.

3.1 Der Marx'sche Grundgedanke: Die Steigerung des absoluten und relativen Mehrwerts

Jeder einzelne Kapitalist, so Marx, strebt danach, den Profit in seinem eigenen Betrieb zu erhöhen. Sein „Heißhunger" nach Mehrwert ist nicht zu stillen (Marx 1962a, S. 249). Er versucht deswegen nicht nur, möglichst viel Arbeit für sein Geld zu bekommen, sondern setzt auf technische, organisatorische und arbeitspsychologische Innovationen, die zu einer erhöhten Arbeitsproduktivität führen. Dem Kapitalisten kann es dadurch gelingen, gegenüber der Konkurrenz einen Vorsprung zu erreichen, weil der Arbeitsaufwand, den er in ein Produkt steckt, geringer ist als der durchschnittliche Arbeitsaufwand in seiner Branche. Er realisiert, so Marx, einen „Extramehrwert". Aber dieser Extramehrwert verschwindet, weil das „Zwangsgesetz der Konkurrenz" die Mitbewerber dazu treibt, die Innovationen ebenfalls einzuführen. Somit verbreiten sich die zunächst isoliert eingeführten Maßnahmen allgemein (Marx 1962a, S. 336ff.; siehe auch Neelsen 1973, S. 63).

Das technische Niveau der Produktionsmittel wird also insgesamt immer weiter verbessert. Zur Herstellung einer Gießkanne, einer Schleifmaschine oder einer Mercedes-S-Klasse-Limousine ist deswegen immer weniger Arbeitskraft vonnöten. Das bedeutet aber, so der Gedanke von Marx, dass der Anteil des Kapitals, der für Arbeitslohn ausgegeben wird (das variable Kapital „v"), im Vergleich zu dem Kapital, das für Maschinen ausgegeben wird (das konstante Kapital „c"), immer weiter sinkt. In der Terminologie von Marx ausgedrückt: Die „organische Zusammensetzung des Kapitals", das Verhältnis von konstantem und variablem Kapital, verändert sich immer mehr zuungunsten des variablen Kapitals. Das führt dazu, dass sich die Profitrate, das Verhältnis des alleine durch Arbeit produzierten Mehrwertes zum insgesamt eingesetzten Kapital, verringert. Marx bezeichnet dies als das Gesetz vom „fortschreitenden Fall der Profitrate" (Marx 1964, S. 223ff.; siehe auch Sweezy 1972, S. 177; Herkommer und Bierbaum 1979, S. 39ff.).

Für den einzelnen Kapitalisten hat dies zur Folge, dass er aus dem „Hamsterrad" der permanenten Steigerung seines Mehrwertes unter Bedingungen der kapitalistischen „Zwangsgesetze der Konkurrenz" nicht herauskommt. Zur Steigerung des Mehrwertes stehen dem Kapitalisten zwei Strategien zur Verfügung: einerseits die Verlängerung des Arbeitstages des Arbeiters (Steigerung des absoluten Mehrwerts) oder die Intensivierung der Arbeitstätigkeit (Steigerung des relativen Mehrwerts). Schon die „Enquête Ouvrière" von Marx (1962b, S. 230ff.) zielte mit Fragen zu einer Verkürzung der Essenszeiten, zu Überstunden zur Reinigung von Maschinen, zu Nachtarbeit oder saisonmäßig bedingter Mehrarbeit einerseits und mit Fragen zu einer Steigerung der Arbeitsintensität andererseits auf diese beiden grundlegenden Strategien zur Mehrwertproduktion (vgl. Weiss 1936, S. 89).

Es muss möglichst lange gearbeitet werden: Die Steigerung des absoluten Mehrwerts und die Diskussion über die Arbeitszeit

Eine erste zentrale Strategie des Kapitalisten, um möglichst viel Mehrwert aus der eingekauften Arbeitskraft zu ziehen, besteht darin, den Arbeiter möglichst lange arbeiten zu lassen. Das Kalkül des Kapitalisten ist leicht nachzuvollziehen: „Wenn ich mir für einen Lohn von 2 500 Euro die Arbeitskraft von Herrn Meier oder von Frau Schmidt erst mal gesichert habe, versuche ich, ihn oder sie für diesen Lohn möglichst lange arbeiten zu lassen". Je mehr Stunden pro Tag und je mehr Tage im Monat Herr Meier oder Frau Schmidt für die 2 500 Euro in der Firma anwesend sind, desto höher ist der Mehrwert für den Kapitalisten. Die „Verlängerung des Arbeitstages über den Punkt hinaus, an dem der Arbeiter nur ein Äquivalent für den Wert seiner Arbeitskraft produziert hätte" bezeichnet Marx als die Steigerung des absoluten Mehrwerts (Marx 1962a, S. 532).

Der Kapitalist versucht, die Zeitgestaltung der Arbeiter möglichst der Logik der Kapitalverwertung zu unterstellen. Wenn es dem Kapitalisten notwendig erscheint, dass teure Maschinen rund um die Uhr laufen, dann müssen die Arbeiter auch von zehn Uhr nachts bis sieben Uhr morgens in die Fabrik kommen. Wenn das Weihnachtsgeschäft ansteht, dann müssen die Arbeitskräfte im Versandhandel auch an den Samstagen und Sonntagen arbeiten.

Im Kapitalismus verliert der Arbeiter zunehmend die Möglichkeit, über seine Zeit selbst disponieren zu können. „Zeit zu menschlicher Bildung, zu geistiger Entwicklung, zur Erfüllung sozialer Funktionen, zu geselligem Verkehr, zum freien Spiel der physischen und geistigen Lebenskräfte, selbst die Feierzeit des Sonntags" erscheine dem Kapitalisten als „reiner Firlefanz" (Marx 1962a, S. 280). Der Kapitalist unterstütze diese Bedürfnisse seiner Arbeiter nicht als Werte an sich, sondern nur dann, wenn sie dazu beitragen, dass der Arbeiter seine Arbeitskraft besser einsetzen kann.

Die Arbeitszeit kann aber nicht einfach auf 24 Stunden pro Tag ausgedehnt werden. Die „Maximalschranke des Arbeitstages" ist, so Marx, doppelt bestimmt. Der Mensch benötigt einerseits täglich Zeit, um zu ruhen, zu essen und zu trinken. Wird diese „physische Schranke" nicht geachtet, droht die Arbeitsfähigkeit der Arbeiter zerstört zu werden. Die Verlängerung des Arbeitstages stößt aber auch auf eine „moralische Schranke". Der Arbeiter braucht Zeit für die Befriedigung geistiger und kultureller Bedürfnisse, deren Umstand und Struktur durch den Kulturzustand des Landes, in dem er lebt, bestimmt werden (Marx 1962a, S. 246).

Sowohl die physische als auch die moralische Schranke seien jedoch „sehr elastischer Natur". Zwar kann ein Arbeitstag nicht länger als 24 Stunden dauern, aber ob er jetzt 18, S. 16, 8 oder 4 Stunden beträgt, werde durch kein Naturgesetz festgelegt. Dementsprechend herrschten auch unterschiedliche Auffassungen darüber, wie lang ein Arbeitstag dauern sollte. Der Kapitalist hat die „Arbeitskraft zu ihrem Tageswert gekauft". Die Zeit, während der der „Arbeiter arbeitet, ist die Zeit, während der der Kapitalist die von ihm gekaufte Arbeitskraft konsumiert." Konsumiert der Arbeiter seine verkaufte Zeit für sich selbst, so „bestiehlt er den Kapitalisten". Gegen diese unrechtmäßige Aneignung könne der Kapitalist wie jeder Käufer einer Ware vorgehen (Marx 1962a, S. 247).

Die erst einmal unbeschränkten Versuche des Kapitals zur Steigerung des absoluten Mehrwerts durch die Ausdehnung des Arbeitstages und die Anpassung der Zeitgestaltung an die Bedürfnisse der Kapitalverwertung stoßen aber, so schon die Beobachtung Marx', auf Gegenstrategien der Arbeiter. Der Verkauf der Ware Arbeitskraft unterliegt ja letztlich den gleichen Gesetzen wie der Verkauf anderer Waren. Genauso wie man versuchen kann, für den Verkauf seiner Plattensammlung auf dem Flohmarkt möglichst viel „herauszuholen", kann der Arbeiter versuchen, seine Arbeitskraft möglichst teuer zu verkaufen. Und genauso wie der Käufer bestrebt ist, den Preis der Plattensammlung zu drücken, versucht auch der Kapitalist als Käufer der Ware Arbeitskraft, deren Preis zu drücken.

Wie die Verhandlung über die Arbeitszeit ausgeht, hängt also nach Marx nicht von der religiösen Grundhaltung oder der Herzenshaltung des Kapitalisten ab, sondern ist das Ergebnis eines ökonomischen Aushandlungsprozesses. „Das Kapital hat", so Marx, „nur einen einzigen Lebenstrieb, den Trieb sich zu verwerten, Mehrwert zu schaffen", aus den Arbeitern „die größtmögliche Masse Mehrarbeit auszusaugen". Der Arbeiter hingegen beharrt auf einem für ihn vertretbaren Arbeitstag: „Ich verlange also einen Arbeitstag von normaler Länge, und ich verlange ohne Appell an dein Herz, denn in Geldsachen hört die Gemütlichkeit auf. Ich verlange den Normalarbeitstag, weil ich den Wert meiner Ware verlange, wie jeder andere Verkäufer auch." (Marx 1962a, S. 247ff.).

Die Geschichte des Kapitalismus ist nach Marx geprägt durch den Kampf der Arbeiter für die Normierung des Arbeitstages – ein Kampf zwischen dem Gesamtkapitalisten, d. h. der Klasse der Kapitalisten, und der Arbeiterklasse (Marx 1962a, S. 249). Erst wenn der Arbeiter als freier Verkäufer seiner Arbeitskraft der Klasse der Kapitalisten in Form der Arbeiterklasse gegenübertritt, ist er ihr nicht mehr schutzlos ausgeliefert. „Die Schöpfung des Normalarbeitstages" sei, so Marx, „das Produkt eines langwierigen mehr oder minder versteckten Bürgerkriegs zwischen der Kapitalistenklasse und der Arbeiterklasse" (Marx 1962a, S. 316).

Es lassen sich drei Aspekte bezüglich der Regulierung des Arbeitstages hervorheben, die sich seit der Mitte des 19. Jahrhunderts in immer mehr Industrieländern etabliert haben (vgl. Altvater et al. 1999, S. 78f.): Erstens schütze diese Regulierung den einzelnen Kapitalisten vor den „Zwangsgesetzen der Konkurrenz". Sie schaffe für alle Kapitalisten ungefähr gleiche Bedingungen für den Einkauf von Arbeitskraft. Sie unterbinde so Strategien einzelner Kapitalisten, die Konkurrenzfähigkeit dadurch zu erhöhen, dass die Arbeitszeit ungehemmt ausgedehnt werde. Zweitens stelle das „Staatsgesetz" ein „übermächtiges gesellschaftliches Hindernis" dar, das die Arbeiter daran hindere, durch „freiwilligen Kontrakt mit dem Kapital sich und ihr Geschlecht in Tod und Sklaverei zu verkaufen" (Marx 1962a, S. 320). Die übergreifende Regulierung der Arbeitszeit unterbinde also auch die Konkurrenz der Arbeiter untereinander als Verkäufer der Ware Arbeitskraft. Es würden Minimalstandards entwickelt, die auch zum Beispiel ein Arbeitsloser auf der verzweifelten Suche nach einem Job nicht unterbieten könne (vgl. auch Müller und Neusüss 1979, S. 37f.). Drittens erhöhe die Normierung des Arbeitstages die Bindungsfähigkeit des kapitalistischen Systems. Ein unbeschränkter Arbeitstag würde den Arbeitern die Ausbeutung täglich vor Augen führen und könnte zu einem wachsenden Protest gegen die Aneignung des Mehrwerts durch das Kapital führen.

Die betrieblich und überbetrieblich abgesicherten Regulierungen verhindern viele Strategien des Kapitals zur Ausdehnung der Arbeitszeit und damit zur absoluten Mehrwertproduktion. Damit ist das Kapital gezwungen, sich auf eine andere Strategie zur Mehrwertproduktion zu konzentrieren: die Steigerung der Werte, die ein Mitarbeiter während der nicht mehr ausdehnbaren Arbeitszeit produziert. Die Produktionsweise müsse laut Marx so umgewälzt werden, dass die „Produktivkraft der Arbeit" erhöht werden könne. Neben das Maß der Arbeitszeit als „ausgedehnter Größe" trete das „Maß ihres Verdichtungsgrades" (Marx 1962a, S. 334 und S. 432).

Es muss möglichst produktiv gearbeitet werden: Die Steigerung des relativen Mehrwerts

Je effektiver die Arbeitsmittel eingesetzt werden, desto mehr Leistung kann ein Arbeiter an einem Arbeitstag erbringen. Je schneller die Maschine arbeitet, die von einem Arbeiter bedient wird, desto höher der Ertrag der Arbeit am Ende des Arbeitstages. Diesen Prozess bezeichnet Marx als die Steigerung des relativen Mehrwerts, die Erhöhung des Ertrags der Arbeit durch ihren „besseren", „rationaleren" Einsatz mithilfe von Maschinen, Arbeitsmitteln oder der effizienteren Anordnung von Arbeitsschritten.

Für Marx ist der Übergang von der Fertigung in Manufakturbetrieben zur Industrieproduktion der entscheidende Schritt zur Steigerung des relativen Mehrwerts. Der kapitalistische Produktionsprozess in den Manufakturen bestand von Mitte des 16. bis zum Ende des 18. Jahrhunderts im Wesentlichen aus handwerklich ausgerichteter Fertigung. Die einzelnen Handwerker konzentrierten sich auf bestimmte Tätigkeiten im Produktionsprozess und vervollkommneten so ihr „Detailgeschick", zum Beispiel in der Bedienung bestimmter Maschinen. Die Einsatzfähigkeit von Maschinen wurde aber von der „Muskelentwicklung, der Schärfe des Blicks und der Virtuosität der Hand" des Arbeiters begrenzt (Marx 1962a, S. 359; siehe auch Altvater et al. 1999, S. 96, deren Übersicht ich hier folge).

In den Manufakturbetrieben waren die einzelnen Arbeitsschritte und Maschinen noch nicht systematisch miteinander verbunden. Erst mit der industriellen Fertigung wurden die Maschinen zunehmend miteinander verkettet. Durch „Bewegungsmaschinen" wie Fließbänder, Gleitscheinen oder Rutschen wurden die einzelnen Produktionsschritte so miteinander verbunden, dass komplexe „gegliederte Systeme von Arbeitsmaschinen" entstanden und der industrielle Produktionsprozess wie ein „großer Automat" funktionierte (Marx 1962a, S. 402f.).

Durch das entstehende „System der Maschinerie" wurde die Maschine als das Produktionsmittel par excellence aus der Abhängigkeit von den einzelnen Arbeitern „befreit". Es war nicht mehr der handwerklich geschulte Arbeiter, der die Maschine dominierte, sondern mit der Industrialisierung entstanden „gegliederte Systeme von Arbeitsmaschinen", die der Arbeiter als „fertige materielle Produktionsbedingungen", als einen ganz „objektiven Produktionsorganismus" vorfand. „Der kooperative Charakter des Arbeitsprozesses wird", so Marx, „durch die Natur des Arbeitsmittels selbst diktierte technische Notwendigkeit" (Marx 1962a, S. 407).

Was waren die Auswirkungen des maschinenmäßigen Betriebs auf die Arbeiter? Im Vergleich zu den Tätigkeiten in den Manufakturen, die in der Regel durch qualifizierte Handwerker durchgeführt wurden, war im „System der Maschinerie" an vielen Arbeitsplätzen keine besondere Qualifikation der Arbeiter erforderlich. Dies ermöglichte es dem Kapital, Arbeitskräfte in den Produktionsprozess zu integrieren, die bislang wegen fehlender Qualifikation keine Rolle gespielt hatten. „Weiber- und Kinderarbeit war", so Marx, „das erste Wort der kapitalistischen Anwendung der Maschinerie. Dies gewaltig Ersatzmittel von Arbeit und Arbeitern verwandelte sich damit sofort in ein Mittel, die Zahl der Lohnarbeiter zu vermehren durch Einreihung aller Mitglieder der Arbeiterfamilie, ohne Unterschied von Geschlecht und Alter, unter die unmittelbare Botmäßigkeit des Kapitals" (Marx 1962a, S. 416).

Der Wechsel von der Manufakturfertigung zur industriellen Produktion veränderte das Verhältnis des Arbeiters zur Maschine grundlegend. In der industriellen Produktion war die „Leistungsfähigkeit des Werkzeugs" nun von den „persönlichen Schranken menschlicher Arbeitskraft" emanzipiert. Aus der „lebenslangen Spezialität, ein Teilwerkzeug zu führen", die noch die Rolle des Arbeiters in den Manufakturen bestimmt hatte, wurde in der industriellen Produktion seine „lebenslange Spezialität, sich einer Teilmaschine unterzuordnen". „In Manufaktur und Handwerk bedient sich der Arbeiter des Werkzeugs, in der Fabrik dient er der Maschine" (Marx 1962a, S. 442ff.; siehe auch Neelsen 1973, S. 74 und S. 82).

Durch diese einschneidende Veränderung verschob sich die Kontrolle über den Arbeitsprozess von den Arbeitern auf die Kapitalisten. In den Manufakturen waren die Arbeiter „zwar formell" von den Produktionsmitteln getrennt. Schließlich waren die Kapitalisten und nicht die Arbeiter deren Besitzer. Aber im konkreten Arbeitsprozess hatten die Arbeiter aufgrund ihres Wissens große Gestaltungsmöglichkeiten. Der Kapitalist besaß lediglich die Werkzeuge und Materialien, den Arbeitsprozess als solchen aber beherrschte er nicht. Marx nennt dies eine lediglich „formelle Subsumtion" der Arbeit unter das Kapital. Durch die Einführung der „großen Industrien" wurden die Arbeiter der Kontrolle über den Arbeitsprozess beraubt. Der Arbeitsprozess wurde jetzt nicht mehr von den Arbeitern beherrscht, sondern vom Kapitalisten selbst oder von seinen Abgesandten. Die „formelle Subsumtion" wurde ausgedehnt auf eine „reelle Subsumtion" der Arbeiter unter das Kapital. Auch wenn die Unterordnung des Arbeiters unter die Bedingungen der Produktion, die „reelle Subsumtion", nie in Perfektion erreicht wurde und nie erreicht werden kann – der Arbeitsprozess hatte sich grundlegend verändert (vgl. Marx 1962a, S. 532ff.).

Der Trend zur „reellen Subsumtion" hat nach Auffassung von Karl Marx und Friedrich Engels verheerende Konsequenzen für die Arbeiter gehabt. „Die Arbeit hat durch die Ausdehnung der Maschinerie und die Teilung der Arbeit allen selbstständigen Charakter und damit allen Reiz für den Arbeiter verloren". Der Arbeiter wurde „ein bloßes Zubehör der Maschine, von dem nur der einfachste, eintönigste, am leichtesten erlernbare Handgriff verlangt wird" (Marx und Engels 1958b, S. 468). „Während die Maschinenarbeit das Nervensystem aufs äußerste angreift, unterdrückt sie", so Marx, „das vielseitige Spiel der Muskeln und konfisziert alle freie körperliche und geistige Tätigkeit [...]. [...] Selbst die Erleichterung der Arbeit wird zum Mittel der Tortur, indem die Maschine nicht den Arbeiter von der Arbeit befreit, sondern seine Arbeit vom Inhalt" (Marx 1962a, S. 445f.).

„Die Ökonomisierung der gesellschaftlichen Produktionsmittel" sei „erst im Fabriksystem treibhausmäßig gereift" und werde „in der Hand des Kapitals" zum „systematischen Raub an den Lebensbedingungen des Arbeiters." Fabrik heiße: „Alle Sinnesorgane werden gleichmäßig verletzt durch die künstlich gesteigerte Temperatur, die mit Abfällen des Rohmaterials geschwängerte Atmosphäre, den betäubenden Lärm usw., abgesehen von der Lebensgefahr unter dichtgehäufter Maschinerie, die mit der Regelmäßigkeit ihre industriellen Schlachtbulletins produziert" (Marx 1962a, S. 448ff.).

3.2   Die Debatte: Tayloristische vs. ganzheitliche Arbeitsformen

Es gibt, wie gezeigt, nach der Marx'schen Betriebsanalyse zwei Strategien des Kapitals, um mehr aus dem Arbeiter „herauszuholen": Die Ausdehnung der Arbeitszeit, ohne dass der Kapitalist dafür mehr bezahlen muss, und die effektivere Nutzung der eingekauften Arbeitszeit (Rationalisierung als kontinuierliche Verbesserung der Arbeitsorganisation). Diese beiden Strategien zur Steigerung des Mehrwertes stehen miteinander in Beziehung. Wenn die Ausdehnung der Arbeitszeit aufgrund von gesetzlichen Arbeitsschutzbestimmungen oder tariflichen Arbeitszeitregelungen nicht möglich ist, wird „das Kapital" die Intensität der Arbeit erhöhen. Durch eine Verbesserung der Technik und der Arbeitsorganisation soll so ein Optimum an Leistung erreicht werden. Gleichzeitig zerstört aber eine zu hohe Intensität bei zu langer Arbeitszeit die Arbeitskraft. Deswegen mache eine Steigerung der Intensität der Arbeit eine Verkürzung der Arbeitszeit unvermeidlich (vgl. Marx 1962a, S. 440; siehe auch Neelsen 1973, S. 56).

Aufgrund ihrer starken Verankerung in der marxistischen Tradition waren – neben der Untersuchung über Entlohnung und Arbeitszeiten – die Rationalisierungsmaßnahmen zur Steigerung der Arbeitsintensität das Hauptthema der am Betrieb interessierten marxistischen Forschung (vgl. zum Einsetzen der soziologischen Debatten im späten 19. Jahrhundert Rummler 1984, S. 62ff.). Besonders das 13. Kapitel des „Kapitals", in dem der Wechsel von der Manufakturfertigung zur Industrieproduktion dargestellt wird, kann als die Marx'sche „Urquelle" der Industriesoziologie gesehen werden. Dieses Kapitel, so eine ketzerische Außenbetrachtung von Hans Paul Bahrdt, spiele für die Soziologie etwa die gleiche Rolle wie der Römerbrief für die protestantischen Theologen. Der Streit über das 13. Kapitel, der Streit, ob der Arbeiter immer mehr zu einem Anhängsel der Maschine degradiert wird, werde, so Bahrdt, genauso wenig ein Ende nehmen wie der Streit der Theologen über das Verhältnis zwischen Gott und Staat (vgl. Bahrdt 1982, S. 14).

Auch wenn ein Großteil der Forschungen über die Arbeit in Industrie und Dienstleistungsgewerbe heutzutage darauf verzichtet, sich auf Marx zu beziehen, kann man die Hauptdiskussionen innerhalb der auf Betriebe konzentrierten Forschungsrichtung nur als Auseinandersetzung mit den von Karl Marx herausgearbeiteten Profitmaximierungsstrategien verstehen.

Tayloristisch-fordistische Arbeitsstrukturen: Die Zuspitzung der Debatte über den Arbeitsprozess

Es lag nahe, die Marx'schen Überlegungen zu einer immer stärkeren Dominanz der Maschinen über die Arbeiter fortzuschreiben. Harry Braverman, in den 1970er Jahren der prominenteste Vertreter einer sich auf Marx berufenden „Dequalifizierungsthese", argumentierte, dass die sich immer mehr durchsetzenden Rationalisierungsstrategien dazu dienten, den Produktionsprozess so umzugestalten, dass die Erfahrungen, Kenntnisse und Traditionen des handwerklichen Könnens nicht mehr als untrennbar mit der Person des Arbeiters verbunden betrachtet werden. Das Wissen, das die Arbeiter über Jahrzehnte und Jahrhunderte angesammelt hätten, werde systematisch auf das Management verlagert werden. Dies mache den Kapitalisten von den Qualifikationen des Arbeiters unabhängig und ermögliche es ihm, die Arbeitnehmerschaft ganz den Zielen, Vorstellungen und Plänen des Managements unterzuordnen.

Der Kapitalist schlage, so die Grundaussage Bravermans, mit seinen Rationalisierungsstrategien zwei Fliegen mit einer Klappe: Erstens verfüge er über eine effiziente Organisationsstruktur, mit der sich der relative Mehrwert kontinuierlich steigern lasse, und zweitens ermögliche die Dequalifizierung der Arbeiter und die starke Zergliederung des Arbeitsprozesses eine bessere Kontrolle der Arbeiter (vgl. Braverman 1974, S. 124ff.).

Braverman schließt mit dieser Verbindung aus Rationalisierungsstrategien und Fragen der Kontrollstrategien des Managements direkt an eine bereits von Marx angerissene Spezifik des Arbeitsvertrages an. Während in einem simplen Kaufvertrag, z. B. beim Erwerb eines Fahrrades oder eines Glases Nutella, Leistung und Gegenleistung genau spezifiziert werden, kauft der Arbeitgeber mit einem Arbeitsvertrag Arbeitskraft nur in einer sehr abstrakten Form ein. Der Arbeitnehmer stellt mit dem Unterzeichnen eines Arbeitsvertrags eine Art „Blankoscheck" aus und erklärt sich bereit, seine Arbeitskraft, seine Fähigkeiten, seine Kreativität gemäß der ihm gestellten Aufgabe einzusetzen. Er verzichtet darauf, dass im Detail festgeschrieben wird, worin seine Leistungen im Einzelnen zu bestehen haben (vgl. Commons 1924, S. 284).

Für den Kapitalisten entsteht jedoch dadurch ein Kontrollproblem: Während der Arbeitsvertrag die Leistungen des Arbeitgebers (nämlich die Lohnzahlung) genau spezifiziert, sind die Gegenleistungen der Mitarbeiter nicht genau festgelegt. So kann der Arbeitnehmer versuchen, sich der Leistungserbringung so weit wie möglich zu entziehen. Der Einkauf von Arbeitskraft durch den Kapitalisten – die formelle Subsumtion des Arbeiters – ist deswegen nicht gleichbedeutend mit der realen Nutzung der Arbeitskraft durch das Kapital – die reelle Subsumtion (vgl. Marx 1962a, S. 532f.). Wenn der Arbeitgeber also Arbeitskraft einkauft, kann er sich – anders als bei den von ihm gekauften Gebäuden, Maschinen und Materialien – nicht sicher sein, dass sie sich reibungslos in den Arbeitsprozess einordnen lässt (vgl. Braverman 1974, S. 57; Friedman 1977, S. 78; Berger 1999, S. 155). Die Transformation von Arbeitsvermögen (sprich: was ein Arbeiter in der vom Kapitalisten gekauften Arbeitszeit leisten könnte) in Arbeitsleistung (was er also wirklich leistet) ist problematisch. In dieser Meinung stimmen eine marxistisch geprägte Soziologie und die eher aus der Betriebswirtschaftslehre stammende Institutionenökonomie überein.

Erst durch die systematische Dequalifizierung der Arbeiter und ihre Unterwerfung unter ein tayloristisch-fordistisches Produktionsregime hätten, so die Aussage Bravermans im Anschluss an Marx, die Kapitalisten dieses „Transformationsproblem" einigermaßen in den Griff bekommen (vgl. Braverman 1974, S. 124ff.). In seinen Analysen nimmt Harry Braverman die Rationalisierungsstrategien von Frederick Winslow Taylor und Henry Ford insofern beim Wort, als er davon ausgeht, dass mit dem Fortschreiten der Industrialisierung die Realität der Betriebe immer mehr den Produktionsideologien entsprechen wird, die Taylor und Ford Anfang des 20. Jahrhunderts propagiert hatten. Braverman unterscheidet sich von Taylor und Ford „nur" in der Bewertung der neuen Produktionsverfahren für die Arbeiter. Er sieht im Taylorismus eine systematische Enteignung der Arbeiter durch das

Kapital, während Taylor und Ford in der von ihnen propagierten Form der Arbeitsorganisation nicht nur die effizienteste Produktionsmethode für den Kapitalisten, sondern auch den Garant für die „Prosperität" der Arbeitnehmer sahen (vgl. Taylor 1967, S. 9; siehe auch Bendix 1960, S. 363ff.). Von einem tayloristisch-fordistischen Produktionssystem würden, so ihre Annahme, sowohl die Arbeitgeber als auch die Arbeiter profitieren – eine Situation, die die Managementlehre als eine typische „Win-win-Situation" verklären würde.

Es ist in der Wissenschaft immer noch umstritten, wie verbreitet die tayloristisch-fordistische Produktionsweise in den Betrieben war (siehe dazu Spencer 2000). Einige Wissenschaftler vertreten die Auffassung, dass das tayloristische und – mit Abstrichen – auch das fordistische Produktionsparadigma gerade in ihrer Zuspitzung im Begriff des „Fordismus" eher ein Konstrukt der Wissenschaft denn hegemoniale betriebliche Realität waren. Besonders die Ideen Taylors scheinen in den USA zu Beginn des 20. Jahrhunderts Teil einer öffentlichen Effektivitätshysterie gewesen zu sein, die sich überall durchzusetzen schien – außer in den Betrieben. Es gab für Hausfrauen Kurse zur wissenschaftlichen Haushaltsführung, in Kirchen wurden Komitees für kirchliche Effizienz begründet, die Universitäten und Schulen bezogen das wissenschaftliche Management mit ein, aber nur in ganz wenigen Betrieben wurde das „Taylor-Prinzip" in seiner ganzen Breite umgesetzt (vgl. Haber 1964, S. 51ff.; siehe auch Vahrenkamp 1976, S. 21ff.; Moldaschl und Weber 1998, S. 347ff.).

Aber gerade als dominierendes, mit der Praxis mehr oder minder gekoppeltes Rationalisierungsleitbild war das tayloristisch-fordistische Produktionsparadigma geeignet, um mit empirischen Forschungen kontrastiert zu werden und die Konturen eines Produktionsparadigmas jenseits von Taylor und Ford herauszuarbeiten. Diejenigen, die gegen diese Produktionsideologie zu Felde zogen, mussten zeigen, dass sie „besser" als der Taylorismus oder Fordismus waren. Jede erfolgreiche Widerlegung und Korrektur hatte sich letztlich als Instrument der Produktivitätssteigerung auszuweisen (vgl. Schmidt 1974, S. 97).

Ganzheitlichere Arbeitsformen

Bereits in der Zeit zwischen den beiden Weltkriegen wurde mit Arbeitsformen experimentiert, die explizit von tayloristischen Ansätzen Abstand nahmen. So wurden beispielsweise bei „Mercedes Benz" in Stuttgart erste Versuche mit der sogenannten Gruppenfabrikation gestartet (vgl. Lang und Hellpach 1922). In der Nachkriegszeit wurden bei „Fiat" im süditalienischen Termoli möglichst ganzheitliche Arbeitsformen erprobt mit dem Ziel, die Fließbandarbeit abzuschaffen (vgl. Guidi et al. 1974). Dies waren jedoch nur vereinzelte Versuche in der Automobilindustrie, die sich immer stärker als Leitbranche der Industrie ausbildete, von der Fließbandfertigung abzurücken.

Erst gegen Ende der 1970er, Anfang der 1980er Jahre setzten sich Arbeitsformen durch, die sich explizit vom tayloristisch-fordistischen Produktionsdogma abgrenzten. Während in der Managementliteratur der Abschied von Taylor und Ford mit Begriffen wie „modulare Fabrik" (Wildemann 1988), „Lean Management" (Womack et al. 1990), „lernende Organisation" (Senge 1990), „Business Reengineering" (Hammer und Champy 1993), „fraktale Fabrik" (Warnecke 1992), „vielzelliges Unternehmen" (Landier 1987) und später dann „holakratische Organisation" (Robertson 2015) oder „agiles System" (Holbeche 2015) positiv bezeichnet wurde, griffen besonders die Sozialwissenschaftler zu eher distanzierteren Beschreibungsformeln. Die Rede war von der Ausbildung einer „verantwortlichen Autonomie" (Wood und Kelly 1982), von „neuen Produktionskonzepten" (Kern und Schumann 1984a), „flexibler Spezialisierung" (Piore und Sabel 1985) oder „postfordistischer Arbeitsorganisation" (Aglietta 1979).

Auch wenn sich die Konzepte in ihrer Schwerpunktsetzung teilweise unterschieden, bestand in Bezug auf die zentralen Merkmale aber weitgehende Übereinstimmung (vgl. für einen Überblick Kühl 2015e, S. 58). Unter dem Label der Dezentralisierung wurden die zentralen Zuständigkeiten teilweise aufgegeben, und Entscheidungskompetenzen wurden möglichst auf untere Ebenen der Organisation verlagert. Über strategische Fragen wurde nicht mehr an der Unternehmensspitze, sondern in weitgehend autonomen Bereichen entschieden. In ihrer ausgeprägtesten Form waren diese „Geschäftsbereiche", „Profitcenter" oder „Segmente" kleine „Unternehmen im Unternehmen", die neben der Produktion über einen eigenen Einkauf, eigene Forschungs- und Entwicklungsabteilungen und einen eigenen Vertrieb verfügten. In operativen Fragen wurde die strikte Trennung zwischen Planung und Ausführung reduziert. Die Disposition über die Arbeitsprozesse wurde wieder in die wertschöpfenden Bereiche zurückverlegt. Dafür wurden nicht selten Einzelarbeitsplätze aufgelöst und die Mitarbeiter in Gruppen und Teams zusammengezogen. In diesen Teams gab es häufig keinen Vorgesetzten mehr, sondern man war gemeinsam für die Erledigung einer nur noch grob vorgegebenen Aufgabe verantwortlich („Zielvereinbarung"). Die Anweisungskompetenzen der Meister und unteren Vorgesetzten wurden beschnitten und ihre Rolle zu der eines „Moderators" der sich selbst organisierenden Gruppen umdefiniert. Die Rationalisierungsmaßnahmen wurden nicht mehr allein durch spezialisierte Stäbe vorgenommen, sondern das Expertenwissen der in Gruppen organisierten Mitarbeiter sollte durch „Kontinuierliche Verbesserungsprozesse" und „Qualitätszirkel" gehoben werden.

Angesichts einer letztlich auf Marx zurückgehenden Fokussierung auf die Entwicklung der Produktionsmittel wurden neben der „Sättigung auf den Absatzmärkten", dem verschärften „nationalen und internationalen Wettbewerb" und dem

„wachsenden Kostendruck" die Verfügbarkeit und der Einsatz neuer Techniken als der prinzipielle Motor für den Wandel des Arbeitsprozesses angesehen. Besonders die Entwicklung der Mikroelektronik führte dazu, dass Maschinen komplexe Arbeitsschritte selbst verrichten konnten. Dies machte zwar in der Industrie viele einfache Arbeiten überflüssig, doch an den verbleibenden Arbeitsplätzen mussten zunehmend komplexere Aufgaben von „Maschinenbedienern" und „Systemregulierern" erledigt werden. In der Terminologie von Marx würde man davon sprechen, dass die Investitionen in die Produktionsmittel (das konstante Kapital „c") eine Requalifikation der Arbeiter (also letztlich Investitionen in das variable Kapital „v") verlangten.

In der Auseinandersetzung mit Harry Braverman wurden dessen Thesen zur weiteren Dequalifizierung der Arbeiter in der besonders im anglo-amerikanischen Sprachraum geführten Labour Process Debate stark modifiziert, wenn nicht sogar verworfen (siehe als Überblick Thompson und O'Doherty 2009; Thompson und van den Broek 2010). Andrew Friedman stellt beispielsweise heraus, dass die „direkte Kontrolle" mit einer stark reduzierten Verantwortung der Arbeiter und deren strenger Überwachung durch das Management nur eine Strategie zur Transformation von Arbeitsvermögen in Arbeit ist. Eine andere Möglichkeit besteht darin, die Arbeiter über stabile Beschäftigungsverhältnisse an den Betrieb zu binden und ihnen im Rahmen dieser Grundloyalität eine „verantwortliche Autonomie" zuzugestehen (Friedman 1977). Craig R. Littler argumentiert, dass man weder die Kontrollstrukturen und die Produktionsprozesse in den Betrieben noch die Zustände auf dem Arbeitsmarkt deduktiv aus dem in der Gesellschaft herrschenden Verhältnis zwischen Kapital und Arbeit erschließen könne. Auf den Ebenen des Arbeitsmarktes, der Kontrollstrukturen und des Produktionsprozesses herrsche ein hohes Maß an Autonomie. So sei es gut möglich, dass auf der Ebene des Produktionsprozesses tayloristisch-bürokratische Arbeitsformen walten, während auf der Kontrollebene des Managements posttayloristische Strategien dominieren (Littler 1982, S. 57ff.).

Schon früh wies die „Projektgruppe Automation und Qualifikation" darauf hin, dass die Ausbildung EDV-gestützter Produktions- und Dienstleistungsprozesse nicht automatisch zu einer Verlagerung des Produktionswissens auf das Management führe. Nicht die von Braverman prophezeite weitgehende Trennung von Kopf- und Handarbeit, sondern die Nutzung des umfassenden Produktionswissens der Arbeiter sei im konkreten Arbeitsprozess zu beobachten (vgl. Projektgruppe Automation und Qualifikation 1976). Dieser Gedanke wurde von Horst Kern und Michael Schumann generalisiert. Die beiden Soziologen proklamierten einen „historischen Umbruch in der Nutzung von Arbeitskraft" und einen Abschied von der Dominanz der tayloristisch-fordistischen Produktionsform. „Lebendige Arbeit" sei nicht mehr, wie von Marx vorhergesagt, „eine Schranke der Produktion", die der Kapitalist durch eine möglichst „weitgehende Autonomisierung des Produktionsprozesses" und eine „restriktive, taylorisierte Arbeitsgestaltung" zu überwinden suche. Aufgrund veränderter kapitalistischer Verwertungsbedingungen würde eine weitere Komprimierung der Arbeit durch Technik in vielen Fällen nicht mehr das wirtschaftliche Optimum darstellen, weil durch den „restringierenden Zugriff auf Arbeitskraft" wichtige Produktivitätspotenziale verschenkt würden. Aus diesem Grund komme es in wirtschaftlichen Kernsektoren wie der Automobil-, der Maschinenbau- und der Chemieindustrie zu einer „Reprofessionalisierung von Produktionsarbeit" (Kern und Schumann 1984a, S. 19 und S. 74).

Durch die „Arbeitsprozess-Debatte" im Anschluss an die Braverman'schen Zuspitzungen, die frühen Pionierarbeiten über die Automationsarbeit und die Forschungen zu den neuen Produktionskonzepten wurde die Idee der „Kontingenz", der Gedanke, dass Prozesse „so, aber auch anders" ablaufen können, ohne darüber aber beliebig zu sein, in der Rationalisierungsdiskussion starkgemacht. Unter kapitalistischen Verwertungsbedingungen, so die grundlegende Argumentation, war eine weitere Effizienzsteigerung nicht nur in Form einer zunehmenden Trennung des Arbeiters von seinen Erfahrungen, Kenntnissen und Traditionen vorstellbar, sondern auch in einem entgegengesetzten Prozess.

Die Debattenstruktur bei der Frage der Arbeitsorganisation

Das Verdienst dieser lange Zeit dominierenden Lesart darf nicht übersehen werden: Die Rationalisierungsprozesse standen unter einer genauen sozialwissenschaftlichen Beobachtung, und es fand eine intensive, wissenschaftlich informierte Auseinandersetzung über die Bewertung der beobachteten Rationalisierungsstrategien statt. Die hitzige Debatte, ob wir es mit einer postfordistisch-posttayloristischen Arbeitsorganisation oder mit einer Rückkehr des Fordismus-Taylorismus zu tun haben, lieferte letztlich die Formeln für die Kontroverse darüber, welche Rationalisierungsstrategien sich durchsetzen und welche Auswirkungen sie auf die Arbeitnehmer haben würden.

Diese Debattenstruktur führte jedoch zu einer starken konzeptionellen „Verengung" der betriebssoziologischen Diskussion (vgl. auch Kern 1997, S. 29). Letztlich lässt sich die Debatte in der Arbeitssoziologie, aber auch in großen Teilen der Betriebswirtschaftslehre, der Arbeitswissenschaft und der Organisationspsychologie in ein verhältnismäßig einfaches Ordnungsschema pressen.

Tab. 1 Debatte über Arbeitsstruktur und Situation der Arbeitenden

	Stärker arbeitsteilige Organisation als effiziente Form der Wertschöpfung	Ganzheitliche Arbeitsformen als effiziente Form der Wertschöpfung
Herausstellen der Vorteile für die Arbeiter	Sowohl das Kapital als auch die Arbeiter profitieren. Die Arbeit mag für den Arbeiter stupide sein, aber er partizipiert an der Effizienzsteigerung. Argumentation findet sich bei Taylor und bei Ford.	Es kommt zu einer Win-win-Situation für Arbeit und Kapital, weil die Arbeit effizienter und gleichzeitig für die Arbeiter befriedigender wird. Die Argumentation findet sich bei Kern und Schumann.
Herausstellen der Nachteile für die Arbeiter	Das Kapital profitiert auf Kosten der Arbeitnehmer. Argumentation findet sich prominent bei Braverman, geht letztlich auf Marx zurück.	Ganzheitliche Arbeitsformen werden als Befreiung für die Arbeiter verkauft, sind aber letztlich nur geschicktere Kontrollmechanismen zugunsten des Kapitals.

In der einen Hinsicht dreht sich die Debatte um die Frage, welche Arbeitsstruktur – eine stark arbeitsteilige, „retaylorisierte" (vgl. Springer 1999) oder eine eher auf ganzheitlichen Arbeitsformen basierende (vgl. Kern und Schumann 1984a; Kern und Schumann 1984b) – am ehesten zur Profitmaximierung beiträgt. In der anderen Hinsicht geht es um die Frage, wie sich die für das Kapital als rational darstellenden arbeitsteiligen oder ganzheitlichen Arbeitsformen für die Mitarbeiter auswirken: Tragen die postbürokratischen Strategien zur Zufriedenheit, Selbstverwirklichung und Befreiung bei oder nicht? Besonders Horst Kern und Michael Schumann ist eine deutliche Sympathie für die von ihnen festgestellten „neuen Produktionskonzepte" anzumerken. Angesichts der zentralen Bedeutung der Arbeit gehe es darum, die „Gelegenheit beim Schopfe zu packen" und die aufgeklärten Manager bei der Einführung der neuen Produktionskonzepte zu unterstützen (Kern und Schumann 1984a, S. 327; siehe mit deutlicher Sympathie für diese Vorgehensweise Baecker 2014, S. 214). Es wird eine „Subjektivierung" von Arbeit konstatiert, weil Beschäftigte zunehmend bestrebt sind, ihre Interessen und Fähigkeiten in den Arbeitsprozess einzubringen und so eine anspruchs- und letztlich sinnvolle Arbeit zu verrichten (vgl. zuerst Baethge 1991). Eine andere Richtung in der Soziologie relativiert das „Befreiungspotenzial" der neuen Produktionskonzepte und stellt die durch die dezentralen Unternehmensstrukturen entstehenden paradoxen Arbeitsanforderungen an die Mitarbeiter dar (siehe dazu Boltanski und Chiapello 1999; Alvesson und Willmott 2002). Die Rede ist von einer „Entgrenzung" der Arbeit, die die Grenzen zwischen Arbeitswelt und privater Lebenswelt erodieren lässt (vgl.

Kratzer 2003) und zur Ausbildung eines „postfordistischen Sozialcharakters" führt (vgl. Eichler 2013).

Dieses simple Vierfelder-Schema hat die Basis für eine inzwischen kaum noch überschaubare Anzahl von Forschungsprojekten geliefert, die für immer neue Branchen, immer neue Länder und immer neue Beschäftigtengruppen fragen, wie sich die Arbeitsprozesse gerade verändern und wie sich das auf die Arbeiter auswirkt. So lassen sich die zentralen Diskussionsstränge der am Betrieb interessierten Arbeitssoziologie, Arbeitspsychologie und Arbeitswissenschaft letztlich mit diesem Vierfelder-Schema verstehen.

In einem ersten Strang der industriesoziologischen Debatte werden neue Managementkonzepte daraufhin überprüft, ob sie eher eine Retaylorisierung bedeuteten oder ob sie ganzheitlichere Arbeitszuschnitte ermöglichten. So wird heftig debattiert, ob das in den 1990er Jahren populäre „Lean Management" in seiner japanischen Variante eine Abkehr vom Taylorismus bedeutet oder letztlich nur seine Fortführung unter veränderten Bedingungen ist (vgl. Jürgens 1995). Die „Gruppenarbeit" in Betrieben wird unter dem Gesichtspunkt untersucht, ob sie in einer eingeschränkten Variante mit geringen Arbeitsumfängen, einer hohen Integration in die Fließbandfertigung und einem geringen Maß an Selbstkoordination praktiziert wurde oder ob sie zu einer weitgehenden Teilautonomie der Gruppe führt – mit erweiterten Arbeitsumfängen, einer tendenziellen Entkopplung vom Fließband und einem hohen Maß an Selbstkoordination (vgl. Gerst 2006). Es wird die „Vermarktlichung" ins Blickfeld genommen, mit denen sich Unternehmen einerseits in die Märkte hinein öffnen und andererseits die Kooperation zwischen ihren Organisationseinheiten über interne Marktprozesse strukturieren (vgl. Sauer 2010).

In einem zweiten Strang der Debatte werden die Rationalisierungsstrategien auf nationalstaatliche Spezifika hin untersucht. Während anfangs Vergleiche zwischen den westeuropäischen Ländern im Mittelpunkt standen (vgl. Maurice et al. 1980; Maurice et al. 1982; Heidenreich und Schmidt 1992), konzentrierte sich die Forschung seit den späten 1980er, frühen 1990er Jahren auf Vergleiche zwischen japanischen, US-amerikanischen und europäischen Produktionsformen (vgl. z. B. Cole 1989; Lincoln und Kalleberg 1990; Schumann et al. 1994; Jürgens 1995). Besonders aufgrund der Erfolge der japanischen Automobil-, Mikroelektronik- und Maschinenbauindustrie in den 1980er Jahren interessiert sich die Industriesoziologie dafür, wie sich die in Japan entwickelten Produktionsformen in die Diskussion um tayloristische versus ganzheitliche Produktionsformen einordnen ließen und welche Prozesse bei der Transferierung der in Japan entwickelten Organisationsformen zu beobachten waren (vgl. z. B. Deutschmann 1987; Ackroyd, Stephen et al. 1988; Lillrank 1995). Letztlich stehen diese auf nationale Unterschiede fokussierenden

Studien im Kontext einer Forschungsrichtung, in der es darum geht, „Varieties of Capitalism" (Hall und Soskice 2001) in verschiedenen Ländern herauszuarbeiten. Ein dritter Strang der Debatte nimmt unterschiedliche arbeitende Personengruppen ins Blickfeld. Weil der „klassische Industriearbeiter" in den soziologischen und arbeitswissenschaftlichen Forschungen lange Zeit „männlich" und „weiß" war, war es naheliegend, eine „Geschlechter-Blindheit" oder „Ethnien-Blindheit" zu konstatieren (Glucksmann 1990). Unter dem Begriff der „Gendered Organizations" wurde systematischer untersucht, welche Rolle Frauen im Unterschied zu Männern in Organisationen spielen (siehe Acker 1990; Martin 2003; Britton und Llogan 2008). Gleichzeitig rückte der Aspekt der Ethnizität in der Fokus der Organisationen, und es wurde herausgearbeitet, dass die Aufstiegschancen gerade in Nordamerika und Europa für „Nichtweiße" deutlich schlechter waren als für „Weiße" (siehe Davis 1995; Wingfield und Alston 2014; Wilson und Roscigno 2016).

Ein vierter mit der Diskussion über Gender und Ethnien verbundener Strang der Debatte geht der Frage nach, ob sich die vorwiegend anhand von Untersuchungen in industriellen Großbetrieben entwickelten Beschreibungen von tayloristisch-fordistischen oder postfordistischen Organisationsformen auch in anderen Branchen wiederfinden lassen. Aufgrund der engen Verkopplung der eigenen disziplinären Entstehungsgeschichte besonders der Arbeitssoziologie und Arbeitswissenschaft mit der Ausbildung der „Industriegesellschaft" gab es eine starke Fokussierung auf industrielle Produktionsunternehmen. Für Friseurinnen, Krankenschwestern und Stewardessen fühlte sich ein Großteil der Arbeitssoziologie und Arbeitswissenschaft lange Zeit nicht zuständig. Erst als man erkannte, dass die Anzahl der Industriearbeitsplätze rückläufig war, in der Dienstleistungsbranche und in der Wissenschaft aber immer mehr Arbeitsplätze entstanden – was massenmedial gleich mit der Ausrufung eines Wechsels von der Industriegesellschaft (siehe dazu noch Galbraith 1970) zur Dienstleistungsgesellschaft (siehe Häußermann und Siebel 1996) oder Wissenschaftsgesellschaft (siehe Drucker 1969) dramatisiert wurde –, gelangten langsam Arbeitsstrukturen beispielsweise in der Pflege (siehe z. B. Abel und Nelson 1990; Duffy 2011; Stacey 2012), im Servicebereich (siehe z. B. Hochschild 1983), in Callcentern (siehe z. B. Callaghan und Thompson 2001; Krishnamurthy 2004; Aneesh 2012); in der Telekommunikationsbranche (siehe z. B. Katz 1997; Sako und Jackson 2006), im Krankenhaus (siehe z. B. Reich 2014) oder der Fast-Food-Gastronomie (siehe z. B. Leidner 1993) in den Fokus der Aufmerksamkeit.

Der nur halbherzige Abschied von der Zweckrationalität

Eine Gemeinsamkeit in der industriesoziologischen Diskussion ist auffällig: Egal ob man einen Trend eher zur weiteren Taylorisierung oder eher zur Ausbildung ganzheitlicher Arbeitsformen beobachtete, es wurde immer davon ausgegangen, dass es bei den Strategien des Kapitals um die Steigerung der ökonomischen Rationalität des Unternehmens ging. Der Industriebetrieb erschien ganz in der Tradition von Marx als Produkt des modernen Kapitalismus, in dem die Profitorientierung und das Rentabilitätsprinzip als „Ultima Ratio" herrschten (Lutz und Schmidt 1977, S. 171). Es dominierte nach wie vor ein der Marx'schen Tradition geschuldeter „heimlicher Effizienzdeterminismus" (Ortmann 1994, S. 94).

Diese Form der Herangehensweise, in der die gesamte Unternehmung vom Prinzip der Profitorientierung aus rekonstruiert wird, lässt sich im Anschluss an Max Weber als „zweckrationales" Organisationsverständnis bezeichnen. „Es handelt derjenige zweckrational", so Weber, „der in seinem Handeln verschiedene Zwecke gegeneinander abwägt, die günstigsten Mittel zur Erreichung der definierten Zwecke wählt und in diesem Auswahlprozess von Zwecken und Mitteln mögliche unerwünschte Nebenfolgen mit in Betracht zieht." Um Webers Kriterien der Zweckrationalität zu erfüllen, müssen sich die Entscheider über ihre Interessen, Wünsche und Werte im Klaren sein. Der Kapitalist muss sich beispielsweise des Ziels der Verwandlung von „G" in „G'" bewusst sein. Er muss möglichst vollständige Informationen über alle Handlungsalternativen sammeln und die Konsequenzen der Alternativen abwägen (Weber 1976, S. 13; siehe auch March 1988).

Diese Zweck-Mittel-Struktur wurde dann, ähnlich wie in der klassischen zweckrationalen Organisationstheorie, mit dem hierarchischen Aufbau „parallelgeschaltet" (vgl. z. B. Abraham und Büschges 2004, S. 93ff.). Die Führung des Unternehmens definiert, auf welche Weise das Unternehmen Gewinne machen will. Die Handlungen, die als Mittel zur Erreichung des Zweckes erforderlich sind, werden „dann den Untergebenen als Aufgabe zugewiesen". Diese „delegieren dann ihrerseits Unteraufgaben an Unterinstanzen", bis der „Boden der Hierarchie", die unmittelbare Ausführungsebene, erreicht ist (Luhmann 1971, S. 96f.).

Durch die „Parallelschaltung" der Zweck-Mittel-Relation mit der hierarchischen Oben/Unten-Unterscheidung entstehen übersichtliche Organisationsanalysen. Die Unternehmensführung entscheidet sich beispielsweise dafür, die Nummer eins im Weltmarkt bei Bohrerkassetten zu werden – Behältnisse, in denen die kleinen und großen Aufsätze für Bohrmaschinen sauber geordnet werden können. Dann werden Mittel bestimmt, mit denen dieses Oberziel am besten erreicht werden kann. Es wird festgelegt, dass man zur Erreichung dieses Ziels den US-amerikanischen Markt „erobern" muss und dass man die Produktionszeiten für eine Serie von Bohrerkassetten auf die Hälfte reduzieren muss. Die definierten Mittel zur Erreichung des Oberziels „Weltmarktführer bei Bohrerkassetten" werden dann wiederum in Unterziele unterteilt, und es werden Mittel zur Erreichung der Unterziele bestimmt. Die Unternehmensführung legt zum Beispiel fest, dass der „Vertriebsleiter Ausland" zur Eroberung des US-Marktes einen bestimmten Marketingspezialisten anwerben und der Werkleiter zur Reduzierung der Produktionszeiten im Fertigungsbereich „teilautonome Gruppenarbeit" einführen soll. So entsteht eine hierarchische Kette aus Ober- und Unterzielen, mit der jede Handlung in der Organisation durchstrukturiert werden kann.

Der Charme dieses zweckrationalen Organisationsverständnisses besteht darin, dass ein aus den Anforderungen des Kapitalismus abgeleiteter Zweck – nämlich das Ziel der Profitmaximierung – als Ausgangspunkt genommen wird und dann die gesamte Organisation unter diesem Aspekt durchanalysiert wird. Man kann die Alternativen betrachten, die zur Erreichung eines Ziels angestrebt werden, und sogar als Wissenschaftler kann man Aussagen treffen, ob auch aus der Außensicht die Strategie des Unternehmens die richtige ist oder nicht. So entsteht ein in der Regel übersichtliches Geflecht aus Thesen und Hypothesen, das man sogar im besten Falle nachrechnen kann.

Bei Frederick Taylor und Henry Ford und dann – wenn auch in Abgrenzung von ihnen – bei Harry Braverman gab es ein enges Junktim zwischen der zweckrationalen Entscheidungsfindung in der Organisation und einem bürokratisch-tayloristischen, auf weitgehende Zerlegung des Arbeitsprozesses basierenden Organisationstypus (siehe ausführlich dazu Kühl 2015d, S. 20). Es herrschte die Überzeugung, dass es keine Organisationsform gibt, die es mit den hierarchisch strukturierten und bürokratisch organisierten Unternehmen in Sachen Rationalität und letztlich Leistungsfähigkeit aufnehmen kann. Taylor ging ähnlich wie Max Weber davon aus, dass sich die Spitze der Hierarchie mit den Zwecken der Organisation identifiziert und diese in viele kleine Arbeitsaufgaben zerlegt. Über eine tief gestaffelte Hierarchie wird die Aufteilung in genau definierte Arbeitsaufgaben organisiert. Die Aufgaben werden denjenigen Personen zugeordnet, die am besten für ihre Erledigung qualifiziert sind. Da die obere Ebene der Hierarchie damit überfordert wäre, in jedem Einzelfall Anweisungen an die unteren Ebenen zu geben, etabliert sie Programme, die den Weisungsempfängern Aufschluss darüber geben, wie sie sich im Normalfall zu verhalten haben. Die Leitungsebene der Hierarchie kann sich auf die Kontrolle der Regeleinhaltung und die Behandlung von Sonderfällen konzentrieren (vgl. Weber 1976, S. 128ff.; siehe auch Luhmann 1973, S. 55ff.; Luhmann 2000, S. 16f.).

Im Rückblick besteht die Innovation der am Betrieb interessierten Arbeitssoziologie und Arbeitswissenschaft darin, dass sie das Junktim zwischen Zweckrationalität und tayloristisch-fordistischer Organisationskonzeption aufgebrochen hat. Für die Einsicht, dass eine Organisation zweckrational organisiert sein kann, ohne sich am tayloristisch-fordistischen Produktionskonzept oder auch am bürokratischen Idealtypus Webers zu orientieren, wurde sogar der in der Soziologie sonst eher sparsam verwendete Begriff des „Paradigmenwechsels", des grundlegenden Wandels einer Strukturform, bemüht (vgl. Kern und Schumann 1984a, S. 24).

Aber – und dieser Aspekt darf nicht übersehen werden – auch nach dem vermeintlichen Paradigmenwechsel blieb diese Forschungsrichtung genauso wie der Mainstream in der Betriebswirtschaftslehre theoretisch einem zweckrationalen Organisationsverständnis verhaftet. In einem turbulenten Marktumfeld, so der Grundtenor der Argumentation, sei es rational, sich für eine dezentrale, abgeflachte, adhocratische Organisationsform zu entscheiden, während es in einem stabilen Marktumfeld sehr wohl ökonomisch Sinn machen könne, auf eine Organisationsform zurückzugreifen, die dem tayloristisch-fordistischen Produktionsmodell oder dem bürokratischen Idealtypus Webers ähnlich sei. Genauso wie der situative Ansatz in der Organisationsforschung lief dieses Verständnis auf eine ausgefeiltere Version der One-best-way-Philosophie hinaus. Es gibt für jede Situation einen besten Weg – der ist aber eben abhängig von der jeweiligen Situation, in der sich die Organisation befindet. Statt eines tayloristisch-fordistisch-bürokratischen „one best way" gibt es jetzt einen „situativ relativierten besten Weg", der je nach Marktlage, Technikentwicklung oder politischem Umfeld eine tayloristisch-fordistisch-bürokratische oder eine ganzheitlichere Produktionsform vorsieht (vgl. Pondy und Boje 1980, S. 96).

Die Dominanz der zweckrationalen Herangehensweise kann erklären, weswegen die Unternehmensanalysen der marxistisch geprägten Soziologie von der Anlage her überraschend stark den Analysen der klassischen Betriebswirtschaftslehre gleichen. Zugespitzt ausgedrückt: Sowohl die dominierenden Stränge der Arbeitssoziologie als auch die Betriebswirtschaftslehre begreifen Unternehmen letztlich als einen verlängerten Arm des Kapitals – und unterscheiden sich dann lediglich in der „politischen" Beurteilung. Beide wissenschaftlichen Sichtweisen verstehen Rationalisierungsstrategien der Unternehmen als Versuche zur ökonomischen Effizienzsteigerung – nur dass die Betriebswirtschaftslehre diese als legitime (und auch wissenschaftlich unterstützungswürdige) Bestrebungen zur Gewinnmaximierung ansieht, während die Arbeits- und Industriesoziologie tendenziell neue subtilere Ausbeutungsmechanismen wittert. Beide Perspektiven erkennen die Strategien der Arbeitnehmer, Leistungen zurückzuhalten – nur dass die Betriebswirtschaftslehre darin (verständliche) Versuche der Arbeitnehmer sieht, dem Unternehmen als „Prinzipal" bereits bezahlte Leistungen vorzuenthalten, denen man mit geeigneten Maßnahmen begegnen muss, während die Arbeits- und Industriesoziologie diese Leistungszurückhaltung als einen verständlichen Widerstand gegen kapitalistische Ausbeutungsprozesse beschreibt.

Die Gefahr besteht dabei darin, dass die in ihren Betriebsanalysen zweckrational geprägte Soziologie zu einer auf das „Soziale reduzierten Betriebswirtschaftslehre" degeneriert, sobald sie – wie in den letzten 30 Jahren zunehmend geschehen – ihre prinzipiell kapitalismuskritische Bewertung aufgibt. Die heftige Debatte darüber, ob die Arbeitssoziologie sich an Rationalisierungsprojekten nicht nur als Begleitforscher, sondern als Mitgestalter oder Berater „praktisch" beteiligen soll, kann nur vor dem Hintergrund dieser Ähnlichkeit in der analytischen Herangehensweise von Arbeits- und Industriesoziologie einerseits und der Betriebswirtschaftslehre andererseits verstanden werden. Als Problem einer zunehmenden Beteiligung von Arbeits- und Industriesoziologen an Gestaltungsprojekten wird nicht mehr angesehen, dass man zum „Büttel des Kapitals" wird und nur noch eine „Kuh-Soziologie" betreibt, durch die die Arbeiter vom Management besser gemolken werden können (Schmidt 1974, S. 41). Die unterschwellige Sorge scheint vielmehr zu sein, dass mit Aufgabe der über Jahrzehnte gepflegten und mit Marx begründeten Distanz zur unternehmerischen Praxis die Konturen der Arbeitssoziologie zu anderen Disziplinen nur noch schwer zu bestimmen sind.

Die Stärke der Arbeitssoziologie war, dass sie – im Gegensatz zur Hauptströmung der Betriebswirtschaftslehre – durch die eigene Empirie relativ früh darauf stieß, dass sich die Realität der Unternehmen nur begrenzt mit dem so übersichtlichen Zweck-Mittel-Schema beschreiben lässt. Michael Burawoy beobachtete, dass auf dem „shopfloor", dem Produktionsbereich des Betriebes, die Arbeiter selbst unter den Bedingungen einer restriktiven tayloristischen Arbeitsorganisation eigene „Spiele" betreiben, mit denen sie versuchen, möglichst viel an Verantwortung und Spaß zu haben. Über diese „selbsttätige" Gestaltung des Arbeitsprozesses würden die Arbeiter an der Herstellung eines Konsenses auf dem „shopfloor" mitarbeiten und letztlich ihre eigene Ausbeutung mitgestalten (Burawoy 1979, S. 71ff.; Burawoy 1985, S. 10f.). Horst Kern und Michael Schumann betonen, dass Rationalisierungsverläufe nicht durch kapitalistische Verwertungsimperative vorentschieden würden. Je nach Machtkonstellation entstünden in den Unternehmen „Margen der politischen Gestaltbarkeit", die die Rationalisierungsentwicklungen prägen würden (Kern und Schumann 1984a, S. 324f.). Es wurde herausgestellt, dass sich Organisationswandel nicht allein unter einer funktionalen Perspektive verstehen lässt. Welche Organisationsstrukturen, Verfahrensweisen und Personaleinsatzkonzepte als rationale Mittel zur Erreichung des Organisationszwecks gelten, welche konkreten Organisationsformen sich mit welcher Reichweite letztlich durchsetzen oder ob sich die von der Organisationsspitze anvisierten Veränderungen nur teilweise, in modifizierter Form oder eventuell sogar gar nicht realisieren lassen, hänge von den betrieblichen Machtverhältnissen ab.

Insgesamt kamen in der Arbeitssoziologie immer mehr Zweifel auf, ob sich die Verhältnisse in den Betrieben aus den gesamtgesellschaftlichen Verhältnissen von Kapital und Arbeit erschließen und ob sich Unternehmen vom Ausgangspunkt der Profitmaximierung aus begreifen lassen. Der „marxistische Funktionalismus", in dem die Funktionsweise eines Betriebes aus den allgemeinen Bewegungsgesetzen des Kapitalismus abgeleitet wurde, geriet zunehmend in die Kritik (vgl. Littler und Salaman 1982, S. 256; Littler und Willmott 1990, S. 12; siehe auch Littler 1990, S. 46ff.). Das Eigenleben der Organisation hat die Arbeits- und Industriesoziologie nie richtig greifen können. Die theoretisch ambitionierten Ansätze, wie zum Beispiel die Überlegungen von Burawoy (1979) im Rahmen der Labour Process Debate, verharrten letztlich im objektivistischen Bezugsrahmen der Marx'schen „Kritik der politischen Ökonomie" (1961a) und leiteten die, wenn auch gebrochenen, Handlungslogiken in Betrieben aus den kapitalistischen Konkurrenzverhältnissen ab. Den Ansätzen, die sich auf die „Bereiche der Gestaltbarkeit" oder auf die „Arbeits- und Betriebspolitik" konzentrierten, gelang es zwar, die Eigenständigkeit der Betriebe empirisch einzufangen, die Betriebe wurden aber, so die Kritik, in ihrer Eigenständigkeit nur empirisch, nicht jedoch theoretisch ernst genommen.

3.3 Der Ansatz der Systemtheorie: Die Eigenlogik der Organisation

Betrachtet man Prozesse der funktionalen Differenzierung aus der Perspektive der Systemtheorie, versteht man zunächst nicht, weswegen sich eine auf „Arbeit" konzentrierende Soziologie auf Unternehmen beschränken sollte. Letztlich handelt es sich bei Unternehmen doch nur um einen Spezialtyp der Arbeitsorganisation. Auch dem soziologisch ungeschulten Beobachter fällt ja auf, dass nicht nur in Unternehmen, sondern auch in Krankenhäusern, Gerichten, Schulen, Universitäten, Verwaltungen, Armeen und selbst Gewerkschaften und professionellen Lobbyorganisationen wie „Greenpeace" gegen Lohn gearbeitet wird und Krankenpfleger, Richter, Lehrer, Standesbeamte, Gewerkschaftsfunktionäre und Geschäftsführer politischer Lobbyorganisationen ihre Tätigkeiten als Arbeit bezeichnen.

Die lange Zeit dominierende Konzentration besonders der Arbeitssoziologie und der Betriebswirtschaftslehre auf Kernsektoren wie Automobil-, Maschinenbau- und Chemieindustrie und die Fokussierung auf deren Produktionsbereiche bei gleichzeitiger Vernachlässigung von Bereichen wie Dienstleistungs- oder Wissensarbeit ist durch die auf Marx zurückgehende Verengung, dass „gearbeitet wird, wo produziert wird", verständlich. Aus der Perspektive der Systemtheorie gibt es für diese erst langsam durchbrochene arbeitssoziologische Einengung auf den gewerkschaftlich organisierten, überwiegend männlichen Facharbeiter der Maschinenbau-, Automobil- oder Chemieindustrie keine nachvollziehbaren Gründe.

Natürlich wäre es jetzt naiv, anzunehmen, dass Unternehmen, Kirchen, Universitäten, Ministerien, Armeen und Polizeibehörden allesamt identische Organisationsformen sind – wenn sie gleich wären, dann gäbe es die verschiedenen Begriffe nicht. Wirtschaftsunternehmen grenzen sich von anderen Organisationen dadurch ab, dass sie Zahlungen an Mitarbeiter (oder Zulieferer) nur deswegen leisten, weil sie davon ausgehen, dass dies zum unmittelbaren „Wiedergewinn" ihrer Zahlungsfähigkeit führt, wenn sie ihre Produkte oder Dienstleistungen wieder verkauft haben (siehe Kette 2017). Im Gegensatz zu staatlichen Verwaltungen, die Geld ausgeben, damit andere (z. B. Sozialhilfeempfänger, Straßenbauunternehmen oder Beratungsunternehmen) Leistungen empfangen können, oder Armeen, die sich über Plündereien oder in der moderneren Variante über Steuern finanzieren, geben Unternehmen Geld aus, damit es beim Verkauf ihrer Produkte und Dienstleistungen mit Überschüssen an sie zurückfließt (vgl. Luhmann 1988b, S. 249ff.).

Das Kriterium „Arbeit gegen Lohn" ist aber ganz offensichtlich nicht auf Unternehmen und ihre besondere Form der Refinanzierung beschränkt. Die Systemtheorie setzt deswegen in ihren „Arbeitsanalysen" – im Gegensatz zum Marxismus – auf der Ebene von „Organisationen" an, unabhängig davon, ob diese im Wirtschaftssystem (Unternehmen), im Gesundheitssystem (Krankenhäuser oder Arztpraxen), im Rechtssystem (Gerichte, Anwaltskanzleien), im Wissenschaftssystem (Universitäten, Großforschungseinrichtungen) oder im politischen System (Ministerien, städtische Verwaltungen, Nichtregierungsorganisationen) wirken. Mit diesem Fokus auf die ganze Breite von Organisationen steht die an Prozessen der funktionalen Differenzierung interessierte Systemtheorie in der Tradition von Max Weber, der in seinen Studien zur Ausbildung von Bürokratien und zur Entwicklung rationaler Herrschaftsformen die Marx'sche Fokussierung auf Wirtschaftsorganisationen aufgegeben hat und einen Blick für die Ähnlichkeit von Rationalisierungsprozessen in Unternehmen und öffentlichen Verwaltungen entwickelte (vgl. Weber 1976).

Was macht jetzt aus der Perspektive der Systemtheorie die Gemeinsamkeit von Organisationen aus? Vergleicht man die Organisationen unterschiedlicher Funktionssysteme miteinander, dann fällt auf, dass diese sich nicht nur strukturell stark ähneln, sondern dass sich in ihnen Ordnungsprinzipien vormoderner Gesellschaften wiederfinden lassen. Die Tatsache, dass Ereignisse wie Unternehmenskonkurse, die Auflösung von Ministerien oder die Schließung von Universitäten keine schwerwiegenden Folgen für das Gemeinwesen haben, zeigt, dass Organisationen – ähnlich wie Stämme in segmentären Gesellschaften – voneinander unabhängig sind. Der Ausfall einer Einheit hat in der Regel keine verheerenden Konsequenzen für das Ganze. Intern sind Organisationen nach dem in stratifizierten Gesellschaften insgesamt dominierenden Schema von „oben und unten" differenziert. Trotz der in regelmäßigen Abständen aufkommenden Managementdiskurse von der „Abschaffung der Hierarchie", dem „Todesstoß" für die Hierarchie oder der „Hierarchie als auslaufendem Modell", die auch in der Arbeits- und Industriesoziologie immer mal wieder aufflackerten (vgl. schon Bahrdt 1974), gibt es kein Beispiel dafür, dass Organisationen von einer Größe, bei der nicht mehr alle Mitarbeiter um einen Konferenztisch passen, auf eine irgendwie geartete Oben-unten-Differenzierung verzichten (vgl. Dahrendorf 1962, S.77).

Während – stark vereinfacht gesprochen – die marxistisch geprägten Sozialwissenschaften vom Oben-unten-Schema in Unternehmen auf die Strukturierung der Gesamtgesellschaft schließen (vgl. Deppe 1971, S. 16f.) und damit das Fabrikregime zum gesellschaftlichen Herrschaftsverhältnis insgesamt hochstilisieren, hebt die Systemtheorie die Differenz zwischen Gesellschaft und Organisation hervor. Besonders Niklas Luhmann hat herausgearbeitet, dass auf der Ebene der Gesellschaft die Bedeutung erstens von Mitgliedschaftsinklusionen und -exklusionen, zweitens von Zwecken und drittens von Hierarchien abnimmt, diese aber als Strukturierungsmerkmale von Organisationen einen zunehmend prominenten Platz einnehmen (vgl. grundlegend Luhmann 1975a, S.39; Luhmann 1997, S.826; siehe ausführlich auch Kieserling 2004, S.212; Kühl 2011, S.16).

Zur Mitgliedschaft: Das Management des Eintritts und Austritts – die Bestimmung von Mitgliedschaften – handhaben Organisationen anders als moderne Gesellschaften. Der Ausschluss von Mitgliedern aus Gesellschaften durch Todesstrafe, Verbannung oder Ausbürgerung stellt die Ausnahme dar. Die Aufrechterhaltung des Prinzips des Ausschlusses setzt einen Staat – siehe die Debatte über die Todesstrafe in den USA – sofort dem Vorwurf der „Antiquiertheit" aus. In Organisationen dagegen ist das Management des Ein- und Ausschlusses von Mitgliedern ein zentrales Instrument. Über die Bestimmung der Mitgliedschaft kann das Management festlegen, wer zu einem Unternehmen, einer Verwaltung oder einem Verband gehört. Dadurch werden Grenzen geschaffen, innerhalb derer sich die Mitglieder (und eben nur die Mitglieder) den Regeln der Organisation zu unterwerfen haben (vgl. Luhmann 1964, S.44f.).

Zu Zwecken: Funktional differenzierte Gesellschaften halten sich im Gegensatz zu den Gesellschaften des Altertums oder des Mittelalters zurück, sich übergeordneten Zwecken wie religiöser Verwirklichung der Staatsbürger oder der Erreichung des sozialistischen Menschheitsideals zu verschreiben und die Bürger diesen Zwecken zu unterwerfen. Ganz anders Organisationen: Egal ob es sich um eine staatliche Verwaltung, ein Unternehmen oder eine Gewerkschaft handelt – erst die Bestimmung konkreter Zwecke ermöglicht eine irgendwie geartete Ausrichtung des Organisationshandelns. Eine Organisation, die völlig auf die Formulierung von Zwecken verzichtet, würde sowohl bei den eigenen Mitgliedern als auch bei der externen Umwelt ein Höchstmaß an Irritation hervorrufen (vgl. Luhmann 1973, S. 87ff.).

Zu Hierarchien: Auch der Begriff der Hierarchie verliert in der Gesellschaft an Bedeutung, für die Strukturierung von Organisationen ist diese Herrschaftsform hingegen nach wie vor das Mittel der Wahl (vgl. Luhmann 1997, S. 834). Es gibt in den modernen Gesellschaften keinen Herrscher mehr, der über Befehls- und Anweisungsketten in die verschiedenen Lebensbereiche der Bevölkerung hinein-regieren kann. Wie das Beispiel Irak während der Saddam-Hussein-Ära oder Afghanistan zur Zeit der Taliban zeigt, werden Staaten mit einem hierarchischen Aufbau als unmodern oder gar potenziell gefährlich betrachtet. In der modernen Gesellschaft akzeptiert niemand den Präsidenten als obersten Vorgesetzten einer Befehlshierarchie – außer den Mitgliedern des Präsidialamtes. Im Gegensatz zu den modernen Gesellschaften sind Organisationen zentral über Hierarchien strukturiert. Dieses Phänomen spricht Ulrich Beck mit dem Begriff der „halben Demokratie" an. Weite Teile der Gesellschaft seien „enthierarchisiert", während die Organisationen in Wirtschaft, Wissenschaft, Politik und Kunst jedoch weitgehend demokratiefreie, hierarchisch strukturierte Systeme geblieben seien (Beck 1986).

Das Management von Mitgliedschaften, die Ausbildung einer Vielfalt von Zwecken und der Aufbau einer wie auch immer gearteten Hierarchie – das sind nicht nur zentrale Unterscheidungsmerkmale von Gesellschaft und Organisation, sondern über sie ist auch erklärbar, weswegen Organisationen ein „Eigenleben", eine „Eigenständigkeit" jenseits der Funktionsweise von Wirtschaft, Politik oder Recht ausbilden können. Mit der Herausarbeitung der Zwecke, der Hierarchie und der Mitgliedschaft als zentralen Merkmalen von Organisationen werden die gleichen Themen angesprochen wie in einer marxistisch geprägten Soziologie, in der Systemtheorie werden sie jedoch anders geordnet und interpretiert.

Die Mitgliedschaft in Organisationen

Wie gelingt es Organisationen, ihre Eigenständigkeit gegenüber dem Rest der Gesellschaft zu bewahren? Wie stellen sie sicher, dass sich der Angestellte einer Bank wie selbstverständlich in Anzug und Krawatte wirft, obwohl es doch in der Gesellschaft an sich keinerlei Vorschriften in Bezug auf Kleidung gibt (außer dass man irgendeine Form von Kleidung tragen muss)? Wie kommt es, dass sich ein Berufsanfänger schon bei seinem ersten Auftritt in der Firma bereitwillig den Verhaltenserwartungen der Organisation unterordnet? Luhmanns Antwort lautet: „Mitgliedschaft". Anders als bei den Stämmen der archaischen Gesellschaften, bei den Adelsnetzwerken der vormodernen Gesellschaften oder auch bei Familien der heutigen modernen Gesellschaft ist die Mitgliedschaft kein quasinatürliches

Faktum, sondern fällt in den Entscheidungsbereich der Organisation selbst (vgl.
Luhmann 1964, S. 39ff.; siehe auch Deutschmann 1987, S. 135; Kühl 2015c, S. 69).
Dabei können Organisationen ganz unterschiedliche Motivationen stimulieren,
um Mitglieder zu gewinnen (siehe zu deren Möglichkeiten und Grenzen ausführlich Kühl 2011, S. 37). Offensichtlich ist, dass Personen über Geldzahlung zum
Eintritt und Verbleib in Organisationen motiviert werden können. Da Menschen
chronisch Bedarf an Geld haben, können Mitglieder nicht nur zeitlich befristet,
sondern dauerhaft an eine Organisation gebunden werden. Ferner ist Zwang in allen
Hochkulturen des Altertums, des Mittelalters und der frühen Neuzeit ein erprobtes
und auch heute noch von einigen Organisationen eingesetztes Motivationsmittel.
Dabei setzen Organisationen eigene Erzwingungsmittel wie organisationsinterne
Polizei, eigene Gerichtsbarkeit und organisationseigene Gefängnisse ein, um die
Teilnahme an Organisationsaktivitäten sicherzustellen. Der Einsatz von Zwang zur
Rekrutierung und zum Halten von Mitgliedern hat in der modernen Gesellschaft an
Popularität verloren, wird aber gerade von staatlichen Organisationen – Stichwort
Wehrpflicht – immer noch eingesetzt. Eine weitere Möglichkeit, um Mitglieder
an Organisationen zu binden, ist es, ihnen attraktive Zwecke zu bieten. In der
Regel gilt: Je motivierender die Zwecke sind, desto geringer kann die Bezahlung
der Mitglieder ausfallen. Attraktive Tätigkeiten sind also ein weiteres Mittel, um
Mitglieder zum Verbleib im Unternehmen bewegen zu können. Man betrachte
hierzu die Freiwilligen Feuerwehren oder das Rote Kreuz, die ihre Mitglieder
vorrangig über interessante Arbeitsaufgaben binden. Eine weitere Möglichkeit,
Mitgliedschaftsbindung herzustellen, bietet sich über die Kollegialität, die sich unter
den Mitgliedern einer Organisation ausbildet. Organisationsforscher – besonders
Vertreter des sogenannten Human-Relations-Ansatzes – haben immer wieder
nachzuweisen versucht, dass Organisationsmitglieder sowohl zufriedener als auch
leistungswilliger sind, wenn sie eine enge Bindung zu ihren Kollegen empfinden.
In der Regel setzen Organisationen verschiedene Mittel ein, um ihre Mitglieder zu
motivieren. Aber bei aller Heterogenität von Mitgliedschaftsmotivationen ist ein
Punkt zentral: Was immer einzelne Mitglieder bewogen hat, in ein Unternehmen,
einen Verein oder eine Partei einzutreten – Identifikation mit dem Zweck, die
Aussicht auf Geld oder die gute Stimmung unter den Organisationsmitgliedern
–, die Organisation kann erwarten, dass sich die Mitglieder an die Regeln halten,
solange sie Mitglied der Organisation bleiben wollen.

Mit der mehr oder minder freiwilligen Akzeptanz der Mitgliedschaft willigt der
Mitarbeiter einer Organisation ein, sich ihren Regeln, Anweisungen und Gepflogenheiten zu unterwerfen. Nur weil man sich als Mitglied einer Organisation versteht,
fängt man auf Anweisung eines Vorgesetzten an, die Glieder einer Motorenkette
auf Fehler hin zu überprüfen, ist man als Angestellte eines Callcenters bereit, auch

die unverschämtesten Kunden freundlich zu behandeln oder als Studentin auch schon morgens um 8:15 Uhr zu einer todlangweiligen Vorlesung zur „Einführung in die Statistik" zu erscheinen.

Die Bindungskraft wird einerseits dadurch erreicht, dass es jedem Mitglied klar ist, dass es kein Naturrecht auf Zugehörigkeit gibt und einem schon deswegen die Mitgliedschaft auch entzogen werden kann. Selbst wenn Entlassungen aus Unternehmen, die zwangsweise Exmatrikulation von Studierenden oder der Ausschluss aus dem Kegelclub eher die Ausnahme als die Regel sind, so sorgt allein die Möglichkeit, dass es dazu kommen kann, für eine hohe Bereitschaft, sich den in einer Organisation geltenden Regeln, Anweisungen und Gepflogenheiten zu unterwerfen. Man braucht meistens gar nicht zu prügeln, häufig noch nicht einmal offen zu drohen, um Folgebereitschaft durchzusetzen. Es reicht allein schon der dezente Verweis, dass die Mitgliedschaft zur Organisation auch entzogen werden kann.

Die Bindung an die Organisation wird aber andererseits – und diese Kraft darf nicht unterschätzt werden – auch durch die Selbstbindung des Mitglieds erreicht. Wie schon Marx, wenn auch lediglich in Bezug auf die Lohnarbeiter, festgestellt hat, bewirkt die „Freisetzung" des Menschen aus den ständisch-feudalen Herrschaftsverhältnissen, dass er sich als autonomes Rechtsindividuum für die Tätigkeit in einem Unternehmen entscheiden kann (vgl. Marx 1962a, S. 99ff.). Weil ein Mitglied sich zur Arbeit beispielsweise beim Pharmakonzern „Bayer" aus freien Stücken entschieden hat und nicht durch einen Sklavenhalter zwangsrekrutiert wurde, hat es nur begrenzte Möglichkeiten zur Darstellung seiner Distanz zu dieser Organisation. Während eine Schülerin noch offen ihre Abneigung gegenüber der Schule zum Ausdruck bringen kann, hat eine Studentin schon größere Schwierigkeiten, ihren Unwillen zu zeigen, wird sie doch mehr oder minder direkt darauf verwiesen, dass es im Gegensatz zur Schule in Universitäten keinen Zwang zur Teilnahme gibt (vgl. Luhmann 1964, S. 37f.).

Durch ihre Selbstbindung können sich Mitarbeiter zweier zentraler Erwartungen von Organisationen kaum entziehen (vgl. Luhmann 1964, S. 36f.). Dies betrifft erstens den Zweck der Organisation. Wer den Zweck, auf den eine Organisation ausgerichtet ist, nicht bejaht, handelt gerade in der Wahrnehmung der anderen Mitglieder inkonsequent, wenn er trotzdem bleibt. Wer die Arbeit für gewinnstrebende Unternehmen für eine verwerfliche Unterstützung des Kapitalismus hält und dies auch offen verkündet, handelt widersprüchlich, wenn er Mitglied eines solchen Unternehmens ist. Diese Erfahrung mussten die durch die „68er-Bewegung" geprägten Studenten machen, die sich zum Zwecke der Agitation als Fließbandarbeiter bei „Opel", „Renault" oder „Citroën" verdingten. Die Rolle des organisationsinternen „Revolutionärs" führt zu Rollenkonflikten, die über kurz oder lang nur durch die zunehmende Anpassung an die Mitgliedschaftserwartung des Unternehmens, durch den Rückzug in die institutionalisierten Widerstandsrollen im Betriebsrat oder durch die (jedenfalls damals nicht gelungene) grundlegende Veränderung des Organisationszwecks aufgehoben werden können (vgl. eindrucksvoll dazu die Schilderung von Linhart 1978). Zweitens können sich Mitglieder nur schwer der hierarchischen Führungsstruktur der Organisation entziehen. Man kann als Mitglied eines Unternehmens, einer Partei oder eines universitären Institutes der Organisationsführung nur schwer die Gefolgschaft verweigern, ohne seine Mitgliedschaft zu riskieren. Die offene Widerrede gegen die eigene Chefin sollte man nur riskieren, wenn man die berechtigte Hoffnung hat, nach dem dann folgenden Machtkampf ihren Posten einnehmen zu können.

Niklas Luhmann hebt hervor, dass die Mitgliedschaftsregel bereits dann verletzt ist, wenn sich ein Mitarbeiter einer einzigen Anforderung der Organisation entzieht – dies ist der entscheidende Punkt. Wer „eine Weisung seines Vorgesetzten" nicht annimmt oder einer Vorschrift „aus Prinzip" die Anerkennung verweigert, rebelliert, so Luhmann, „gegen das System und gegen alle formalen Erwartungen" (Luhmann 1964, S. 63). Die Aussage eines wissenschaftlichen Mitarbeiters gegenüber dem Direktor seines Forschungsinstituts, dass er – trotz ausdrücklicher Anweisung – nicht zu einem Koordinationstreffen erscheinen wird, weil er dieses Treffen für unnötig hält, ist eine solche Verletzung der zentralen Mitgliedschaftsregel. Vergessen, Verspätung oder Krankheit – all das wird als Verhinderungsgrund akzeptiert, nicht jedoch eine ausdrückliche Weigerung, seinem Vorgesetzten zu folgen. Dabei geht es überhaupt nicht um den Punkt, dessen Ausführung man verweigert, sondern darum, dass die Ablehnung auch nur einer Weisung oder einer Vorschrift das Grundprinzip „Organisation" infrage stellt. So löst die explizite Aussage eines Sachbearbeiters des Studierendensekretariats gegenüber seiner Chefin, dass er ihr die angeforderte Akte einer Studentin nicht zur Verfügung stellt, ja nicht deswegen erhebliche organisatorische Unruhe aus, weil diese eine Akte für die Arbeit des Amtes unerlässlich ist, sondern weil die Ablehnung auch nur dieser einen kleinen Anweisung als Rebellion gegen alle formalisierten Erwartungen der Organisation interpretiert werden muss.

Trotz der Möglichkeit, eine Mitgliedschaft auch wieder zu verlieren, kommt es in Organisationen nicht zu einer marionettenähnlichen Unterordnung der Mitglieder. In Unternehmen, Verwaltungen, Universitäten und Krankenhäusern können die Mitarbeiter eine Vielzahl von durch Regeln, Anweisungen oder Verordnungen nicht abgesicherten Handlungen vornehmen, ohne damit gleich die Mitgliedschaft zu riskieren. Gerade weil der Ein- und Austritt eine so schwerwiegende Entscheidung ist, muten sich es weder die Organisationen noch die Mitglieder zu, bei jeder festgestellten Abweichung gleich offen die Mitgliedschaftsfrage zu stellen. Die Vorgesetzten kämen aus dem Schreiben von Abmahnungen und Kündigungen gar nicht mehr heraus, und die Mitglieder wären ausschließlich mit der Reflexion über den Verbleib oder nicht Nichtverbleib in der Organisation beschäftigt. Dies erklärt die vielen kleinen alltäglichen Aktionen, die bei genauem Hinsehen den Vorgaben der Organisation widersprechen, aber nicht thematisiert werden.

Welche Funktion hat die Mitgliedschaft für Unternehmen, Verwaltungen, Universitäten oder Krankenhäuser? Organisationen haben die Möglichkeit – und dies ist extrem folgenreich –, von den Motivlagen ihrer Mitglieder zu abstrahieren (siehe dazu ausführlich Kühl 2011, S. 30). Sie brauchen sich nicht zu fragen, ob die Motive der Mitglieder mit den Zielen der Organisation identisch sind und ob beispielsweise die neue Mitarbeiterin immer schon sechslagiges, geblümtes Toilettenpapier entwickeln oder die Facharbeiter bei „BMW", „Ford" oder „Toyota" in interkultureller Sensibilität unterrichten wollte. Die Organisation kann auch darauf verzichten, mühsam und zeitraubend die Handlungsmotivation eines Organisationsmitglieds für jede Entscheidung aufzubauen, weil ja allein die Mitgliedschaft an sich schon eine generalisierte Motivation zur Folgebereitschaft unterstellt. „Die Soldaten marschieren, die Schreiber protokollieren, die Minister regieren", so der berühmte Satz Niklas Luhmanns, „ob es ihnen in der Situation nun gefällt oder nicht" (Luhmann 1975b, S. 12).

Die Mitglieder verzichten bei ihrem Eintritt darauf, dass detailliert festgelegt wird, worin ihre Tätigkeiten im Einzelnen bestehen. Sie stellen – wie oben gezeigt – der Arbeitsorganisation eine Art „Blankoscheck" für die Verwendung ihrer Arbeitskraft aus (vgl. Commons 1924, S. 284). Der Deal zwischen Arbeitgebern und Arbeitnehmern ist so angelegt, dass der Arbeitnehmer sich den Unternehmenszielen unterwirft, den hierarchischen Anweisungen Gehorsam verspricht und dafür vom Arbeitgeber mit Geldzahlungen belohnt wird (vgl. Barnard 1938, S. 167ff.). Bei den Arbeitnehmern entsteht eine folgenreiche „Indifferenzzone", innerhalb derer sie zu den Befehlen, Aufforderungen, Anweisungen und Vorgaben der Vorgesetzten nicht Nein sagen können (vgl. Simon 1957). Der Vorteil für das Management des Unternehmens liegt auf der Hand: Die Mitarbeiter geloben eine Art Generalgehorsam gegenüber zunächst nicht weiter spezifizierten Befehlen und Weisungen. So ermöglichen sie dem Management, die Organisation sehr schnell und ohne umständliche interne Aushandlungsprozesse an veränderte Anforderungen anzupassen.

Wie ist es nun zu erklären, dass immer mehr Organisationen dazu übergehen, ihre Mitarbeiter nicht mehr ausschließlich über die mehr oder minder offene Drohung des Mitgliedschaftsentzugs zu motivieren, sondern sich zum Ziel setzen, dass diese sich mit „ihrem" Unternehmen und mit „ihren" Produkten identifizieren? Wie lässt sich die – auch von einigen Arbeitssoziologen und Arbeitswissenschaftlern begrüßte – Managementstrategie verstehen, Anforderungsvielfalt, Kommunikations-

und Lernmöglichkeiten so zu gestalten, dass die Mitarbeiter ihre Arbeitsaufgaben interessant und sinnvoll finden?

Die Idee, Mitarbeiter nicht nur über Geldzahlungen an eine Organisation zu binden, ist schon in der Managementliteratur der ersten Hälfte des 20. Jahrhunderts zu finden. Chester I. Barnard (1938, S. 149ff.) stellte fest, dass es nicht ausreicht, Mitarbeiter über Lohn, Karrieremöglichkeiten oder Statussymbole an die Organisation zu binden. Vielmehr komme es im Sinne der Zweckidentifikation darauf an, die Bedürfnisse und Nutzenfunktionen der Mitarbeiter so zu beeinflussen, dass bei ihnen das Gefühl entsteht, dass ihre eigenen Interessen mit den Interessen der Organisation übereinstimmen. Finden Mitarbeiter ihre Tätigkeit interessant, „versteife" und „stabilisiere" sich, so hofft man, der Arbeitsprozess. Man glaubt, dass Wandlungsprozesse besser funktionieren, wenn die Identifizierung mit der Vorgehensweise des Unternehmens von den Mitarbeitern als Teil ihres persönlichen Interesses begriffen wird und nicht durch hohe Gehälter und Prämien, durch dicke Dienstwagen mit Teakholzausstattung oder Incentivereisen mit Tiger Woods erkauft werden muss. Man geht von der Annahme aus, dass Menschen motivierter handeln, wenn sie von der Sache selbst fasziniert sind und sich deshalb mit den Wertvorstellungen und Normen des Unternehmens identifizieren können.

Auf den ersten Blick bietet diese Vorgehensweise für Organisationen Vorteile. Wenn Mitarbeiter nur über Geld motiviert würden, müsste eine misstrauische Vorgesetzte ständig deren Handlungen kontrollieren. Die Vorgesetzten profitieren davon, wenn Normen, Werte und Grundhaltungen die Belohnung in Form von Geld und Aufstieg ergänzen, weil sie eine stabilere Grundlage der Zusammenarbeit bieten als das reine Tauschprinzip der Arbeitskraft gegen Geld (vgl. Neuberger 1995, S. 95). Das Transformationsproblem des Kapitals, die Umwandlung von eingekauftem Arbeitsvermögen in reale Arbeitskraft, wird reduziert. Aber anders als die marxistische Soziologie, die hier lediglich subtilere Kontrollstrategien des Kapitals wittert, verweist Luhmann auf die organisatorische Schattenseite, wenn sich Mitarbeiter mit bestimmten Prozessen oder Produkten identifizieren.

Das Unternehmen büßt – und das mag auf den ersten Blick überraschend klingen – stark an Wandlungsfähigkeit ein. Es verliert, so das Argument Luhmanns, seine Organisationselastizität, wenn sich die Mitarbeiter mit einem Produkt oder einem Prozess identifizieren (vgl. Luhmann 1964, S. 137ff.). Versteifung und Stabilisierung verhindern, dass die einmal etablierten Prozesse leicht verändert werden können. Der Steinmetz, der sich darüber definierte, an der Erbauung einer Kathedrale mitzuwirken, dürfte nur unter größten Schwierigkeiten auf den verschiedenen Baustellen des Mittelalters einsetzbar gewesen sein. Ein Mitarbeiter, der seine Motivation maßgeblich daraus zieht, ein ganz bestimmtes Produkt an den Kunden zu bringen, wird nur schwerlich dafür zu begeistern sein, ein anderes

Produkt zu verkaufen. Eine Mitarbeiterin, die innerhalb ihrer Gruppe für die flexible Bearbeitung von Aufgabenpaketen zuständig ist und sich mit dieser Gruppe stark identifiziert, kann Motivationsprobleme bekommen, wenn plötzlich von ihr verlangt wird, in einem ganz anderen Aufgabenbereich zu arbeiten.

Die „Tragik" besteht nun darin, dass ein Unternehmen, das alles daran setzt, dass sich seine Mitarbeiter mit einem bestimmten Produkt oder Prozess identifizieren, in Bezug auf genau dieses Produkt oder diesen Prozess an Wandlungsfähigkeit verliert. Gerade dort, wo die Motivation der Mitarbeiter besonders stark ist, wird der Wandel besonders schwierig. Für ein Unternehmen, das darauf angewiesen ist, sich ständig an Veränderungen des Marktes und der Umwelt anzupassen, wäre es eine besondere Belastung, wenn es auch noch darauf setzen würde, dass die Mitarbeiter sich mit dem jeweiligen Zustand der Organisation persönlich identifizierten (vgl. Kühl 2015a, S. 107).

Wie weit trägt die Kategorie der Mitgliedschaft? Wird sie der in der Soziologie geführten Diskussion über die „Auflösung des Unternehmens" (Sauer und Döhl 1997), die „Entgrenzung von Unternehmen" (Döhl et al. 2001) oder „Netzwerke als Strukturierungsform jenseits von Markt und Hierarchie" (Powell 1990) noch gerecht? Ist die Kategorie der Mitgliedschaft angesichts von „virtuellen Netzwerken", in denen eine Vielzahl von freien Mitarbeitern zusammenwirken, überhaupt noch relevant? Erodiert mit dem Schwinden der Normalarbeitsverhältnisse auch die Mitgliedschaftsrolle?

Je kontingenter die Mitgliedschaft in Organisationen gehandhabt wird, so das Argument des hier dargestellten Organisationsansatzes, desto stärker wird von allen Beteiligten beobachtet, wer zu einer Organisation dazugezählt wird und wer nicht. Die Facharbeiterinnen in einer Fertigungsabteilung von „Siemens" mögen vor Fritz Meier so lange zittern, wie er als Meister Mitglied der Fabrik für Dampfturbinen ist, sobald er aber bei „Siemens" ausscheidet oder auch nur versetzt wird, sind seine Äußerungen nur noch Äußerungen eines Privatmenschen (oder des Mitglieds einer anderen Organisation) und damit für die Facharbeiterinnen weitgehend irrelevant. Die Studenten am „Institut für Soziologie" beachten die Äußerungen einer Professorin, dass auch sie wisse, dass man sich „halbfertige Hausarbeiten" aus dem Internet herunterladen könne, nicht deswegen, weil sie sich immer schon für die Äußerungen dieser Person interessiert haben, sondern weil sie wissen, dass deren Äußerungen den Charakter von Organisationsentscheidungen annehmen können. Wenn sie es mit häufig wechselndem Lehrpersonal zu tun haben, wird diese Beobachtung schwieriger.

Es mag sein, dass das, „was Innen und was Außen ist", in der „strategischen Entscheidung über Strukturen und Funktionen von unternehmensübergreifenden Produktions- und Wertschöpfungsketten ständig neu definiert wird" (Döhl et al.

2001, S. 220ff.). Die permanente Neudefinition dessen, wer zu einer Organisation gehört und wer nicht, ist kein Indiz dafür, dass das Kriterium Mitgliedschaft an Bedeutung verliert. Im Gegenteil – es ist ein Beleg dafür, dass das „Management der Mitgliedschaften", die Entscheidung, wie die „Grenzen der Mitgliedschaft" gezogen werden, immer mehr zu einer zentralen Maßnahme bei der Gestaltung von Organisationen wird.

Der Zweck als eigene Konstruktion der Organisation

Dass Organisationen zur Ausbildung von Zwecken und Zielen in der Lage sind und dies auch tagtäglich tun, ist nicht zu bestreiten. „Wir steigern unseren Marktanteil in Bosnien von 7 auf 8,5 Prozent", „Im nächsten Jahr reduzieren wir unseren Ausschuss um 10 000 Teile pro Jahr" oder „Unser Management sorgt dafür, dass alle Mitarbeiter bei uns glücklich sind und deshalb nie mehr als ein Mitarbeiter pro Monat das Unternehmen verlässt" – solche oder ähnliche Zweckaussagen formulieren Unternehmen, genauso wie in Gewerkschaften Zweckaussagen wie: „800 neue Mitglieder in drei Monaten gewinnen" oder „beim Streik im Norden Mexikos sind Lohnsteigerungen von mindestens 4,5 Prozent herauszuholen" zu hören sind.

Die Prominenz von Zweckformulierungen in Organisationen hat, wie oben gezeigt, in Teilen der Soziologie dazu geführt, Organisationen insgesamt als „Zweckverbände" zu begreifen. Besonders das Profitmotiv von Unternehmen bot sich als oberster Zweck an, von dem aus sich die Handlungen bei diesem Typ von Organisationen hervorragend verstehen ließen und der es erlaubte, mögliche „Abweichungen" in Form von falschen Markteinschätzungen, Problemen mit der Beschaffung von Zulieferteilen oder Leistungsentzug einzelner Mitarbeiter (positiv oder negativ) zu markieren. Parallel gab es die Tendenz, Parteien von dem vermeintlichen Oberzweck des Wahlgewinns aus zu begreifen oder sich der Funktionsweise von Kirchen über den zentralen Zweck der möglichst erfolgreichen Gewinnung und Betreuung von Gläubigen zu nähern. Solche analytisch eher grob gestrickten Organisationstheorien nach dem Motto „Am Anfang war der Zweck" verdecken jedoch, dass die Sache mit dem Zweck so einfach nicht ist.

Zwecke eignen sich allein schon deshalb nicht als zentraler Ausgangspunkt für die Analyse von Organisationen, weil selbst die „letzten", „obersten" Zwecke einer Organisation modifiziert werden können. Organisationen, die ursprünglich Gummistiefel hergestellt haben, können ihren Zweck auf die Produktion von Handys verlagern. Betriebe, die vorwiegend Stahlrohre produzieren, können versuchen, ihre Zwecke so zu verändern, dass sie Mobilfunknetze betreiben. Selbst die Profitmaximierung als vermeintlicher Oberzweck kann verändert werden. Eine Druckerei kann sich in eine Stiftung umwandeln und als neuen obersten Zweck des Vertriebes ihrer Schriften die Bekehrung möglichst vieler Ungläubiger zum Christentum angeben (vgl. Luhmann 1971, S. 95).

Die Fähigkeit der Organisationen, Zwecke selbst zu definieren, führt oft zur Formulierung widersprüchlicher Ziele. Man findet zum Beispiel in Unternehmen häufig die Forderung, dass das operative Geschäft Gewinne bringen soll, neue Märkte erschlossen, grundlegend neue innovative Produkte entwickelt und die Mitarbeiter hervorragend behandelt werden sollen – und das alles gleichzeitig. Diese Ziele mögen in ferner Zukunft, im Paradies, in der endlich funktionierenden Marktwirtschaft oder in der klassenlosen Gesellschaft vereinbar sein, kurzfristig handelt es sich um konkurrierende Zwecksetzungen, die für Organisationen typisch sind. So kann eine Steigerung des operativen Gewinns die Entlassung von Mitarbeitern bedeuten, während langfristige Investitionen in Innovationen häufig eine gleichzeitige Eroberung neuer Märkte ausschließen (vgl. Luhmann 1971, S. 95).

Nicht alle Zwecke sind, so bereits eine frühe Erkenntnis Luhmanns, so instruktiv, dass sich aus ihnen richtige Mittel, geschweige denn „einzig-richtige" Mittel ableiten ließen (vgl. Luhmann 1971, S. 94). Zwar klingt „Profit machen" oder „Autos verkaufen" für Unternehmen einleuchtend, es handelt sich aber um Zwecksetzungen, die keine Vorgaben zu den Mitteln machen, mit denen sie erreicht werden können. Natürlich werden Entscheidungen in Unternehmen häufig mit dem Verweis auf den Zweck des Unternehmensgewinns gerechtfertigt. Aber da der Zweck der Profitmaximierung so wenig instruktiv ist, fällt es trotz ausgefeilter Kostenrechnung in Unternehmen schwer, zu bestimmen, ob eine neue Marketingkampagne, der Kauf einer neuen Maschine oder die Entlassung von 35 Mitarbeitern zum Zweck der Gewinnmaximierung beiträgt oder nicht. Allerdings hat die Formulierung von eher abstrakten Zwecken wie „Profitmaximierung", „Humanisierung der Arbeitswelt" oder „Befriedung eines Kampfgebiets" häufig auch gar nicht die Funktion, das konkrete Handeln in Organisationen anzuleiten.

Ein wichtiger Strang der Organisationsforschung, der sogenannte Neoinstitutionalismus, lastet das Problem der unklaren Zweckformulierung nicht der jeweiligen Unternehmung, Universität oder Verwaltung an, um im Stil einer praxisorientierten Betriebswirtschaftslehre eine klarere Definition des Zwecks zu verlangen, sondern argumentiert, dass viele Zweckbekenntnisse eher die Funktion haben, Legitimation nach außen zu erzeugen. Ein Management, das sich in einer kapitalistischen Wirtschaft nicht zum Ziel der Gewinnmaximierung bekennt, bekommt vermutlich genauso Schwierigkeiten mit den Aktionären des Unternehmens wie ein Gewerkschaftsfunktionär Konflikte mit seinen Kollegen heraufbeschwört, wenn er sich nicht das Ziel einer möglichst erfolgreichen Vertretung der Mitglieder setzt – oder dies zumindest so kommuniziert (siehe aus neoinstitutionalistischer Perspektive Westphal und Zajac 1998 oder Fiss und Zajac 2006). Wegen dieser Legitimitätserzeugung können Unternehmen auf die häufig monoton wirkenden Bekenntnisse zur Gewinnsteigerung, zur Shareholder- und Arbeitnehmerbeglückung und zur Heilung von Klienten nicht verzichten (vgl. grundlegend Meyer und Rowan 1977; siehe aber die noch präziseren Bestimmungen von Luhmann 1964, S. 108ff.).

So weit, so gut: Alle diese in den letzten 50 Jahren von der Organisationsforschung identifizierten Einschränkungen schließen nicht aus, dass sich Organisationen so präsentieren, als ob es ihnen gelungen sei, sich weitgehend auf einen klaren Zweck auszurichten und ihre Struktur großenteils mit Zweck-Mittel-Ketten zu durchziehen, so zum Beispiel „Ford" nach der Einführung des Fließbandes, der Softwarehersteller „Oracle" nach der Reorganisation des Betriebes mithilfe der eigenen Software oder die bayrische Landesregierung, nachdem diese gemeinsam vom CSU-Ministerpräsidenten und der „Roland Berger"-Unternehmensberatung „auf Vordermann" gebracht worden war. Mit der neueren Organisationssoziologie aber lässt sich argumentieren, dass gerade diese vermeintliche Stromlinienförmigkeit das Problem der Organisationen darstellt.

Konflikte und Konkurrenzen, so eine für Nichtsoziologen möglicherweise ketzerische Beobachtung, erfüllen eine wichtige Funktion für die Organisation. Gerade Reibereien zwischen den Abteilungen können auf neue Chancen aufmerksam machen, die durch eine eindeutige und konfliktfreie Ausrichtung aller Abteilungen auf ein Oberziel gar nicht erkannt worden wären. Die alltäglichen Auseinandersetzungen zwischen Abteilungen, Profitcentern und Teams konterkarieren damit die drohende Engführung der Organisation auf einen Zweck, die zwar das Handeln in der Organisation vereinfachen mag, aber auch gegen Chancen in der Umwelt blind macht (vgl. aus unterschiedlichen Theorieperspektiven Luhmann 1973; Crozier und Friedberg 1977).

Die Stärke dieses Konzeptes ist, dass Zwecke nicht mehr, wie in der marxistisch geprägten Soziologie oder auch der klassischen Betriebswirtschaftslehre, als durch die (kapitalistischen) Außenverhältnisse vorgegebene Kategorie, sondern als Eigenkonstruktion von Organisationen begriffen werden (vgl. auch Türk 1989, S. 474). Ob man von einer „Entthronung des Zweckbegriffs" (Luhmann 1973, S. 86) oder von einer „Demontage der klassischen Vorstellung einer instrumentellen und versachlichten Organisation" (Friedberg 1995, S. 62) spricht – immer geht es darum, die leer erscheinende Ordnungsillusion einer Organisation, die sich durch eine hierarchische Strukturierung auf einen Zweck ausrichtet, durch eine komplexere Lesart von Organisationen mit ihren Zwecken, Hierarchien und Regelwerken zu ersetzen.

Den Clou der Luhmann'schen Überlegung hat sich die Forschung bisher nur wenig zunutze gemacht: Er besteht darin, dass das Verständnis der Organisation als Verknüpfung von hierarchisch geordneten Zweck-Mittel-Relationen aufgelöst wird und Zweckdefinitionen als eine durch die Organisation selbst konstruierte Variable wieder in die Organisation eingeführt werden (vgl. Luhmann 1973, S. 126). Anders ausgedrückt: Erst durch die Überwindung der Zentralperspektive auf den Zweck ist es in der Organisationsforschung überhaupt möglich geworden, die Konstruktion von Zwecken in Organisationen als ein Forschungsthema zu erschließen.

Die Debatte über die Hierarchie

Anders als in einer durch Marx maßgeblich beeinflussten Arbeits- und Industriesoziologie wird in der so formulierten Organisationssoziologie eine betriebsinterne Hierarchie nicht als Ausdruck eines gesamtgesellschaftlichen Klassenverhältnisses von Kapital und Arbeit begriffen. Ähnlich wie beim Zweckbegriff, wird in der Organisationstheorie Niklas Luhmanns auch die Kategorie der Hierarchie nicht als Ausgangspunkt der Organisationsanalyse genommen, sondern es wird nach der Funktion der Hierarchie für Organisationen gefragt: Warum spielt Hierarchie in Organisationen überhaupt eine Rolle? Warum bilden sich in selbstverwalteten Betrieben wenigstens ab einer bestimmten Größe hierarchische Oben-unten-Unterscheidungen aus? Warum wurde selbst in den Unternehmen, Verwaltungen, Krankenhäusern oder Universitäten des osteuropäischen Staatssozialismus, die vom Anspruch her die Entfremdungserscheinungen von Organisationen im Kapitalismus vermeiden wollten, nicht auf das Prinzip der Hierarchie verzichtet?

Luhmanns (1997, S. 834f.) lapidare Antwort darauf ist, dass Organisationen vor allem dank ihrer hierarchischen Struktur nach außen kommunizieren können. Die Hierarchie ist – und da argumentiert James Coleman (1982) als prominentester Vertreter der Rational-Choice-Theorie ganz ähnlich – das „Instrument", mit dem Organisationen ihre Kommunikationsfähigkeit nach außen sicherstellen. Wenn sich beispielsweise der Chef eines Unternehmens und der Vorsitzende einer Gewerkschaft darauf einigen, dass man aufgrund der Auftragslage die Arbeitszeit um zwei Stunden pro Woche verkürzt (oder verlängert), dann verlassen sich beide Seiten darauf, dass die hierarchische Absicherung des Gesprächspartners in der anderen Organisation so stabil ist, dass die im Vier-Augen-Gespräch getroffene Zusage nicht nur die Meinung eines einzelnen Organisationsmitglieds wiedergibt, sondern der Haltung der gesamten Organisation entspricht. Nur wegen dieses (An-)Ordnungsprinzips ist es möglich, von Organisationen als „juristischen Personen" zu sprechen (vgl. Türk et al. 2002, S. 141).

Wie aber kann die Hierarchie die Kommunikationsfähigkeit nach außen sicherstellen? Mithilfe der Mitgliedschaftsregel baut die Organisation ein allgemein akzeptiertes System von Übergeordneten und Weisungsempfängern auf. Dies führt dazu, dass mit der Autorität qua Hierarchie die Entscheidbarkeit von Entscheidungsproblemen in Organisationen gesichert werden kann. Offene Entscheidungssituationen können durch den Hierarchen allein dadurch gelöst werden, dass er auf seine Rolle als Chef verweist. Für den Chef als Übergeordneten ist es möglich, von anderen Personen Leistungen zu verlangen, ohne dass diese Personen die Möglichkeit haben, diese Anforderungen grundsätzlich infrage zu stellen. Weil ein hierarchisch aufgebautes Organigramm eindeutig markiert, wer wem unterstellt ist, können Widersprüchlichkeiten, Ambiguitäten oder Unklarheiten so lange nach oben geschoben werden, bis sie an eine Stelle kommen, die die Sache wieder in (die) Ordnung bringt (vgl. Hirschhorn und Gilmore 1993, S. 30; Attems 1996, S. 532; Kühl 2015e, S. 94).

Durch die hierarchische Anordnung von Weisungsgebern und Weisungsempfängern ist es möglich, mit vergleichsweise geringen Organisationskosten Entscheidungen zu erzeugen. Die Organisationskosten – man könnte in der Sprache der Institutionenökonomie auch von „Transaktionskosten" reden – sind deswegen gering, weil kostenintensive Aushandlungsprozesse aufgrund der Unternehmenshierarchie nicht erforderlich sind. Die Hierarchie befreit die Beteiligten von der Notwendigkeit, bei der Lösung eines Problems aufwendige Machtkämpfe zur Klärung unklarer Verhältnisse zu führen. Die Suche nach Entscheidungen kann mit Aussagen wie „Vielen Dank für Ihre Meinung, als Vorgesetzter bestimme ich jetzt, dass wir es so und so machen" abgekürzt werden. Dabei kann eine Vorgesetzte ihre Mitarbeiter nötigen, bei der Übernahme dieser Entscheidung den Zeitvorstellungen des Managements zu folgen (vgl. Luhmann 1975d, S. 52).

Hierarchie spielt in Organisationen also eine wichtige Rolle. Aber ähnlich wie in der marxistisch geprägten Soziologie die Brüche der hierarchischen Ordnung herausgearbeitet wurden, wird auch in der systemtheoretischen Soziologie die Analyse der Macht in Organisationen nicht primär durch eine Fokussierung auf die Hierarchie geleitet. Mit der Macht in Organisationen verhält es sich wesentlich komplizierter, als es der erste Blick auf die Funktion der Hierarchie vermuten lässt.

Erstens: Das hierarchische Befehlsmodell legt nahe, dass die Rationalisierung lediglich von dem Standpunkt eines einzigen Teilnehmers aus erfolgt: dem des Herrschers, Gründers, Unternehmers. Die Organisation erscheint gleichsam als Verlängerung seiner Handlungsrationalität. Aber genauso wie der Unternehmenschef versuchen auch die anderen Organisationsmitglieder, ihr Handeln möglichst rational zu gestalten. Nur weil der Hierarch bessere Durchsetzungsmöglichkeiten hat, gibt es keinen Grund, ihm eine „höhere" Form der Rationalität zuzugestehen als anderen Mitgliedern in Organisationen (vgl. Luhmann 1971, S. 97; siehe ähnlich Crozier und Friedberg 1977, S. 41ff.).

Zweitens: Die Macht in Organisationen wird nicht allein durch die hierarchische Position bestimmt. Der Bedarf an spezialisiertem Fachwissen bringt es mit sich, dass die Untergebenen häufig sachverständiger sind als ihre Chefs. Dieses Fachwissen ist ihr Trumpf in „Machtspielen" mit ihren Vorgesetzten. Auch der Außenverkehr kann nicht allein durch den Chef kontrolliert werden. Einkäufer, Vertriebsmitarbeiter oder Produktentwickler besetzen die „Grenzstellen" der Organisation und können ihre privilegierten Kontakte zur Umwelt ebenso in „Machtspielen" mit ihrem Vorgesetzten (oder auch mit anderen Kollegen) einsetzen. Ferner kann der Chef zwar die formalen Dienstwege in seinem Bereich definieren, das bedeutet aber nicht, dass er damit auch die informellen Kommunikationswege in den Griff bekommt – im Gegenteil. Die Beherrschung der informellen, nicht offiziell legitimierten Kommunikationswege ist ein Pfund, mit dem bei „Machtspielen" gewuchert werden kann (vgl. Luhmann 1971, S. 97f.; siehe auch Crozier und Friedberg 1977, S. 71ff.).

Drittens: Hierarchie schließt auch eine offiziell legitimierte Querkommunikation innerhalb der Organisation nicht aus. Der Routineverkehr zwischen Angehörigen mehrerer Abteilungen wird mit Begriffen wie „Task Force", „Projektgruppen" oder „Laterales Führen" zum integralen Bestandteil der organisatorischen Planung. So kann es passieren – und es ist in der Managementideologie sogar auch als lobenswerter Fall vorgesehen –, dass die Einigung aller zu beteiligenden Untergebenen die Anweisung des Vorgesetzten überflüssig macht. Die Funktion des Vorgesetzten ist häufig die eines „Lückenbüßers", der in besonders schwierigen Situationen oder bei unlösbaren Konflikten hinzugezogen wird oder wenn die Hierarchie zur Darstellung von Entscheidungen nach außen hin benötigt wird. Dies bedeutet, dass Hierarchie nicht nur die Führung von oben nach unten ist, sondern dass auch die Führung des Vorgesetzten durch seine Untergebenen, zum Beispiel über Entscheidungsvorlagen oder Berichtswege, an Bedeutung gewinnt (vgl. Luhmann 1971, S. 98).

Aus dieser Perspektive wird erklärbar, weswegen Organisationen ab einer bestimmten Größe auf Hierarchie als Ordnungsform nicht verzichten können, die Hierarchie aber nicht zum zentralen Strukturierungsmittel hochstilisieren können. Welche Stellung kann man nun Hierarchien in Organisationen zuweisen? Wie kann man aus dieser Theorieperspektive Phänomene, an denen die Arbeits- und Industriesoziologie interessiert ist, erklären?

Aus dem Blickwinkel einer an klaren Kategorien interessierten Wissenschaft kann eine Stärke der systemtheoretischen Organisationssoziologie darin gesehen werden, dass sie im Gegensatz zu anderen Ansätzen wie der Mikropolitik, dem Neoinstitutionalismus, der Institutionenökonomie oder auch einer marxistischen Betriebsanalyse über einen äußerst präzisen Begriff von Organisationsstruktur verfügt, vom dem aus sich die Rolle von Hierarchien in Unternehmen, Verwaltungen, Universitäten oder Kirchen bestimmten lässt (siehe dazu Tacke 2015).

Simpel ausgedrückt: Luhmann geht von der banalen Überlegung aus, dass man in Organisationen nicht nur einfache Entscheidungen findet wie „Die Maschine kaufen wir jetzt", „Frau Müller wird entlassen" oder „Morgen hat die ganze Verwaltung frei". Vielmehr erhält eine Organisation erst darüber Stabilität, dass Entscheidungen getroffen werden, die für eine Vielzahl von Einzelentscheidungen gelten: „Immer wenn sich jemand im Arbeitsamt arbeitslos meldet, dann registrieren Sie seine persönlichen Daten und veranlassen die Überweisung von Arbeitslosengeld." „Sie können Ihrem Mitarbeiter Herrn Müller nicht nur in diesem einen Fall eine Anweisung geben, sondern immer." Luhmann bezeichnet im Anschluss an Herbert Simon die Entscheidungen, die eine Vielzahl von Einzelhandlungen strukturieren, vielleicht ein bisschen verkomplizierend als „Entscheidungsprämissen". Man kann aber auch einfach von der Struktur einer Organisation reden.

Der Clou des Luhmann'schen Gedankens besteht darin, dass er drei gleichrangige (!) Typen von Organisationsstrukturen unterscheidet: „Entscheidungsprogramme", „Kommunikationswege" und „Personal". Das Differenzieren von Entscheidungsprogrammen und einzelnen Entscheidungen entspricht im weitesten Sinn der Unterscheidung von Kopf- und Handarbeit bei Taylor oder seinen industriesoziologischen Kritikern. Der Manager zerbricht sich den Kopf, wie ein Fertigungsprozess auszusehen hat, und programmiert dann die Handgriffe, die der Arbeiter auszuführen hat. Dieser Gedanke, dass durch Entscheidungsprogramme in Form von vorgegebenen Zwecken oder Wenn-dann-Regeln festgelegt wird, was in Organisationen als richtig anzusehen ist, geht letztlich auf James March und Herbert Simon zurück. Wenn man die Zweckanweisung „Erhöhe deinen Umsatz um drei Prozent in den nächsten drei Monaten" oder die Konditionalregel „Wenn das Papier von der Kollegin Müller auf deinen Schreibtisch kommt, reiche es innerhalb eines Tages an den Kollegen Schulz weiter" nicht befolgt, entsteht Rechtfertigungsdruck. Andererseits ist ein Mitarbeiter, der diesen Regeln folgt, erst einmal auf der „sicheren Seite", auch wenn sein Handeln – wie man im Nachhinein sieht – nicht zum Überleben der Organisation beigetragen hat (vgl. March und Simon 1958, S. 141ff.; Luhmann 1964, S. 282). Weiter wird durch die Festlegung von Kommunikationswegen bestimmt, wer mit wem offiziell kommunizieren darf. Durch hierarchische Weisungsketten, Mitzeichnungsrechte oder Einteilung in Projektgruppen wird eine Struktur eingerichtet, über die Verantwortlichkeiten festgelegt werden und mit der ungewohnte Ereignisse verarbeitet werden können. Das plötzlich auftretende Qualitätsproblem, die das Regelprogramm sprengende Anfrage eines Großkunden oder das „Ausflippen" eines Meisters im Produktionsbereich kann dann durch die Hierarchie oder durch eine Projektgruppe behandelt und einer Entscheidung zugeführt werden. Aber auch Personal kann zur Strukturierung von Organisationen dienen. Ob man eine Stelle mit einem Juristen, einem Soziologen oder einem noch nicht durch die Wissenschaft verdorbenen Mitarbeiter besetzt, kann sehr wohl Auswirkungen auf die Entscheidungen haben, die in diesem Arbeitsbereich getroffen werden (vgl. extrem kurz Luhmann 1988d, S. 176ff.; umfassend siehe Luhmann 2000, S. 222ff.).

Mit diesem hier nur sehr kurz entwickelten Instrumentarium lässt sich die Debatte über tayloristisch-fordistische Arbeitsformen einerseits und ganzheitliche Arbeitskonzepte andererseits fassen, ohne die Arbeitsorganisation aus den kapitalistischen Verwertungsbedingungen ableiten zu müssen. Wenn beispielsweise in einem Unternehmen aufgrund der Abflachung von Hierarchien die Strukturierung über Kommunikationswege an Bedeutung verliert, ist damit zu rechnen, dass andere Strukturierungsformen an Bedeutung gewinnen – zum Beispiel die genaue Vorgabe von Zwecken für jeden Mitarbeiter in Form von Zielvorgaben oder aber die standardisierte und möglichst technisierte Durchprogrammierung von Arbeitsprozessen. Die Betonung des Faktors Personal in postfordistischen Unternehmen lässt sich dadurch erklären, dass dort die Hierarchien abgeflacht werden und auch die Programmierung von Arbeitsabläufen reduziert wird. Die „Durchtaylorisierung" von Arbeitsabläufen ermöglicht andererseits eine Reduzierung der Hierarchieebenen, weil feste Wenn-dann-Regeln sehr genau vorgeben, wie Prozesse abzulaufen haben (Kühl 2015d, S. 151).

Offene Fragen – Wo bleibt die Arbeit in der Organisation?

Ähnlich wie es bei Arbeitswissenschaftlern einen Trend gibt, die moderne Gesellschaft als eine „Arbeitsgesellschaft", „Industriegesellschaft" oder wenigstens „postindustrielle Gesellschaft" zu beschreiben und Wissens- sowie Wissenschaftssoziologen schnell zur Zeitdiagnose einer „Wissensgesellschaft" greifen, scheinen Organisationswissenschaftler dazu zu tendieren, die moderne Gesellschaft als eine „Organisationsgesellschaft" zu bestimmen (vgl. dazu ausführlich Kühl 2015b). Die Einsicht, dass man die Funktionsweise von Betrieben nicht allein aus den kapitalistischen Produktionsverhältnissen erklären kann und man dem Eigenleben von Organisationen größere Aufmerksamkeit widmen muss, kann dazu verleiten, die zentrale Bedeutung von Organisationen durch eine solche Diagnose zu adeln. Selbst in einem Teil der Arbeitssoziologie wird mit zunehmender „Entmarxisierung" das Postulat eines Wandels von der „Klassengesellschaft" zu einer „Organisationsgesellschaft" hoffähig (vgl. z. B. Schmidt 1990).

Aus der Sicht der Systemtheorie, die die Eigensinnigkeit gesellschaftlicher Teilbereiche betont, gibt es für diese Zeitdiagnose keine Rückendeckung. Man kann Politik nicht allein über Parteien begreifen, Wissenschaft nicht allein über Universitäten verstehen, weil man durch die Zuspitzung der eigenen Perspektive auf die Organisation beispielsweise das Phänomen der politischen Wahlen oder des wissenschaftlichen Publikationswesens nicht in den Griff bekommt. Man kann auch wirtschaftssoziologische Zugänge nicht ausschließlich über das Phänomen der Betriebe suchen, gibt es doch in der Form von Börsen, Kapitalmärkten, Arbeitsmärkten oder vernetzten Produktionsbeziehungen Phänomene, die sich durch eine organisationssoziologische Zuspitzung der Gesellschaftsdiagnose nicht oder nur äußerst ungenügend greifen lassen (vgl. Luhmann 1997, S. 841f.).

Die Stärke des hier nur kurz dargestellten systemtheoretischen Organisationsansatzes ist, dass er die Verkürzungen auf „Oberzwecke" oder „hierarchische Spitzen" sowohl der klassischen Organisationstheorie als auch der marxistisch geprägten Betriebssoziologie vermeidet. Der Organisationsansatz gesteht zu, dass Zwecke wichtige Strukturierungs- und Legitimationsfunktionen in Organisationen haben, nimmt aber nicht einen einzigen Zweck (geschweige denn mehrere) als Ausgangspunkt für die Organisationsanalyse. Er erkennt an, dass Organisationen auf Hierarchie als Strukturierungsform angewiesen sind, sieht aber, dass Organisationen in einzelnen Fragen sehr wohl die Möglichkeit haben, auf funktionale Äquivalente für die Hierarchie zu setzen.

Eine zentrale Frage ist, ob man mit dieser Perspektive eine präzisere Konfliktsoziologie „bauen" kann als die marxistisch geprägten Betriebsanalytiker. Eine Arbeits- und Industriesoziologie, die Karl Marx ernst nimmt, muss zentrale Auseinandersetzungen im Betrieb mit dem letztlich gesamtgesellschaftlichen Gegensatz von Kapital und Arbeit erklären. So lässt sich die starke Konzentration der Arbeits- und Industriesoziologie auf das Verhältnis von Arbeitgeber- und Arbeitnehmervertretungen daraus erklären, dass man meinte, über diese „Industriellen Beziehungen" den Zusammenhang von inner- und außerbetrieblichen Konflikten zwischen Kapital und Arbeit begreifen zu können (vgl. Müller-Jentsch 1997).

Eine auf das Eigenleben der Organisation gerichtete Theorie reformuliert diesen Konflikt als eine Frage der Mitgliedschaftsbindung. Welche Anreize werden gesetzt, um Mitglieder an die Organisation zu binden? Wie wird im Alltag der Organisation damit umgegangen, dass Mitglieder versuchen, die Lücken im Regelwerk des Betriebes zur Schonung ihrer Arbeitskraft zu nutzen? Welche Funktionen erfüllen Gewerkschaften, Betriebs- und Personalräte als kollektive Interessenorgane der Organisationsmitglieder? Welche funktionalen Äquivalente zu Gewerkschaften sind vorstellbar, wenn man den Blick darauf richtet, dass sich für ein einzelnes Organisationsmitglied bei einem Protest, bei einer Forderung nach Lohnerhöhung oder der Bitte um Arbeitserleichterung immer implizit die Mitgliedschaftsfrage stellt und scheinbar nur kollektive Interessenorgane davon abstrahieren können?

Diese an der Mitgliedsfrage ansetzenden Konflikte decken jedoch – und diese Auffassung Luhmanns ist zentral – nur einen Teil der Konflikte in Organisationen ab. Die Auseinandersetzung zwischen Produktions- und Vertriebsabteilungen, die Konflikte, wie man mit Zulieferern oder Kunden umgehen soll oder die Meinungsverschiedenheiten um die Restrukturierungspläne eines Vorstandsvorsitzenden entstehen nicht aus dem Gegensatz von Kapital und Arbeit, sondern dadurch, dass Organisationen nicht über einfache Zweck-Mittel-Schemata strukturiert werden können und sich Machtbeziehungen in Organisationen nicht allein aus hierarchischen Positionen heraus ergeben. Die mangelnde Integrationswirkung von Zwecken und Hierarchien, die oben gezeigt wurde, führt zu einer Vielfalt von Auseinandersetzungen in Organisationen, die man verkennt, wenn man seine Analyseinstrumente auf den Konflikt zwischen Kapital und Arbeit ausrichtet.

Wo liegt die Herausforderung für diesen aus der Systemtheorie heraus entwickelten Ansatz? Weil in der Systemtheorie Luhmann'scher Prägung die Eigenständigkeit von Organisationen betont wird, bewährt sich oder scheitert diese Theorie an der Frage, ob sie trotz der Betonung der Eigensinnigkeit von Organisationen die Verbindung von Gesellschaft und Organisation erfassen kann. Die Herausforderung stellt sich also genau umgekehrt als bei der marxistischen Theorie, in der aufgrund der Ableitung der Betriebsverhältnisse aus dem gesamtgesellschaftlich begriffenen Verhältnis von Kapital und Arbeit diese Verbindungslinie klar war, die aber, wie oben dargestellt, die Eigenständigkeit von Betrieben theoretisch nur begrenzt in den (Be-)Griff bekommt.

Der prominenteste Testfall, bei dem sich die Theorie funktionaler Differenzierung bewähren muss, ist, ob es ihr gelingt, Lohnarbeit – also den Begriff, über den die Verbindungslinie zwischen Gesellschaft und Betrieb im Marxismus maßgeblich hergestellt wurde – entsprechend anspruchsvoll zu bestimmen. Ausgangspunkt für eine Antwort ist die auch von Marx gestellte Frage „Weswegen arbeiten Arbeiter?" Wie gelingt es Organisationen, Menschen zu mitgliedschaftskonformen Tätigkeiten zu bewegen, ohne dass diese – wie in einem Basketballverein, einem marxistischen Debattierclub oder einer Initiative zum Verprügeln gegnerischer Fußballfans – allein aus der Organisationstätigkeit schon eine Befriedigung ziehen? Wie stellt ein Unternehmen sicher, dass der Mitarbeiter an jedem Werktag um 7 Uhr „auf der Matte" steht, auch wenn die sommerlichen Temperaturen an manchen Tagen eher einen Besuch am Badesee nahelegen? Wie gelingt es der Universität, eine Mitarbeiterin dazu zu motivieren, eine Einführungsvorlesung über den Zusammenhang von Struktur und Handlung zu halten, wenn sie viel lieber ihr im Lehrplan leider nicht vorgesehenes Interesse am Zusammenhang von formeller und reeller Subsumtion vorantreiben würde?

Stark vereinfacht lautet das Argument aus dieser Theorieperspektive: Erst unter dem Regime funktionaler Differenzierung kam es zur Ausbildung von „eigensinnigen", auf „freiwilliger Mitgliedschaft" aufbauenden Organisationen. Eine zentrale Rolle scheint dabei die Ausbildung von Lohnarbeit gespielt zu haben, weil es in vielen Organisationstypen nur über diese Lohnarbeit möglich war, Mitglieder zu binden (vgl. Ansätze bei Luhmann 1997, S. 840; siehe auch Wehrsig 1993, S. 176ff.; Lieckweg und Wehrsig 2001, S. 48ff.). Lohnarbeit scheint das Medium zu sein, das es Organisationen erlaubt, Individuen unter den ihnen eigenen Gesichtspunkten

und unter Absehung von der Person als Ganzem für beliebig spezifizierbare Erwartungen in Anspruch zu nehmen.

Schon Marx und Engels haben festgestellt, dass der Mensch in kapitalistischen
Gesellschaften die Tätigkeit ausübt, zu der er „gedrängt" wird. „Er ist Jäger, Fischer
oder Hirt oder kritischer Kritiker und muss es bleiben, wenn er nicht die Mittel
zum Leben verlieren will" (Marx und Engels 1958a, S. 33). Lohnarbeit scheint von
allen Motivationsmitteln dasjenige Medium zu sein, das es Organisationen erlaubt,
von den Interessen ihrer Mitarbeiter weitestgehend zu abstrahieren und trotzdem
immer auf ein „Potential ungebundener verfügbarer Hilfsquellen" zurückgreifen
zu können (Luhmann 1964, S. 45). Um es theoretisch auszudrücken: Lohnarbeit
ist das zentrale Mittel, um Mitglieder an Organisationen zu binden (vgl. Bommes
und Tacke 2001, S. 62).

Über den Begriff der Lohnarbeit ist es möglich, überzeugende Verbindungsstellen
zwischen Organisation und Gesellschaft zu formulieren, weil die Möglichkeiten zur
Bindung von Mitgliedern von vielfältigen organisationsübergreifenden Rahmenbe-
dingungen abhängen: Welche Alternativen gibt es auf dem Arbeitsmarkt? Wie gut
sind staatliche soziale Absicherungen, und wie wirken sie sich auf die Bereitschaft
aus, sich inkludieren zu lassen? Wie verändern sich soziale Bewegungen (z. B. die
Arbeiterbewegung), wenn sie sich als Organisationen ausbilden und auf Lohnarbeit
zur Inklusion von Personen setzen?

Arbeiterbewusstsein vs. Arbeitersein als Rolle: Klasse als Verbindungsglied von Gesellschaft und Individuum

4

Mit dem Begriff vom „flexiblen Menschen" versucht der Soziologe Richard Sennett, die Auswirkungen einer sich „radikal wandelnden Wirtschaft" auf das Individuum zu erfassen. „Wie können", so die Frage Sennetts, „Loyalitäten und Verpflichtungen in Institutionen aufrechterhalten werden, die ständig zerbrechen oder immer wieder umstrukturiert werden?" Wie können langfristige Ziele verfolgt werden, wenn man sich „im Rahmen einer ganz auf das Kurzfristige ausgerichteten Ökonomie" (Sennett 1998, S. 12) bewegt?

Reizvoll ist der Vergleich seiner Überlegungen mit einer Studie über die amerikanische Arbeiterklasse, die er Anfang der 1970er Jahre mit Jonathan Cobb durchgeführt hat. Einige der Interviewpartner der ersten Studie traf Richard Sennett 25 Jahre später wieder. So beschreibt Sennett die Begegnung mit Rico, dem Sohn eines Hausmeisters und einer in der chemischen Reinigung tätigen Arbeiterin, die er in seiner ersten Untersuchung befragt hatte. Während das Leben der beiden Eltern eher ärmlich, aber von einer gewissen Stetigkeit war (vgl. Sennett und Cobb 1972, S. 47ff.), verkörpert Rico den Idealtypus eines „flexiblen Menschen". Obwohl (oder vielleicht besser: weil) Rico im Vergleich zu seinen Eltern zu den Gutverdienenden gezählt werden kann und nach Tätigkeiten in verschiedenen Hightech-Firmen eine eigene kleine Consultingfirma aufgebaut hat, lebt er in der ständigen Angst, „jede innere Sicherheit zu verlieren, in einen Zustand des Dahintreibens (Drifting) zu geraten" (Sennett 1998, S. 22). Für Sennett verkörpern die Eltern von Rico die Epoche des Fordismus. Ihre Tätigkeiten waren durch ein hohes Maß an eintöniger Routine geprägt. Aber die Routine gewährleistete die Sicherheit, ein einigermaßen berechenbares Leben führen zu können. Die Hausmeistergewerkschaft und die Einbindung in die Arbeitswelt lieferten ein Gemeinschaftsgefühl. Dagegen lebt Rico in einer Gesellschaft, die gegen die „routinegeprägte bürokratische Zeit" revoltiert (Sennett 1998, S. 39).

Sennetts Essay ist symptomatisch für eine von Sozialwissenschaftlern besonders in den Industriestaaten festgestellte Veränderung. Während die sozialwissenschaftliche Diskussion Anfang der 1970er Jahre noch bestimmt war durch die Einbindung von Arbeitern in ein stabiles, fordistisches Arrangement aus langjähriger Betriebszugehörigkeit, fester gewerkschaftlicher Einbindung und übersichtlicher Lebensplanung, zeigt die Entwicklung im ausgehenden 20. Jahrhundert einen „neuen Kapitalismus", in dem die Arbeiter zwar wohlhabender sind, der Mensch aber aufgrund des „Diktats der Ökonomie" seinen Sinn für Gemeinschaft verliert.

4.1 Der Marx'sche Grundgedanke: Die Prägung durch Arbeit und das Klassenkonzept

„Am Anfang ist die Arbeit." Auch wenn sich Marx gegen einen so apodiktisch formulierten Ausgangspunkt für seine Theorie gewehrt hätte, schließt er in seinen Werken eine solche Lesart doch nicht völlig aus. Die Arbeit sei, so Marx (1962a, S. 57), eine „ewige Naturnotwendigkeit, um den Stoffwechsel zwischen Mensch und Natur, also das menschliche Leben zu vermitteln." Die „erste geschichtliche Tat", so Marx und Engels (1958a, S. 28), sei die Erzeugung der Mittel zur Befriedigung menschlicher Bedürfnisse wie Essen und Trinken, Wohnung und Kleidung. Die „Produktion des materiellen Lebens" sei eine „Grundbedingung aller Geschichte, die noch heute, wie vor Jahrtausenden, täglich und stündlich erfüllt werden muss, um die Menschen nur am Leben zu erhalten." Im Arbeitsprozess, so die Marx'sche Position, erschafften sich die arbeitenden Subjekte nicht nur die Bedingungen für ihr Überleben, sondern in der Auseinandersetzung mit der Natur immer auch sich selbst.

Marx steht mit dieser Betonung der Prominenz von Arbeit in der Tradition eines lutherisch-calvinistischen Verständnisses von Arbeit. Martin Luther proklamierte, dass der Mensch zur Arbeit geboren sei wie der Vogel zum Fliegen. Johannes Calvin behauptete, wie deutlich von Max Weber herausgearbeitet, dass man durch Arbeit den Zugang zu Gott finde (vgl. Weber 1990, S. 20ff.; siehe auch Conze 1972, S. 163f.).

Dass diese Prominenz des Arbeitsbegriffs alles andere als selbstverständlich ist, zeigt allein schon das Verständnis von Arbeit in der griechischen Antike. Aristoteles proklamierte: „Dass in einem Staatswesen, das sich einer guten Ordnung und Verwaltung erfreuen soll, die Bürger von den notwendigen (niedrigen) Arbeiten frei sein müssen, darüber ist man sich einig." Handwerker, so Aristoteles, seien oft in geschlossenem Raum oder im Schatten tätig, sähen bleich aus wie die Frauen, arbeiteten im Sitzen (was den Körper und die Seele schwächen sollte), und sie hätten keine Zeit, sich um die Freunde und um die Stadt zu kümmern (vgl. Aristoteles

1967, S. 89). Das Leben des Handwerkers, so im gleichen Sinne Platon, sei „kein Leben, das eines freien Mannes würdig ist." Nur der von Arbeit freie Bürger, so die Auffassung, konnte sich auch politisch betätigen. Wer arbeiten musste, wurde entweder – wie im Fall von Sklaven – nicht als Teil der Gesellschaft betrachtet, oder sein Beitrag wurde – wie im Fall von Handwerkern – gering geschätzt (siehe auch Conze 1972, S. 155ff.; Applebaum 1992, S. 4ff.; Ganßmann 1996, S. 91; Meier 2000, S. 67f.).

Bei Marx hätte das Individuum die Möglichkeit, über die Arbeit zu sich selbst zu finden, seine Identität als Subjekt auszubilden, wenn ihn die Produktionsverhältnisse nur ließen. Der Kapitalismus hingegen, so die Auffassung von Marx, verhindere die im Prinzip mögliche Selbstbefreiung und Daseinsverwirklichung über Arbeit. In der Ausbeutung durch den Kapitalisten und die Konkurrenz mit anderen Arbeitern verliere der Arbeiter den Kontakt mit dem Produkt seiner Arbeit. Es komme zu einer Entfremdung der Arbeitenden von der Arbeit. Resultate seien eine „geistige und körperliche Verkrüppelung", „intellektuelle Verödung" und „moralische Verkümmerung" (Marx 1962a, S. 13, S. 281, S. 421); für eine alternative Erklärung von „Entfremdung" siehe Luhmann 1964, S. 392ff.).

Hintergrund ist die Hegel'sche Philosophie mit ihrer dialektischen Auffassung von Entäußerung und Zu-sich-selbst-Kommen. Bei Hegel muss ein Ding, eine Gestalt, eine Identität jeder Art sich immer erst „entäußern", d. h. aus sich heraustreten, nach außen gehen, sich mit der Welt konfrontieren, um dann gestärkt und gesichert in sich selbst zurückzukehren. Marx übernimmt diese Figur und wendet sie auf den arbeitenden Menschen an. Der Mensch entäußert sich im Produkt seiner Arbeit – er legt sich gewissermaßen selbst in das Produkt. Der Schreiner „ist" gewissermaßen der Tisch, den er gefertigt hat, da er seine Kraft und seine Fähigkeiten in diesen Tisch hineingelegt hat. Er muss sich dann aber den Tisch wieder aneignen, etwa indem er ihn benutzt, um das Produkt seiner Arbeit zu genießen, um davon einen Nutzen zu haben.

Im Kapitalismus wird dem Arbeiter die Wiederaneignung seiner Arbeit verweigert. Er arbeitet, aber das Produkt seiner Arbeit gehört nicht ihm, sondern dem Kapitalisten. Deshalb bleibt er gewissermaßen in der Entäußerung hängen, und er ist von sich selbst und vom Produkt seiner Arbeit „entfremdet". Mit etwas Pathos kann man auch sagen: Dem Arbeiter wird das Menschsein verweigert. Der Mensch ist Mensch, indem er arbeitet und sich das Produkt seiner Arbeit wieder aneignet. Wenn das zweite Moment fehlt, fehlt ein Stück dessen, was menschliche Existenz ausmacht oder ausmachen sollte (siehe dazu Marx 1985, S. 465ff.).

Ein erster Grund für diese Entfremdung der Arbeitenden von der Arbeit liege in der Degradierung der Arbeit zu Lohnarbeit. Wie in der Religion die „Selbsttätigkeit der menschlichen Phantasie, des menschlichen Hirns und des menschlichen Herzens unabhängig vom Individuum" sei und ihm in der Form einer fremden, göttlichen oder teuflischen Tätigkeit begegne, sei die Tätigkeit des Arbeiters im Kapitalismus nicht seine Selbsttätigkeit. „Sie gehört einem anderen, sie ist der Verlust seiner selbst." In der Form der Lohnarbeit sei die Arbeit dem Arbeiter „äußerlich". „Der Arbeiter fühlt sich daher erst außer der Arbeit bei sich und in der Arbeit außer sich. Zu Hause ist er, wenn er nicht arbeitet, und wenn er arbeitet, ist er nicht zu Haus." Sobald der Zwang nachlasse, versuche der Arbeiter deswegen, der „Arbeit als eine Pest" zu entfliehen (Marx 1985, S. 514).

Der zweite Grund für die Entfremdung sei die Erfassung der gesamten Lebenswelt durch die Prinzipien der Ökonomie. Den Kapitalisten treibe immer mehr um, wie er noch mehr Kapital anhäufen könne. „Je weniger du ißt, trinkst, Bücher kaufst, in das Theater, auf den Ball, zum Wirtshaus gehst, denkst, liebst, theoretisierst, singst, malst, fichtst, um so [mehr] sparst du, um so größer wird dein Schatz, den weder Motten noch Raub fressen, dein Kapital. Je weniger du bist, je weniger du dein Leben äußerst, um so mehr hast du, um so größer ist dein entäußertes Leben, um so mehr speicherst du auf von deinem entfremdeten Wesen" (Marx 1985, S. 549). Aber auch der Arbeiter werde immer mehr durch die Tauschprinzipien erfasst. „Der ideale Arbeiter ist rund um die Uhr im Dienst des Kapitalisten tätig und kann zugleich von der Luft leben." (Deutschmann 2002, S. 190). So komme es, dass sowohl der Kapitalist als auch der Arbeiter in allen Beziehungen so kooperiere, als ob er sich auf einem Markt befinde. Die menschlichen Beziehungen seien im Kapitalismus zu Tauschbeziehungen geworden. „Die Warengesellschaft hat", so die Zuspitzung der Marx'schen Position durch Konrad Liessmann (2000, S. 99), „die Eigenschaft, dass wir alles, was wir sind, fühlen, was wir als spezifische menschliche Qualitäten erkennen und wahrnehmen wollen, nur noch über den Austausch von Waren bekommen".

Aber gerade in diesen Entfremdungserfahrungen liegt nach Marx die Chance, dass sich das Proletariat als Klasse etabliert und die für die Entfremdung verantwortlichen Verhältnisse überwindet. „Objektiv wird der Kapitalist", so die Zusammenfassung der Marx'schen Position durch Luhmann, „ohne dies zu wollen, durch seine Klassenlage bestimmt, die eigene Klasse zu ruinieren". „Objektiv" werde auch „der Proletarier, ohne dies zu wollen, durch seine Klassenlage zur Entfremdung bestimmt". Luhmann argumentiert, dass Marx in dieser Argumentationsform eine „Perspektive auf Zukunft und sozialen Wandel" eingebaut habe: Verschwände die andere, die kapitalistische Klasse, dann stünde nach dieser Argumentationskette dem „Übergang zur Selbstbestimmung", zur widerspruchsfreien Realisierung der Individualität" nichts mehr im Wege (Luhmann 1985, S. 126).

Die Bestimmung des Klassenbegriffs über die Produktionsverhältnisse und die Zuspitzung auf eine Zwei-Klassen-Gesellschaft

Die Klammer, mit der Marx Gesellschaft und Individuum zusammenbringt, ist sein Klassenbegriff. Obwohl dieser Begriff schon vor Marx als Kategorisierungsschema benutzt wurde und Marx den Klassenbegriff (ähnlich wie den Staatsbegriff) nie theoretisch kohärent herausgearbeitet hat (vgl. dazu Stuke 1976, S. 63ff.; Berger 1998, S. 31), lässt sich doch eindeutig eine Stoßrichtung des Marx'schen Klassenkonzeptes benennen. Bei allen Widersprüchlichkeiten im Marx'schen Werk ist das Besondere seines Klassenbegriffs – gewissermaßen seine revolutionäre Erweiterung – die Kombination zweier Merkmale von Klassen (vgl. Luhmann 1985, S. 121ff.).

Das erste zentrale Merkmal der Marx'schen Klassentheorie ist die deutlich an David Ricardo orientierte Ableitung der Klassenzugehörigkeit aus den Produktionsverhältnissen. Für Marx ist einzig und allein eine Frage dafür entscheidend, zu welcher Klasse man gehört: Besitzt man Produktionsmittel und kann man andere für sich arbeiten lassen, oder besitzt man keine Produktionsmittel und muss seine Arbeitskraft verkaufen? Wichtig ist: Es geht immer nur um das Privateigentum an Produktionsmitteln, nicht an sonstigen Dingen. Die Frage ist also nicht, ob der Arbeiter ein Fahrrad besitzt oder einen Dackel und nicht einmal, ob er ein Haus besitzt, in dem er wohnt. Die Frage ist: Besitzt er Maschinen, Fabriken und sonstige Produktionsmittel, mit deren Hilfe er andere für sich arbeiten lassen kann? Oder besitzt er wenigstens einen Acker und einen Traktor, um selbst, auf eigener Basis, für seinen eigenen Lebensunterhalt arbeiten zu können? Andere Kriterien wie familiäre Herkunft, Geschlechtszugehörigkeit, ethnische Zugehörigkeit, Haarfarbe oder aber auch der Kontostand können zwar mit den aus den Produktionsverhältnissen abgeleiteten Klassenverhältnissen korrelieren, entscheiden aber selbst nicht über die Zugehörigkeit zu der einen oder der anderen Klasse (vgl. Marx und Engels 1958b, S. 469).

Anders als bei Max Weber, der über seine Begriffe der sozialen Klasse auf die „Vererbung" von Statusmerkmalen über Generationen verwies, war für Marx also lediglich die Stellung in den Produktionsverhältnissen wichtig. Der Sohn eines Fabrikbesitzers, der sich am Fließband verdingen muss, weil sein Vater das Unternehmen in den Konkurs geführt hat, gehört zum Proletariat, während die Proletariertochter, die als Unternehmerin einen Kleinbetrieb mit zehn Mitarbeitern aufgebaut hat, zur Kapitalistenklasse zu zählen ist.

Für Marx spielt auch der Geldbetrag, über den eine Person verfügen kann, für die Bestimmung der Klassenzugehörigkeit keine Rolle. Der hochverschuldete und kurz vor der Pleite stehende Internetunternehmer gehört aufgrund seines Besitzes an Produktionsmitteln zur Klasse der Kapitalisten, während ein Angestellter in seinem Unternehmen, der aufgrund seiner hohen Qualifikation wesentlich mehr Geld als der Kapitalist besitzt, zum Proletariat zu zählen ist. Das „Maß des Geldbeutels", so Karl Marx, sei ein „rein quantitativer Unterschied" und sage an sich nichts über die Klassenzugehörigkeit aus. Die unterschiedliche Größe von Geldbeuteln diene lediglich dazu, dass „zwei Individuen der selben Klasse beliebig aufeinander gehetzt werden können" (Marx 1959b, S. 339).

Das zweite zentrale Merkmal des Marx'schen Klassenbegriffs ist seine Struktur als ein Zwei-Klassen-Modell. Die ganze Gesellschaft, so Karl Marx und Friedrich Engels im „Kommunistischen Manifest", spalte „sich mehr und mehr in zwei große feindliche Lager, in zwei große, einander direkt gegenüberstehende Klassen: Bourgeoisie und Proletariat" (Marx und Engels 1958b, S. 463). Das Kleinbürgertum, das Lumpenproletariat oder die Großgrundbesitzer seien, so Marx und Engels, nur noch historische Übergangsphänomene, die sich in die eine oder andere Klasse auflösen würden. Hier trennt sich Marx von Überlegungen, die vorher die „Kritik der politischen Ökonomie" (1961b) bestimmt haben. Marx schließt mit seinem Zwei-Klassen-Modell an Überlegungen des politischen Ökonomen François Quesnay (1888) an, der zwar auch sein Klassenmodell aus den Produktionsverhältnissen abgeleitet hatte, aber noch drei Klassen zu unterscheiden meinte.

Aus dieser doppelten Konstruktionsform des Klassenbegriffs lässt sich der politische Reiz der Marx'schen Theorie erklären. Die aus den Produktionsverhältnissen abgeleitete Klassengesellschaft kann kontrastiert werden mit Gleichheitsvorstellungen, die sich mit der modernen Gesellschaft ausbildeten. Angesichts der „Entdeckung" der natürlichen Gleichheit aller Menschen durch Rousseau, des Wertekanons der Französischen Revolution aus „Freiheit – Gleichheit – Brüderlichkeit" und der Verheißung einer egalitären Gesellschaft im „Kommunistischen Manifest" wurde eine Klassengesellschaft zum „Inbegriff von Unfreiheit, Ungleichheit und Unbrüderlichkeit" (Müller 1994, S. 120). Am Zielhorizont des marxistischen Gesellschaftsbegriffs erschien das Postulat der Gleichheit, dem „nur noch" die Klassengesellschaft mit ihren Unterdrückungs-, Ausbeutungs- und Entfremdungsstrukturen entgegenstand. Die revolutionäre Sprengkraft erhielt die Marx'sche Theorie aber erst durch die Konstruktion der Zwei-Klassen-Gesellschaft. Alle stabilen Hierarchien setzen, so Niklas Luhmann, mindestens drei Ebenen voraus. Erst die Dreistufigkeit mache das Verhältnis von oben und unten unempfindlich gegen das Herausbrechen oder die Transformation einer der Stufen und erzwinge eine Semantik der Rangverhältnisse, die nicht nur für eine der Rangbeziehungen gelten müsse, sondern für alle. Die Marx'sche Reduktion der Klassenverhältnisse auf eine Zweierbeziehung und deren Interpretation als Gegensatz torpedierte diese Absicherungen. Das Zwei-Klassen-Schema transformierte die Ordnungs- in eine Kampfsemantik. „Die Instabilität der Zweierbeziehung wird benutzt", so Luhmann,

„um Änderungserwartungen zu stimulieren". „Wenn nur eine Klasse verschwände", wäre „auch die andere Klasse keine Klasse mehr". Das proklamierte Ziel einer „Gleichheit der Menschen" wäre hergestellt (Luhmann 1985, S. 124).

Klassenkonsistenz als Ausgangspunkt: Von der „Klasse an sich" zur „Klasse für sich"

Karl Marx bringt in seiner Theorie die Begriffe „Klasse" und „Individuum" so nahe zusammen, dass sie fast miteinander verschmelzen (vgl. Luhmann 1985, S. 125). Auch wenn der Prozess verzögert und gebrochen ist, geht Marx in seinem Modell des sozialen Wandels von einem einfachen Übersetzungsschema aus. Mit der Weiterentwicklung des Kapitalismus werde es zu einer weiteren Polarisierung des Klassengegensatzes kommen. Die Heimarbeiter, die Handwerker und das ländliche Gesinde betrachtet er als Überbleibsel vorkapitalistischer Formationen, die über kurz oder lang entweder in der Klasse der Produktionsmittelbesitzer oder in der der Arbeitskraftverkäufer aufgehen werden. Die Klassen versteht Marx also nicht nur als eine analytische Kategorie zur Bestimmung der Produktionsverhältnisse, sondern er geht davon aus, dass Klassen auch einen ähnlichen Lebensstil, ein ähnliches „Bewusstsein" entwickeln.

Während man in die Marx'schen Frühschriften fast einen Automatismus zur Ausbildung von Klassen mit ähnlichen Lebensstilen und ähnlichen Bewusstseinsformen hineinlesen kann (vgl. Marx und Engels 1958b, S. 462ff.), wird in den späteren Schriften immer deutlicher, dass dieser Übergang von einer durch die Produktionsverhältnisse geprägten „Klasse an sich" zu einer sich der eigenen Position als ausgebeutete Klasse bewussten „Klasse für sich" nicht unproblematisch ist (vgl. dazu Lukacs 1923).

Ein erster Grund ist darin zu suchen, dass in der kapitalistischen Gesellschaft die Aneignung des Mehrwertes durch den Kapitalbesitzer nicht erkennbar ist. In der Feudalgesellschaft erlebten die Fronarbeiter noch direkt, dass der von ihnen produzierte Mehrwert in den Besitz der Feudalherren überging. Sie arbeiteten ein oder zwei Tage pro Woche auf ihrem „eigenen" kleinen Feld, dessen Erträge ihr persönliches Überleben sicherten. Die während der anderen Tage auf den Feldern des Feudalherren produzierten Produkte mussten an ihn abgegeben werden. So erfuhren die Fronarbeiter sehr direkt, wie andere sich die von ihnen produzierten Mehrwerte aneigneten. Bei der in der Fabrik verrichteten Lohnarbeit ist für die Beschäftigten nicht erkennbar, wie viel Arbeit man für sein eigenes Überleben leisten muss und ab welchem Punkt man für den Kapitalisten Mehrwert schafft. Aufgrund der komplexen Arbeitsstrukturen erfährt der Arbeiter am Fließband nicht, wie viele Stunden eines Arbeitstages für seine Selbsterhaltung notwendig sind und wie viel Stunden seiner Arbeit nur den Aktionären über Dividenden oder Kurssteigerungen zugutekommen (vgl. Marx 1962a, S. 251). „Die Form des Arbeitslohns löscht", so Marx, „jede Spur der Teilung des Arbeitstags in notwendige Arbeit und Mehrarbeit, in bezahlte und unbezahlte Arbeit aus. Alle Arbeit erscheint als bezahlte Arbeit" (Marx 1962a, S. 562). Die Beziehung zwischen Kapital und Arbeit erscheine deswegen in einer mystifizierten oder fetischisierten Form. Die Arbeiter hätten den Eindruck, als würden sie als gleichberechtigte Warenbesitzer dem Kapitalisten gegenübertreten, um mit ihm lediglich eine Auseinandersetzung über einen „gerechten Lohn für ehrliche Arbeit" zu führen.

Ein zweiter Grund liegt darin, dass das gesellschaftliche Bewusstsein der Lohnarbeiter von widersprüchlichen Aspekten geprägt ist. Einerseits könnte sich eine Klassenidentität ausbilden, wenn die Arbeitnehmer feststellen, dass sie gegenüber dem Kapital in einer schwachen Verhandlungsposition sind. Während der Kapitalist darauf verzichten kann, Arbeitskraft einzukaufen, wenn ihm der Preis der Ware zu hoch ist, ist der Lohnarbeiter darauf angewiesen, seine Ware Arbeitskraft fast zu jedem Preis anzubieten, weil er sonst keine Möglichkeit hat, sein Überleben zu sichern. Schließlich hat er nichts anderes zu verkaufen als seine Arbeit. Andererseits konkurrieren die Lohnarbeiter als Verkäufer ihrer Arbeitskraft untereinander um das rare Gut der Arbeitsplätze. Genauso wie die Verkäufer von Speiseeis, Babynahrung oder Dampfturbinen miteinander in Konkurrenz stehen, ist das auch beim Anbieten von Arbeit der Fall. Die „Organisation der Proletarier zur Klasse" droht also jeden Augenblick durch die „Konkurrenz der Arbeiter selbst" gesprengt zu werden (Marx und Engels 1958b, S. 471).

Ein dritter Grund ist, dass sich das Zwei-Klassen-Schema nie in Reinform ausbildet. Selbst in den am weitesten entwickelten kapitalistischen Gesellschaften trete, so Marx, die „Klassengliederung" „nicht rein hervor". „Mittel- und Übergangsstufen" vertuschten „überall die Grenzbestimmungen" (Marx 1964, S. 892). Die Mittel- und Übergangsstufen bildeten sich sowohl in der Kapitalistenklasse als auch im Proletariat aus. Friedrich Engels konstatierte, dass „das englische Proletariat mehr und mehr verbürgerlicht, so daß diese bürgerlichste aller Nationen es schließlich dahin bringen zu wollen scheint, eine bürgerliche Aristokratie und ein bürgerliches Proletariat neben der Bourgeoisie zu besitzen" (Engels 1963, S. 358). Besonders die Steigerung der Profitrate ermögliche die Ausbildung einer privilegierten Minderheit von Arbeitern, die aufgrund ihrer materiellen Privilegien eine Verbürgerlichungstendenz durchlaufe, während die große Masse der Arbeiter weiter absinke (vgl. auch Stuke 1976, S. 68).

Die Herausforderung für die Marx'sche Theorieentwicklung besteht darin, dass sich zwei Klassenbegriffe gegenüberstehen, die sich nicht ohne Weiteres miteinander kombinieren lassen. Bei dem Begriff der „Klasse an sich" wird die Klasse als eine analytische Einheit verstanden. Die Klasse erscheint nur auf dem „Radar

der proletarischen Avantgarde" oder auf dem „Bildschirm der Wissenschaft"
(Luhmann 1985, S. 128). Sie scheint deswegen „objektiv" vorhanden, was aber für
die Wissenschaftler oder die proletarische Avantgarde nicht heißen muss, dass
auch die Subjekte (gemeint sind die Proletarier) ihre Klassenlage erkennen. Die
Klassenlage kann sich also nur einem politischen Aktivisten mit tiefen Einblicken
in die Verhältnisse oder einem Wissenschaftler mit der Fähigkeit zu detaillierten
Messungen der Sozialstruktur erschließen. Im unwahrscheinlichen Fall, dass
„Erika Mustermann" oder „Otto Normalverbraucher" die wissenschaftlichen oder
agitatorischen Interpretationen von einer „verschärften Klassengesellschaft", einer
„Klassengesellschaft ohne Klassen" oder einer „klassenlosen Gesellschaft" in die
Hand bekommen, können sie als Subjekte vielleicht gar nicht so viel mit ihrer
vermeintlich objektiven Verortung in der Klassenstruktur anfangen.

Mit dem Diktum der „Klasse für sich" wird proklamiert, dass diejenigen, die
sich in ähnlichen Klassenlagen befinden, dies schon bemerken würden, besonders
dann, wenn es darum gehe, diese Lage grundlegend zu verändern. Die Klasse ist
also nicht mehr nur objektiv vorhanden, sondern erschließt sich auch den Subjekten.
Die „objektive Klassenlage" führt, so die Annahme, letztlich zur Ausbildung ver-
gleichbarer und ähnlicher Lebenserfahrungen und dann auch zu einem Bewusstsein
der eigenen Klassenlage. „Erika Mustermann" und „Otto Normalverbraucher"
werden sich ihres Status als Arbeiter, ihrer Klassenlage bewusst und entwickeln
eine vergleichbare Bewusstseinslage (vgl. Marx 1959a, S. 180; siehe auch Kocka
1983, S. 26; Luhmann 1985, S. 128).

Aus dieser Differenz zwischen „Klasse an sich" und „Klasse für sich", aus der
Unterscheidung zwischen „objektiver Klassenlage" und „subjektiver Verarbeitung"
kann man ein umfangreiches Forschungsprogramm generieren: Wie erklärt man aus
einer marxistischen Perspektive, dass sich empirisch – jedenfalls in den entwickelten Industriestaaten – kaum eine „Klasse für sich" erkennen lässt und die Arbeiter
nur beschränkt ein politisches Bewusstsein ausbilden, in dem sie sich als Arbeiter
verstehen? Weswegen bilden „Erika" und „Otto" (k)ein Klassenbewusstsein aus?
Wie kommt es, dass das Kind eines Arbeiters eine Karriere als Biochemie-Unter-
nehmer einschlägt? Was wird aus dem Arbeiterbewusstsein, wenn der Taylorismus
seine Wirkkraft verliert? Weswegen wählen Arbeiter im Osten Deutschlands nicht
die Partei des Proletariats, sondern die „CDU"? Weswegen wird aus der „Klasse
an sich" nicht oder nur begrenzt eine „Klasse für sich"? Wie kommt es, so die all-
tagssprachliche Formulierung der Frage, dass man nicht allein schon anhand der
Lebensführung darauf schließen kann, ob jemand ein Proletarier ist?

Der so problematische Übergang von der „Klasse an sich" zur „Klasse für sich"
wird nicht selten mit dem Hinweis auf das „falsche Bewusstsein" des Proletariats
erklärt (vgl. Decker und Hecker 2002, S. 253ff.). Aber diese Form der modernen

Proletarierbeschimpfung ist nur schwer mit dem gerade im akademischen Marxismus gepflegten Arbeiterverehrungskult vereinbar und deswegen Zielscheibe heftiger Kritik. Das Postulat des „falschen Bewusstseins" hat nur wenige Anschlussstellen an die allgemeine sozialwissenschaftliche Diskussion, der die Unterscheidung zwischen objektiven Verhältnissen und den subjektiven und deswegen möglicherweise falschen Wahrnehmungen der Arbeiter suspekt erscheint. Das mag aus einer Agitationsperspektive kein Problem sein, aber das Verdikt des „falschen Bewusstseins" wäre in wiederholter Permanenz letztlich die „Konkurserklärung" einer jeden soziologischen Erklärung (vgl. Popitz 1958, S. 100).

4.2   Die Debatte: Ausbildung und Differenzierung des Klassenbewusstseins

Spätestens seit dem Zweiten Weltkrieg kam in der Soziologie zunehmend die Frage auf, ob die von Marx propagierten Klassenbildungsprozesse zu einer Analyse der Gesellschaft taugten (siehe dazu Touraine 1966). Mit Begriffen wie der „Klassengesellschaft im Schmelztiegel" (Geiger 1949), der „nivellierten Mittelstandsgesellschaft" (Schelsky 1965), der „klassenlosen Einheitsgesellschaft" (Landshut 1956), der „Auflösung proletarischer Milieus" (Mooser 1983) oder der „Pluralisierung von Lebenslagen und Individualisierung von Lebensläufen" (Beck 1986) verwiesen Sozialwissenschaftler darauf, dass sich neue Schichtungslinien in der Gesellschaft ausbildeten, die weit wichtiger sind als die einende Kraft der Produktionsverhältnisse.

Die Struktur der modernen Industriegesellschaft wird, anders als die pyramidenförmige Gesellschaftsstruktur der frühkapitalistischen Phase, zunehmend in der Form der berühmten „Bolte-Zwiebel" beschrieben. Einer nur noch kleinen Oberschicht und einer kleinen Gruppe von sozial Verachteten stünde, so Karl Martin Bolte (1966), eine größenmäßig immer dominierender werdende Gruppe in der Mitte gegenüber, die sich aus den Angehörigen des neuen und alten Mittelstandes und den Angehörigen der Arbeiterschaft zusammensetze. Durch einen „Fahrstuhleffekt", so die Erweiterung dieser Argumentation, würden fast alle Schichten insgesamt auf ein höheres Einkommensniveau gehoben werden (vgl. Beck 1986, S. 122; siehe auch schon Popitz 1958, S. 95). Da Denkweise und Interessenlage eher über die Konsummöglichkeiten und Lebensstandards geprägt würden als durch die Produktionsverhältnisse, komme es, so der Tenor, insgesamt zu einer „Abkühlung" des proletarischen Klassenbewusstseins. Die früher noch stark unterscheidbaren klassenspezifischen Ansprüche an das Familienleben, die Berufs- und Ausbildungswünsche der Kinder, die Wohn-, Verbrauchs- und Unterhaltungsformen, ja die kulturellen, politischen und wirtschaftlichen Reaktionen würden sich zunehmend nivellieren (vgl. Geiger 1949, S. 78; Schelsky 1965, S. 333). Charakteristisch für diese von Kritikern als „bürgerlich" bezeichnete Soziologie ist, dass der Klassenbegriff zu einer unter vielen Kategorien der Sozialstrukturanalyse reduziert und zunehmend durch andere Ordnungsschemata ersetzt wird. Während sich bei Marx der Begriff der Klasse analytisch noch eindeutig über die Produktionsverhältnisse bestimmen ließ und auch der von Theodor Geiger entwickelte Schichtbegriff einerseits die ökonomisch-soziale Lage einer Gruppe von Menschen und andererseits die damit zusammenhängende Mentalität theoretisch erfassen konnte (vgl. Geiger 1932), drohten seit dem Zweiten Weltkrieg sowohl der Klassen- als auch der Schichtbegriff immer mehr zu theoretisch nicht mehr abgesicherten Kategorien der empirischen Sozialforschung zu werden. Man sprach nicht mehr von „Schicht" oder „Klasse", sondern nur noch vage von „sozialer Ungleichheit" oder „Sozialstruktur". Vor dem Hintergrund dieser Entwicklung muss man die marxistisch geprägte Debatte über die „Klassenfrage" begreifen, die ihren Höhepunkt in den 1970er Jahren hatte, aber bis heute immer wieder aufflackert. Es lassen sich stark vereinfachend vier Stränge der Diskussion unterscheiden.

Tab. 2   Die „Klassenfrage" in den Sozialwissenschaften

	Tendenz: Beibehaltung des Zwei-Klassen-Schemas	Tendenz: Mehrklassen-Schema oder Auflösung der Klassen
Produktionsverhältnis zwischen Kapital und Arbeit als Ausgangspunkt	*Klassenvermischungsansätze:* Durch Entwicklung des Finanzmarktes ist es nur noch begrenzt möglich, von analytischen Klassen auf soziale Klassen zu schließen.	*Klassendifferenzierungsansätze:* Aufgrund ihrer Stellung im Produktionsprozess bilden sich zunehmend Zwischenklassen der beiden Hauptklassen aus.
Kulturelles Eigenleben der Klassen als Ausgangspunkt	*Klassenkulturansatz:* Die beiden Klassen der Kapitalisten und Arbeiter bilden sich nicht primär aufgrund der Produktionsverhältnisse aus, sondern werden über kulturelle Mechanismen reproduziert.	*Soziokulturansatz:* Der Kapitalbegriff darf nicht auf ökonomische Kriterien beschränkt werden. Man kann nicht mehr von zwei Klassen ausgehen.

Der Klassenvermischungsansatz: Die Schwierigkeiten, von den Produktionsverhältnissen auf soziale Klassen zu schließen

Im Begriff der „Klasse für sich" wird, wie oben schon ausgeführt, davon ausgegangen, dass sich die Produktionsverhältnisse in realen sozialen Klassen wiederfinden lassen. Demnach ist man also entweder Kapitalist oder Arbeiter. Der Klassenvermischungsansatz schließt nicht aus, dass die Ausbildung von sozialen Klassen in einer kapitalistischen Wirtschaft möglich ist, in der Einzelpersonen Eigentümer von Unternehmen sind und die Arbeiter als Verkäufer ihrer Arbeitskraft nicht über die Möglichkeit zur Teilhabe am Kapital verfügen. Der Klassenvermischungsansatz bringt jedoch Zweifel vor, ob es die aktuellen Entwicklungen des Kapitalismus besonders in der Finanzwirtschaft der europäischen, asiatischen und amerikanischen Industriestaaten erlauben, diese Trennung noch aufrechtzuerhalten.

Schon Marx hat im dritten Band des „Kapitals" herausgearbeitet, dass sich aufgrund der zunehmenden Bedeutung von Aktiengesellschaften die Besitzverhältnisse bei kapitalistischen Unternehmen ändern: Immer weniger Unternehmen gehören Einzelpersonen, es bilden sich Konglomerate von Kapitalbesitzern aus. Die in Aktiengesellschaften häufig zu findende breite Verteilung des Kapitaleigentums sei, so Marx, die „Aufhebung des Kapitals als Privateigentum innerhalb der Grenzen der kapitalistischen Produktionsweise selbst" (Marx 1964, S. 452). Der noch im ausgehenden 19. Jahrhundert dominierende Individual- oder Familienkapitalismus relativierte sich, wie schon Marx prognostizierte, im 20. Jahrhundert immer mehr. Die Besitzer der großen Unternehmen waren häufig andere Unternehmen, die sich wiederum im Besitz anderer Unternehmen befanden. Es entstanden, besonders in Deutschland, aber auch in anderen europäischen Staaten, große Kapitalverflechtungen zwischen Unternehmen, die sich auch in Personalverflechtungen beispielsweise in den Vorständen und Aufsichtsräten großer Versicherungen, Banken und Industrieunternehmen widerspiegelten (vgl. einschlägig Zald 1969; Palmer 1983; Mizruchi und Stearns 1988; Scott 1997; Windolf 2002).

Parallel zu dieser Form gewann aber auch der Streubesitz an Unternehmensanteilen an Bedeutung. Auch diejenigen, die ihr Geld durch Lohnarbeit verdienen, geben ihre Ersparnisse nicht mehr nur als Einlage an Banken, sondern legen ihr „Kapital" in Form von Aktien oder Fondsanteilen (letztlich Beteiligungen an Unternehmen) an. Dieser Trend spiegelt sich in Zeitdiagnosen einer „Kleinkapitalistengesellschaft" oder einer „Gesellschaft von Arbeiterkapitalisten" wider. Matthias Horx beispielsweise konstatiert eine Art „Volkskapitalismus", in dem Arbeiter immer stärker am Produktivvermögen beteiligt sind. Damit verbunden sei der Übergang von einer „Arbeitnehmerkultur" zu einer „Kultur von Kleinkapitalisten". Die Gewerkschaften verlören immer mehr an Einfluss, und ihre ehemaligen Mitglieder fänden sich in Versammlungen von Shareholdern wieder (Horx 2001). Ganz ähnlich proklamiert

Richard Nadler die Ausbildung einer breiten Schicht von „Arbeiterkapitalisten".
Dies sind Arbeitnehmer, die selbst als Kleinaktionäre an der Börse spekulieren, ihre
Alterssicherung über Pensionsfonds organisieren und über ihre Aktienprogramme
an den Unternehmen beteiligt sind (Nadler 1999). Selbst der aus einer marxistischen
Denktradition stammende Michel Aglietta gewinnt der Kapitalbeteiligung der
Arbeitnehmer Positives ab. Die „Kontrolle der Kapitalbeteiligung der Arbeitnehmer" sei „die Schlacht, in die man gehen und die man gewinnen" müsse, um eine
eigene Spielart des kontinentaleuropäischen Kapitalismus erhalten und ausbilden
zu können (Aglietta 2000, S. 68).

Das Problem dieser häufig eher populistischen Ansätze ist, dass sie eine richtig
konstatierte punktuelle Auflösung der Konstellation zwischen „Inhabern von Produktionsmitteln" einerseits und „besitzlosen Nur-Arbeitern" (Sombart) andererseits
zu einem politischen Reformprogramm hochstilisieren. Der Kleinaktionär, der
Aktien im Wert von 1 000 Euro von „Siemens" besitzt, hat keinerlei Einfluss auf
die Strategien des Unternehmens, befindet sich doch ein Großteil der Aktien im
Besitz einiger weniger Großaktionäre. Der Angestellte einer US-amerikanischen
Reinigungsfirma, dessen Rücklagen in einem Pensionsfonds angelegt sind, hat vermutlich nicht das Gefühl, als Kapitalgeber zu fungieren. Mit den für die Wirtschaft
zunehmend relevanten Entscheidungen dieser Pensionsfonds hat er nichts zu tun.
Der Mitarbeiter im Risikomanagement der „Allianz"-Versicherung, der über ein
lukratives Aktienpaket an das Unternehmen gebunden werden soll, versteht sich
noch lange nicht als dessen Miteigentümer.

Für die Frage des Klassenbewusstseins sind zwei Stränge dieser Debatte jedoch
wichtig.

Der erste Strang verweist auf die Ausbildung des „institutionellen Kapitalismus"
(vgl. Windolf 1997, S. 81ff.). Kapitalfonds spielen eine zunehmend wichtige Rolle in
Fragen des Kapitalbesitzes. Sie ziehen eine mehr oder minder große Anzahl von
Aktionären zusammen und mobilisieren so große Summen für Investitionen in
Unternehmen. Besonders die Pensionsfonds, in denen sich die Rentenrücklagen der
arbeitenden Bevölkerung befinden, gehören inzwischen weltweit zu den größten
Kapitalbesitzern, sodass teilweise sogar von einem „Pensionsfonds-Kapitalismus"
die Rede ist (siehe dazu Mizruchi 2004; Davis 2009). Der für die Frage der Klassenbildung zentrale Effekt ist, dass aufgrund der Diffusion des Kapitalbesitzes das
Verfügungsrecht des einzelnen Privatunternehmers immer mehr auf eine Gruppe
von an den Produktionsmitteln „eigentumslosen Führungskräften" übergeht (siehe
dazu Useem 1990; Useem 1993; Fligstein 1996; Fligstein 2001). Schon als in den
1930er Jahren erste Überlegungen zu einer „Demokratisierung" des Finanzkapitals
aufkamen, wiesen Adolf Berle und Gardiner Means darauf hin, dass eine Streuung
des Aktienbesitzes auf eine Vielzahl von Personen nicht zu einer breiteren Kontrolle

des Kapitals führe, sondern vielmehr die Stellung des Managements stärke. In den an der Börse notierten Unternehmen werde der Manager, eigentlich ein „unselbständiger Angestellter", der „unternehmerisch wirkende" Herrscher, wenn sich der Kapitalbesitz nicht mehr in der Hand von ein oder zwei zentralen Kapitaleignern, sondern in der Hand einer Vielzahl von Kapitalbesitzern befinde (vgl. Berle und Means 1932; siehe auch Burnham 1941).

Der zweite Strang betont, dass in einzelnen Vorreiterbranchen ein Zusammenfallen von Kapitalanleger- und Arbeitnehmerlogik im gleichen (!) Unternehmen zu beobachten ist. In Wachstumsunternehmen der IT-, Biotech- oder Nanotech-Industrie sei es ein dominierendes Ziel nicht nur des Managements, sondern auch der Arbeitnehmer, im Tausch gegen Arbeitskraft Unternehmensanteile zu erwerben, um diese dann am Kapitalmarkt für viel Geld zu verkaufen, wenn das Unternehmen (und damit auch der Wert der Unternehmensanteile) stark gewachsen ist. Dadurch bilde sich ein Arbeitskräftetypus heraus, der sich – in Abgrenzung vom Nadler'schen Typus des „Arbeiterkapitalisten" einerseits und vom Voß-Pongratz'schen (1998) „Arbeitskraftunternehmer" andererseits – als „Arbeitskraftkapitalist" bezeichnen ließe. Den Arbeitskraftkapitalisten wird für den Einsatz ihrer Arbeitskraft zwar auch ein Gehalt gezahlt, aber das Problem der Transformation von Arbeitskraft in Arbeit wird maßgeblich dadurch gelöst, dass die Arbeitskraftkapitalisten durch den Einsatz von Arbeitskraft (und eben nicht mit Geld) Anteile an einem Unternehmen erwerben (vgl. Kühl 2003, S. 56ff.).

Die Quintessenz beider Diskussionsstränge lautet, dass sich gerade aufgrund der Dynamik der kapitalistischen Wirtschaft die Polarität von Kapitalist und Arbeiter als zwei sozial unterscheidbaren Gruppen auflöse und deswegen die Ausbildung unterscheidbarer sozialer Klassen nicht mehr zu erwarten sei. Bei aller Stärke einer analytischen Unterscheidung zwischen Kapital und Arbeit eigne sich diese Differenz deswegen nicht dazu, wissenschaftlich oder politisch begründete Hoffnungen auf revolutionäre Umwälzungen zu erfüllen.

Der Klassendifferenzierungsansatz: Zwischenklassen und die Subgruppen der Arbeiterklasse

Vertreter des Klassendifferenzierungsansatzes greifen die schon von Marx und Engels angedeutete Möglichkeit der Bildung von intermediären Klassenpositionen und von Binnendifferenzierungen sowohl der Kapitalistenklasse als auch der Arbeiterklasse auf. Sie grenzen sich als Neomarxisten dabei einerseits von den Nivellierungsthesen der als „bürgerlich" abgetanen Soziologie ab und distanzieren sich andererseits aber auch von einer simplen Unterscheidung zwischen einer Kapitalistenklasse und einer Arbeiterklasse.

Der Soziologe Serge Mallet, einer der prominentesten Vertreter des Klassen-
differenzierungsansatzes, stellt die Ausbildung einer „neuen Arbeiterklasse" fest.
Aufgrund der Entwicklung der Produktionsmittel werde von den Arbeitern nicht
mehr vorrangig körperliche Arbeit verlangt, sondern technische Intelligenz, die
Fähigkeit zur Kontrolle komplexer technischer Systeme und die Bereitschaft,
Verantwortung für den Produktionsprozess zu übernehmen. Die „neue Arbeiterklasse" bestehe aus einem hoch spezialisierten Arbeitertyp, von dem ein hohes
Bildungsniveau erwartet werde. Diese Klasse sei durch ein starkes berufliches und
politisches Selbstbewusstsein geprägt. Ihr Drang nach einer stärkeren Kontrolle
der Produktionsorganisation im Betrieb stoße jedoch auf die Herrschaftsansprüche
des Managements kapitalistischer Unternehmen. Aus diesem Widerspruch bilde
sich dann ein ausgeprägtes Klassenbewusstsein der „neuen Arbeiterklasse" aus
(vgl. Mallet 1969, S. 38ff.; siehe auch Deppe 1971, S. 47).

Die Soziologen Horst Kern und Michael Schumann kommen in einer Untersuchung über Industriearbeit und Arbeiterbewusstsein zu der Auffassung, dass
den meisten Arbeitern ein auf Marx basierendes Klassenverständnis als Orientie-
rungshilfe fehle. Die beiden Soziologen stellen fest, dass ein steigender Mechani-
sierungs- und Automatisierungsgrad zu einer tendenziellen Ausdifferenzierung
der Arbeiterklasse in Teilkollektive führe. Eine Gruppe von Arbeitern verrichte
anspruchsvolle Arbeiten, die eine hohe Qualifikation voraussetzen, während eine
andere Gruppe unter sehr restriktiven Bedingungen einfache Arbeiten ausführe. Da
die konkret verrichtete Arbeit auch Auswirkungen auf das Bewusstsein der Arbeiter habe, führe diese Polarisierung der Industriearbeit auch zu unterschiedlichem
Arbeiterbewusstsein der Teilkollektive. Die Geltung der „kollektiven Merkmale
der objektiven gesellschaftlichen Lage" verblasse angesichts der „konkreten Bedingungen der Industriearbeit". Die Unterschiede in der konkreten Arbeit seien
für die „Bestimmung der Lebenssituation der Arbeiter und ihr gesellschaftliches
Denken und Handeln" wichtiger als die für alle Arbeiter gleiche Stellung zu den
Produktionsmitteln (Kern und Schumann 1970, S. 22; siehe auch Kudera et al.
1982, S. 274ff.).

Der Soziologe Erik Olin Wright geht davon aus, dass zwar der Produktionsmit-
telbesitz immer noch den Hauptunterschied in einer Klassengesellschaft ausmache,
dass aber sowohl die Klassenlage der Produktionsmittelbesitzer als auch die Klassenlage der Lohnabhängigen weiter differenziert werden müsse. Genauso wie bei
den Besitzern von Produktionsmitteln die Bourgeoisie von den kleinen Arbeitgebern
und dem Kleinbürgertum unterschieden werden müsse, müssten beispielsweise
bei den Lohnabhängigen Manager, Aufsichtspersonen und Arbeiter differenziert
werden, weil sie in einem ganz unterschiedlichen Maße auf die Ressourcen der sie
beschäftigenden Organisation zurückgreifen könnten. Innerhalb der Gruppen der

Manager, Aufsichtspersonen und Arbeiter müssten dann noch deutliche Unterschiede in Bezug auf die Qualifikation gemacht werden (vgl. Wright 1985; für das Vorläufermodell Wright 1978; Koch 1994, S. 67ff.; Berger 1998, S. 34ff.). Die sich im Zuge des Klassendifferenzierungsansatzes ausbildende Debatte ist übersichtlich geblieben. Da die Frage, ob das „verbürgerlichte Proletariat" ein Klassenbewusstsein hat und ein Bewusstsein als revolutionäres Subjekt ausbilden kann (eher dafür z. b. Mallet 1969; eher dagegen Deppe 1971), kaum noch Aufmerksamkeit hervorruft, wird die Hauptdebatte zwischen Vertretern der These einer Reproletarisierung einerseits und den Beobachtern einer verstärkten Klassendifferenzierung andererseits geführt. Die Frage ist, ob wir es mit einem Trend zur Verelendung der Arbeiterschaft und damit zu einer „Wiederkehr der Proletarität", einer „Reproletarisierung" und einer „Reetablierung einer Arbeiterklasse" mit entsprechendem Klassenbewusstsein zu tun haben (Roth 1994, S. 12ff.), oder ob sich die Tendenz zur Ausbildung eines „verbürgerlichten Proletariats" noch radikalisiert und durch eine fortschreitende Fragmentierung des Proletariats eine „Klassengesellschaft ohne Klassen" entsteht.

Der Klassenkulturansatz: Die kulturelle Prägung des Arbeiters

Der Klassenkulturansatz verabschiedet sich von einer Ableitung des Klassenbewusstseins aus den Produktionsverhältnissen und weist auf die Gefahr einer reduktionistischen Verkürzung von Bewusstsein zum Derivat objektiver Verhältnisse hin. Die Arbeiter seien genauso wenig wie die Kapitalisten Träger von Bewusstseinsformen, die sich aus einer schlichten Ableitung aus den ökonomischen Beziehungen ergeben. Vielmehr bildeten Menschen Deutungsmuster aus, mit denen sie versuchten, die von ihnen erfahrene Realität zu verarbeiten. Diese Deutungsmuster würden zwar durch die ökonomischen Verhältnisse beeinflusst, seien aber in ihren Ausprägungen „relativ autonom" (Neuendorff und Sabel 1978; siehe auch Herkommer und Bierbaum 1979, S. 202; Kudera et al. 1982, S. 278). Die Betonung der „relativen Autonomie" führt fast automatisch dazu, dass sich der Blick auf die kulturelle Reproduktion von Denkweisen, Lebensstilen und Einstellungen in der Arbeiter- und Kapitalistenklasse richtet.

Eine Gruppe um den Soziologen Heinrich Popitz, der eine deutliche Distanz zu Marx anzumerken ist, liefert ein frühes Beispiel dafür, wie sich Deutungs- und Interpretationsmuster in der Arbeiterklasse ausbilden. In einer der ersten großen arbeits- und industriesoziologischen Studien nach dem Zweiten Weltkrieg stellten sie fest, dass das Gesellschaftsbild des Arbeiters in den 1950er Jahren nach wie vor durch eine Dichotomie von „oben" und „unten" bestimmt war. Zwar legten die Arbeiter in ihrer konkreten Arbeitspraxis eine pragmatische, leistungsorientierte und so gar nicht revolutionäre Arbeitseinstellung an den Tag, aber es herrschte trotzdem eine kollektive Vorstellung davon, dass es die Klasse der Arbeiter sei, die durch ihre „Plackerei" erst den Wohlstand der anderen ermögliche. Die Klassengegensätze wurden dabei aber nicht primär – wie von Marx gedacht – über den Gegensatz von Besitz und Nichtbesitz von Produktionsmitteln bestimmt, sondern über den Gegensatz von körperlicher und geistiger Arbeit wahrgenommen. Der Gegensatz war, so die Gruppe um Popitz, also nicht so sehr eine zwischen Arbeit und Kapital, sondern eine zwischen körperlich arbeitenden Industriearbeitern auf der einen und Unternehmern, Managern, Arbeitsplanern und Funktionären auf der anderen Seite (vgl. Popitz et al. 1957; Popitz 1958, S. 97ff.; Bahrdt 1962, S. 25ff.).

Eine Gruppe um den Soziologen John H. Goldthorpe arbeitete heraus, dass die Einstellung der von ihnen untersuchten „wohlhabenden Arbeiter" zu ihrer Arbeit, zu ihrer Karriere, zu Kollegen und zu Vorgesetzten, zu Arbeitgebern und zu Gewerkschaften vor allem durch ihre konkrete Lebenssituation geprägt werde. Die Arbeitsorientierung ließe sich nicht aus der simplen Gegenüberstellung von Lohnarbeit und Kapital erschließen, sondern basiere auf den alltäglichen Lebens- und Arbeitserfahrungen. Dabei spielten, so die Soziologen, nicht nur die „objektiven" Arbeitsbedingungen eine Rolle, sondern besonders auch, ob die Arbeiter ihre Arbeit subjektiv als interessant empfänden. Die Arbeit stehe besonders bei den gut verdienenden Arbeitern häufig nicht mehr im Lebensmittelpunkt, sei nicht mehr die Quelle ihrer Selbstverwirklichung und Mittelpunk ihrer Sozialbeziehungen. Vielmehr diene ihnen die Arbeit dazu, sich in ihrer Freizeit zu verwirklichen. Ihre Mitgliedschaft in der Gewerkschaft oder in der britischen „Labour Party" sei nicht Ausdruck einer Lebensorientierung, sondern diene lediglich als Instrument zur Absicherung ihres materiellen und rechtlichen Status. Trotz eines vergleichsweise guten Einkommens und Lebensstandards komme es, so die Untersuchung, jedoch nicht zu einer „Verbürgerlichung" der „wohlhabenden Arbeiter". Ein Arbeiterbewusstsein entspringe nicht zuletzt daraus, dass die Arbeiter zwar über einen ähnlichen Lebensstandard wie die Angestellten verfügten, aber wegen geringerer Qualifikation auf schlechteren Arbeitsplätzen beschäftigt seien (vgl. Goldthorpe et al. 1967, S. 23ff.; Goldthorpe et al. 1968, S. 162; siehe auch Kern und Schumann 1970, S. 30f.).

Der Soziologe Paul Willis geht davon aus, dass es in der modernen demokratischen Gesellschaft zwar ein beachtliches Maß an Selbstbestimmung gebe, aber trotzdem „working class kids" in der Regel nach der Schule auch „working class jobs" annähmen. Willis greift als Erklärung dafür, dass Arbeiterkinder aller Wahrscheinlichkeit nach auch später in der Arbeiterklasse verbleiben, nicht auf die ökonomische Lage der Arbeiterkinder zurück, sondern verweist auf die kulturelle Reproduktion von Klassen. Bereits in der Schule würden sich die Arbeiterkinder durch „Rumhängen" und „Blödeln", durch Betonung der Körperlichkeit und durch die Darstellung maskulinen Protzverhaltens eine eigene Kultur schaffen. Diese Kultur diene dazu, sich gegen die Versuche der Lehrer zu wehren, sie „ins geistige Arbeiten" zu bringen. Die Arbeiterkinder seien „Meister der getarnten Auflehnung", die stets kurz vor der offenen Konfrontation haltmachten. Die Ausdrucksformen des Widerstands seien, so Willis, ganz ähnlich wie die der Betriebskultur, mit denen auch die Arbeiter unter teilweise restriktiven Kontrollstrukturen versuchten, den Arbeitsprozess informell zu kontrollieren. Sowohl die Schule als auch der Betrieb würden mit ihren Versuchen, Arbeiter(-kinder) direkt zu kontrollieren, zur Ausbildung einer Arbeiterkultur als Gegenkultur beitragen. Diese Gegenkultur wecke Verständnis für die Einmaligkeit der Arbeitskraft als der einzigen Ware, die mehr produzieren kann, als sie kostet. Nach der „Schullaufbahn" würden Arbeiterkinder Jobs suchen, die am besten zu der in der Schule praktizierten Gegenkultur passten – und das seien dann eben in der Regel Arbeiter-Jobs. So würden also, so holzschnittartig jedenfalls die Argumentation von Willis (1977), aus Arbeiterkindern Arbeiter.

Die Autoren unterscheiden sich deutlich darin, wie stark sie ihre Ansätze an die Marx'sche Unterscheidung von Besitz und Nichtbesitz von Produktionsmitteln rückbinden. In Kategorien wie der „doppelten Konstitution des Bewusstseins" (Hack 1977), mit denen auf die notwendige Unterscheidung von „objektiven" Produktionsverhältnissen und den „subjektiven" Verarbeitungsmechanismen der Arbeiter verwiesen wird, schimmern auch in den eher kulturalistischen Ansätzen nicht selten die Marx'schen Wurzeln eines über die Produktionsverhältnisse zu bestimmenden Klassengegensatzes durch. Die Gemeinsamkeit dieser kulturalistischen Ansätze ist jedoch, dass sie, obwohl sie explizit oder implizit am Marx'schen Zwei-Klassen-Gegensatz von Kapital und Arbeit als einer möglichen analytischen Kategorie für Sozialwissenschaftler festhalten, die Auswirkungen der Produktionsverhältnisse auf die Ausbildung von Klassenbewusstsein eher gering einschätzen. Damit verlagern sie ihr Interesse weg von den „objektiven" ökonomischen Verhältnissen à la Marx und Engels hin zu der eher weberianischen Frage, wie über mehrere Generationen „proletariertypische" (oder auch kapitalistentypische) Einstellungen, Positionen und Verhaltensweisen weitergegeben werden.

Der Soziokulturansatz: Von der Ökonomie der sozialen Welt

Der Soziokulturansatz leitet, wie der Klassenkulturansatz, die Klassenkategorien nicht mehr primär aus den Produktionsverhältnissen ab. Er hebt zusätzlich aber auch die Zuspitzung auf eine Zwei-Klassen-Gegenüberstellung auf. Pierre Bourdieu, der prominenteste Vertreter dieser Herangehensweise, lehnt – in einer deutlichen Abgrenzung zu Marx – die Zuspitzung des Kapitalbegriffs auf das ökonomische Kapital ab. Das sich in Geld ausdrückende „ökonomische Kapital" spiele, so Bourdieu, eine wichtige Rolle, aber mit dem auf Beziehungen basierenden „sozialen Kapital"

und dem auf Wissen aufbauenden „kulturellen Kapital" gebe es zwei weitere prominente Kapitalsorten. Es gehe darum, „das Kapital und den Profit in allen ihren
Erscheinungsformen zu erfassen" und die „Gesetze" zu bestimmen, nach denen die
verschiedenen Arten von Kapital „gegenseitig ineinander transformiert werden".
Das „ökonomische Kapital" spiele dabei nach wie vor eine zentrale Rolle, aber „soziales Kapital" und „kulturelles Kapital" ließen sich nicht lediglich als Ausdruck des
„ökonomischen Kapitals" begreifen (Bourdieu 1983, S. 184). Bourdieu nutzt die drei
Kapitalsorten, um aufzuzeigen, wie es in einer durch das Leistungsprinzip bestimmten Gesellschaft, in der primär der Bildungsgrad und die berufliche Stellung über
das Einkommen entscheiden, zu einer Statusvererbung über mehrere Generationen
kommt. Er erklärt, anders ausgedrückt, weshalb es eine hohe Wahrscheinlichkeit
dafür gibt, dass auch der Sohn und die Tochter eines Universitätsprofessors einen
ähnlichen gesellschaftlichen Status erreichen werden. Eine generationenübergrei-
fende Klassenbildung geht, so Bourdieu, nicht mehr primär auf die Vererbung von
Produktionskapital, also beispielsweise von Maschinen oder Fabriken, zurück.
Vielmehr kann Geldvermögen in Wissen und eine allgemeine Kulturfähigkeit in
„Habitus" übersetzt werden. Die Familie geht ins klassische Konzert, liest gemeinsam die „Frankfurter Allgemeine Zeitung" oder verbringt ihren Urlaub in Florenz.
Diese Kulturfähigkeit kann in den nachfolgenden Generationen dann wiederum in
verbesserte Bildung und langfristig damit auch in höheres Einkommen übersetzt
werden (vgl. Bourdieu et al. 1981, S. 23ff.; Bourdieu 1983, S. 195).

Im Ansatz der „Vergesellschaftung des Alltagslebens" geht auch eine Gruppe um
den Soziologen Thomas Leithäuser davon aus, dass immer mehr Lebensbereiche
und -zusammenhänge unter den Einfluss der Kapitalverwertungsinteressen geraten
(siehe auch Leithäuser et al. 1977; Volmerg et al. 1986). Nicht nur die Erwerbsarbeit,
sondern auch Freizeitgestaltung, Familie und Freundschaften gerieten immer mehr
in den „Prägestock des Kapitals". Das bedeute aber auch, dass das gesellschaftliche
Bewusstsein der Arbeiter sich nicht mehr aus dem Arbeitsprozess ableiten lasse,
sondern vielmehr die Sphäre der Nichtarbeit einen zunehmenden Einfluss gewinne.
Eine besondere Rolle spielten dabei die Massenmedien, die die „Produktion des
Bewusstseins" in die „planende Regie des industrialisierten Überbaus genommen"
hätten (Herkommer und Bierbaum 1979, S. 203).

Ganz ähnlich ist die Argumentation der Gruppe um den Soziologen Günter G.
Voß. Mit dem Konzept der „alltäglichen Lebensführung" wird auf eine Verflüssigung
bzw. Auflösung der durch den Kapitalismus tendenziell eher getrennten Arbeits-
und Lebenssphären verwiesen. Die Verkäufer der Ware Arbeitskraft seien durch die
kapitalistischen Konkurrenzverhältnisse gezwungen, ihre Lebensführung zunehmen
mend effizienzorientiert zu gestalten und ihren Alltag einer hoch rationalisierten
Selbstorganisation zu unterwerfen. Die Trennung von Arbeit und Leben werde

nicht mehr allein durch das Diktat der kapitalistischen Unternehmung vorgegeben. Vielmehr würden die täglichen Arbeitszeitregelungen sowie die Pausenregelungen, die Anfangs- und Eckpunkte der Berufstätigkeit zunehmend zu Eigenleistungen der Arbeitnehmer. Es komme zu einer verstärkten „Selbstrationalisierung" und letztlich damit auch zu einer verstärkten Selbstkontrolle der Handelnden (vgl. Voß 1991; Voß 1994; (Kleemann et al. 2002, S. 69ff.).

Diese Diskussionsstränge finden ihre Gemeinsamkeit darin, dass sie nicht mehr am Zwei-Klassen-Schema festhalten und nur noch sehr lose an die Produktionsverhältnisse angebunden sind. Die Marx'sche Idee, dass man Klassenzugehörigkeit über ein einziges Kriterium, nämlich die Produktionsverhältnisse, bestimmen kann, wird zurückgewiesen. Vielmehr, so die Grundannahme des Soziokulturansatzes, bildeten sich soziale Klassen als Gruppen von Akteuren mit ähnlichen „Konditionen und Konditionierungen" und deswegen auch „ähnlichen Dispositionen und Interessen" aus einer Vielzahl von Kriterien (Bourdieu 1985, S. 12f.). Damit wird letztlich ein weberianischer Klassenbegriff genutzt, der sich in einer Klassenanalyse nicht mehr primär für die Produktionsverhältnisse interessiert, sondern auf die generationsübergreifende „Vererbung" von schichtspezifischen Verhaltensweisen, Statussymbolen und gesellschaftlichen Orientierungen abzielt.

Der mehr oder minder stillschweigende Abschied von Marx

Alle vier – hier stark zugespitzt – dargestellten Ansätze höhlen die Ineinssetzung der analytischen „Klasse" (als Kürzel für das Verhältnis zwischen Kapital und Arbeit) und der sozialen Klassen (als Verhältnis zweier real existierender Großgruppen zueinander mit ähnlichen Erfahrungshorizonten, Lebensstilen und Denkweisen) aus. Der Klassenvermischungsansatz zeigt, dass aufgrund der Ausbildung von Aktiengesellschaften eine Ableitung von sozialen Klassen aus den Produktionsverhältnissen kaum noch möglich ist. Der Differenzierungsansatz beobachtet die starke Differenzierung innerhalb der Arbeiterklasse und die Ausbildung intermediärer Klassenpositionen. Der Klassenkulturansatz arbeitet heraus, wie sich soziale Klassen nicht aufgrund der Produktionsverhältnisse reproduzieren, sondern gerade aufgrund ihrer kulturellen Eingebundenheit. Der Soziokulturansatz betont die kulturellen Reproduktionsmechanismen in Klassen, löst sich zusätzlich aber noch von einer Reduzierung auf das Zwei-Klassen-Schema.

Es kann dabei nicht übersehen werden, wie weit diese neomarxistischen Klassenkonzepte von den ursprünglichen Bestimmungen durch Marx abgerückt sind. Wenn man, wie von Luhmann herausgearbeitet, das Marx'sche Klassenkonzept einerseits als eine Zuspitzung des Drei- oder Mehr-Klassen-Konzepts auf ein Zwei-Klassen-Konzept liest und andererseits als eine Zuspitzung der Klassen auf die Stellung in den objektiven Produktionsverhältnissen, kann man in der

Klassenforschung tendenziell eine Rücknahme genau dieser beiden Zuspitzungen beobachten. Abgesehen von einigen wenigen Puristen, die eine Renaissance des Proletariats als soziale Klasse zu erkennen meinen, scheint gerade die an Marx orientierte Klassenforschung die Kombination der Zwei-Klassen-Konzeption mit den Produktionsverhältnissen ausgehöhlt zu haben. Für die „revolutionäre Sprengkraft" der Marx'schen Klassentheorie blieb dabei kein systematischer Platz mehr.

Die Frage ist, ob die Klassenforschung in dieser Formulierung noch Halt bieten kann gegen die Thesen der „Klassengesellschaft im Schmelztiegel", der „nivellierten Mittelstandsgesellschaft", der „klassenlosen Einheitsgesellschaft", der „Auflösung proletarischer Milieus" oder der „Pluralisierung von Lebenslagen und Individualisierung von Lebensläufen".

4.3 Der Ansatz der Theorie funktionaler Differenzierung: Die Rolle

Auf den ersten Blick ist die Haltung der soziologischen Systemtheorie zur Klassenfrage relativ simpel. Sie lehnt die mit dem Klassenkonzept verbundenen Konsistenzannahmen nicht grundsätzlich ab, hält sie aber eher für historisch relevant. Es sei, so die Annahme der Theorie, das typische Merkmal vormoderner Gesellschaften, dass man von der Positionierung einer Person in der Sozialstruktur auf ihre Lebenschancen in allen gesellschaftlichen Teilbereichen schließen konnte. In Stammesgesellschaften bedeutete die Stellung als Häuptling häufig neben religiöser Autorität bessere Zugänge zu wirtschaftlichen Ressourcen und größere politische Entscheidungsmacht. Sowohl in den Gesellschaften der vormodernen Hochkulturen als auch den mittelalterlichen Gesellschaften konnte man davon ausgehen, dass der Adlige politisch „das Sagen" hatte, sich die produzierten wirtschaftlichen Güter seiner Bauern aneignen konnte und die Rechtsprechung dominierte. Insofern konnte man sowohl in den segmentär differenzierten Stammesgesellschaften als auch in den stratifizierten Gesellschaften von der Stellung einer Person in der Gesellschaft ziemlich präzise auf ihr konkretes Verhalten schließen. In der modernen Gesellschaft sei es, so der Grundgedanke der Theorie funktionaler Differenzierung, aber nicht mehr möglich, von der Positionierung einer Person in einem Funktionsbereich eins zu eins auf ihre Lebenschancen in den anderen gesellschaftlichen Bereichen zu schließen. Die „Freisetzung" des Menschen aus den Zwängen einer kleinen Stammesgesellschaft und später aus den Bedingungen der Sklaverei und Lehnsherrschaft führte dazu, dass schichtabhängige Statuspositionen delegitimiert wurden (vgl. Luhmann 1997, S. 634ff.).

Die „Freisetzung" bedeutet aber nicht, dass der Mensch tun kann, was er will, also quasi frei von der Gesellschaft ist. Stark vereinfacht: Wo die marxistische Theorie von „Klasse" spricht, um den Zusammenhang von Gesellschaft und Person zu formulieren, kann die Systemtheorie auf einen Vorschlag des Strukturfunktionalismus zurückgreifen und an diese Stelle den Begriff der „Rolle" setzen. Statt von der Klassenzugehörigkeit auf die Verhaltensweise oder gar Denkweise von Individuen zu schließen, setzt man jetzt die „Rolle" an die Schnittstelle zwischen gesellschaftlichen Verhältnissen und individuellen Handlungsweisen (vgl. Furth 1991, S. 248ff.). Die Funktion von Rollen in der modernen Gesellschaft besteht darin, dass sie Erwartungssicherheiten schaffen, die keine – oder nur geringe – Kenntnisse der Personen voraussetzen. Wir können davon ausgehen, dass der Getränkehändler „Sammy" in der Münchner Apianstraße uns gegen eine ausreichend hohe Geldzahlung eine Kiste „Löwenbräu Bier" aushändigt – und zwar unabhängig davon, ob wir Sammy persönlich kennen oder nicht.

Mit der Ausbildung der gesellschaftlichen Teilbereiche entstehen, so die Erklärung Luhmanns, jeweils spezifische Leistungs- und Publikumsrollen. Entweder man wirkt an der Leistungserbringung in einem Teilsystem mit, oder man ist Empfänger von Leistungen eines Teilsystems. Man ist Arzt oder Patient, Richter oder Angeklagter, Regierender oder Regierter, Produzent von Waren oder Konsument, Universitätsprofessorin oder Studentin (vgl. Luhmann 1997, S. 739f.). Im Gegensatz zur Stammes- oder Adelsgesellschaft kann die Rolle in einem Kontext nicht beliebig in einen anderen Kontext übertragen werden. Der Vorstandsvorsitzende von „Daimler" muss bei einer Alkoholkontrolle brav in das Röhrchen des italienischen Polizeibeamten pusten. Der Parlamentsabgeordnete hat gegenüber einem seiner Wähler keine prinzipiellen Terminprivilegien bei einer Prostituierten. Die Professorin muss geduldig warten, bis der Friseur dem Studenten die Haare geschnitten hat (vgl. Collins 2000).

Ein zentraler Grund, weswegen das altbewährte Verständnis von Klasse und Schicht nicht mehr greift, ist die zunehmende Ausbreitung von Organisationen in der modernen Gesellschaft. Organisationen entziehen ihren Mitgliedern die Möglichkeit, sich während ihrer Tätigkeit für diese Organisation auf ihre „Stellung in der Gesellschaft" zu berufen. Die adlige Betriebswirtin kann bei ihrer Tätigkeit in einer Unternehmensberatung ihre verschiedenen „Von-und-zu"-Titel nicht dafür einsetzen, um ihre organisationsinterne Karriere zu beschleunigen. Der Sohn einer Professorin hat bei seinem Promotionsverfahren schlechte Karten, wenn er mit dem Verweis auf seinen akademischen Stammbaum ein „summa cum laude" einfordert. Der Organisationsstatus kann – und das erfahren wir alltäglich an eigener Haut – von externen Statusgesichtspunkten abweichen. Es kommt immer wieder vor, dass „jemand, der sich nach persönlichen Merkmalen, Fähigkeiten,

Herkommen, Lebensführungskultur und Interessen überlegen fühlt, in der Organisation untergeordnet wird" (Luhmann 1964, S. 165f.).

Dies führt dazu, dass Insignien von Intellektualität, Bürgerlichkeit oder gar adliger Abstammung keine Vorrangstellung in welcher Form von Organisation auch immer begründen können. Der versteckte Verweis auf eine durch Publikationen in der „Zeit" oder in der Zeitschrift „Probleme des Klassenkampfes" nachgewiesene Intellektualität mag Anerkennung in der eigenen Bezugsgruppe bringen, es lassen sich daraus aber keine Vorrangstellungen vor Gericht ableiten. Der Verweis auf seine direkte Verwandtschaft mit Otto von Habsburg mag einem auf dem adligen Heiratsmarkt vielleicht Vorteile bringen, dem Nachwuchsadligen steht damit aber nicht zu, sich bei seiner Tätigkeit als Bankkaufmann über die Anweisungen seines Vorgesetzten hinwegzusetzen und diese Ignoranz mit dem Verweis auf seine Herkunft zu begründen.

Dadurch, dass man heutzutage nicht nur lebenslang Mitglied einer Organisation ist, sondern sich häufig im Einflussbereich verschiedener Organisationen bewegt, kann in der modernen Gesellschaft ein ausgeprägtes Rang-„Kuddelmuddel" entstehen. „Man findet", so ein bekanntes Bonmot Luhmanns, heutzutage „Ritterkreuzträger in Registraturen versenkt und Gefreite an der Staatsspitze" (Luhmann 1964, S. 161). Es ist keine Ausnahme mehr, dass der Vorstandsvorsitzende eines Schweizer Nahrungsmittelkonzerns es in seiner Militärkarriere nur bis zum Obergefreiten gebracht hat, aber sein für die Vermarktung von Schokoladeneiern zuständiger Gruppenleiter ein Reserve-Feldmajor der „Schweizerischen Armee" ist. Wir können davon ausgehen, dass die betroffenen Personen diese Komplexität im konkreten Fall gut „managen" können. Weder wird der Schokoladeneier-Verantwortliche auf die Idee kommen, seinem Vorstandsvorsitzenden Anweisungen für die Neupositionierung des Konzerns zu geben, noch wird sich im Fall eines militärischen Angriffs auf die Schweiz der Obergefreite durch einen Verweis auf seine Stellung im Nahrungsmittelunternehmen dem Stellungsbefehl seines Feldmajors entziehen können. Dies bedeutet jedoch, dass man die moderne, durch Organisationen geprägte Gesellschaft nur noch sehr begrenzt über Klassen und Schichten begreifen kann.

Wie kommt es zur Erosion von Klassen und Schichten in der modernen Gesellschaft?

Wenn jemand, der sich von seiner Herkunft, seiner Kultiviertheit oder seiner Lebensführung her für etwas Besonderes hält, in einem Unternehmen einen niedrigen Status erhält oder feststellt, dass ihm seine Großbürgerlichkeit bei der Statistik-Klausur keinen statusbedingten Vorteil bringt, dann beeinträchtigt das nicht nur seine Darstellungsmöglichkeiten im Unternehmen oder in der Universität, sondern auch in allen anderen Lebensbereichen. Schmerzhaft erfährt er in der Kommunikation mit seiner vielleicht deutlich weniger kultivierten Chefin oder Dozentin, dass er seine Überlegenheit nicht überallhin übertragen kann. Sein Selbstverständnis und damit auch seine Selbstdarstellung in verschiedenen Interaktionen werden „problematisch und instabil" (Luhmann 1964, S. 166). Die daraus entstehenden Spannungen, Unzufriedenheiten und Verhaltensschwierigkeiten werden jedoch nach Ansicht Luhmanns dadurch entschärft, dass in der modernen Gesellschaft Status fast nur noch über Organisationen vergeben werden und eine Organisation die Statusentscheidung anderer Organisationen „durch eine Art diplomatische Anerkennung" übernimmt (Luhmann 1964, S. 166). Einfacher ausgedrückt: Für den Status ist nicht mehr die familiäre Herkunft, die Stellung zu den Produktionsmitteln oder die ethnische oder religiöse Zugehörigkeit vorrangig entscheidend, sondern die Karriere in einer Organisation, weil sie einem Statusvorteile in anderen Organisationen verschaffen kann. Wenn man für den zum Besuch angemeldeten Geschäftsbereichsleiter eines kooperierenden Unternehmens einen Gesprächspartner sucht, kann man ziemlich sicher sein, dass eine im eigenen Unternehmen hierarchisch ähnlich eingeordnete Führungskraft nicht nur fachlich, sondern auch unter Statusgesichtspunkten geeignet ist. Wenn eine Verwaltung eine neue Abteilungsleiterin sucht, geht man davon aus, dass eine Person, die einen solchen Posten schon in einer anderen Organisation bekleidet hat, auch unter Statusgesichtspunkten geeignet ist.

Arbeiter und Kapitalist als Rolle

Wo bleibt in dieser auf die Ausbildung von Organisationen abgestellten Theorie das Klassenbewusstsein? Wie kann eine solche Theorie erklären, warum Proletarier bevorzugt sozialdemokratisch wählen oder auf Gewerkschaftssitzungen die Klassenzugehörigkeit beschworen wird?

Auf den ersten Blick gibt es für die Systemtheoretiker keinen Grund, weswegen sich die Soziologie besonders ausführlich mit einer Forschung zum Klassenbewusstsein befassen sollte. Es gibt für ihre soziologische Forschungsrichtung erst einmal keinen Anlass, das Gesellschaftsbild des Arbeiters stärker zu erforschen als das Gesellschaftsbild des Mineralölverbrauchers oder Mehrwertsteuerzahlers (siehe ähnlich auch Offe 1984, S. 22).

Auf den zweiten Blick gibt es aber Möglichkeiten, wenigstens die alte Fragestellung des Marxismus zu retten. Aus der Perspektive der Theorie funktionaler Differenzierung könnte man darauf verweisen, dass sich die Klassenwirklichkeit nicht (oder nicht mehr) in den „ökonomischen Klassenlagen" wiederfinden lässt, dass es aber sehr wohl vorstellbar ist, „Klassenbewusstsein" als Teil einer sozialen Rolle zu begreifen. Die „Klassenzugehörigkeit" könnte in einer funktional differenzierten Gesellschaft zu einer Rolle werden, die man mehr oder minder genauso wählt wie eine Rolle als Vorsitzende des Sportvereins, als Mitglied einer schlagenden Verbindung oder als Familienvater.

Der Arbeiter, so das frühe rollentheoretische Argument von Theodor Geiger und später von Helmut Schelsky, verhält sich nur da als Proletarier, wo es von ihm erwartet wird: Er übernimmt seine Rolle als mehr oder minder klassenbewusster Arbeiter, wenn im Unternehmen über den Betriebsrat Interessen durchzusetzen sind, wenn in Tarifverhandlungen gegen die Arbeitgeber höhere Löhne durchgedrückt werden sollen, wenn er mit seinen Kindern zur Maidemonstration geht oder wenn er von Industriesoziologen zu seinem Arbeiterbewusstsein befragt wird. Jenseits dieser Bereiche jedoch, etwa im familiären Leben, in Konsum und Freizeit, in religiösen oder kulturellen Verhaltensformen, aber auch bei der Wahl der individuellen Betriebszugehörigkeit oder bei individuellen Karrierewünschen setzen, so Schelsky, die „Klassenrollen" weitgehend aus. Kurz: Für den sozialen Status eines Industriearbeiters, einer Altenpflegerin oder eines Callcenter-Mitarbeiters existiert ein „Klassenverhalten" nur noch als eine „partiell angesonnene soziale Rolle", nicht aber als ein generelles „soziales Statusverhalten" (Schelsky 1965, S. 365; siehe auch Geiger 1949, S. 176).

Schelsky argumentiert, dass die Klassenvorstellungen nur noch über die „interessenvertretenden Großorganisationen" wie Gewerkschaften, Arbeiterparteien und Wohlfahrtsorganisationen erhalten, gepflegt und weiterentwickelt werden, weil die „Bewahrung von Resten des Klassenbewusstseins" (ebd.) eine wichtige Rolle bei ihrer Legitimierung spielt. Schelsky knüpft mit diesem Argument an einen Gedanken des Sozialpsychologen Peter R. Hofstätter an. Hofstätter stellt die These auf, dass in vielen Gesellschaften Interessenkonflikte nach ihrer Überwindung so „aufbewahrt" werden, dass man sie weiterhin demonstrativ zur Schau stellen kann. Obwohl der Gegensatz von Kapital und Arbeit keine zentrale Konfliktlinie in modernen Gesellschaften ist, spielt man den Konflikt mit „tradierten Rollen" weiter. Über den „zeremoniellen Charakter" signalisieren sich beide Seiten ihre Distanz zu diesen Konflikten und bestätigen sich deren reale Überwindung (Hofstätter 1963, S. 103). In diese Form der „Zeremonialisierung" verfallen, so Schelsky (1965, S. 367), besonders jene Akteure, die Auseinandersetzungen zu Themen des klassischen Klassenkampfes führen. Die aktuellen Konflikte über Entlohnung, Arbeitszeit oder Arbeitsschutz werden in einem institutionalisierten Rahmen ausgetragen, der wenig mit dem Bild eines Klassenkampfes gemein hat. Die zur Überwindung des Klassenkampfes und seiner Begleiterscheinungen geschaffenen Tarifgespräche, „Runden Tische" oder anderen Zusammenkünfte von Arbeitgeber- und Arbeitnehmervertretern sind aber sowohl gegenüber der Öffentlichkeit als auch gegenüber ihren eigenen Mitgliedern an die Rhetorik des Klassengegensatzes gebunden. Die Interessengruppen vertreten als „Legende ihrer Legitimität" nach außen und nach innen „veraltete Leitbilder".

Diese Leitbilder haben aber ihre Berechtigung, weil die Organisationen unter dieser „zeremonialisierten Kommunikationsideologie" die gegenwärtigen Interessen ihrer Mitglieder erfolgreich und gegenwartsnah vertreten könnten (für das „Ansätzchen" einer Gewerkschaftssoziologie siehe Luhmann 1988c, S. 172).

Mit dieser Perspektive auf das Arbeitersein als Rolle dreht Schelsky die Debatte über das Arbeiterbewusstsein um 180 Grad. Nicht das „Sein bestimmt das Bewusstsein", wie die Kurzformel für die Marx'sche These lautet, sondern das „Bewusstsein bestimmt die Art und Weise, wie man sein Sein präsentiert". Anders ausgedrückt: „Nicht das Arbeitertum führt zur sozialistischen Gesinnung", sondern: „Wer Sozialist ist, ist Arbeiter im Sinne von klassenbestimmten Meinungsäußerungen". Der Begriff des Proletariers gewinnt die Bedeutung eines „Parteiabzeichens", das verliehen wird, wenn man die richtige sozialistische Einstellung hat. Aus dieser Perspektive ist es dann auch verständlich, wenn das „Proletarierbewusstsein" und die „Klassenidentifizierung" in den Äußerungen von Studierenden und Intellektuellen, die sich mit der Geschichte der Arbeiterschaft beschäftigt haben, manchmal ausgeprägter ist als bei den Arbeitern selbst (vgl. die frühe Untersuchung von Kluth 1995, S. 148f.).

Jenseits von Schicht und Klasse: Die Erklärungskraft der Rollentheorie für die Individualisierungsthese

Man darf die Fokussierung auf eine Rollentheorie nicht zu weit treiben. Selbst Luhmann, in der Wahrnehmung seiner Kritiker sicherlich die Verkörperung allen Übels der funktionalistischen Rollentheorie, hat immer wieder vor einer Überschätzung der Ordnungsleistung von Rollen für faktisches Verhalten gewarnt. Frühe soziologische Rollenkonzepte, die Personen fast als „Marionetten" ihrer Rollen konzipierten, waren, so die Anmerkung Luhmanns, nur begrenzt in der Lage, die Vielfalt menschlichen Verhaltens zu erklären (vgl. z. B. Luhmann 1984, S. 430).

Ähnlich wie der Klassenbegriff in der marxistischen Theorie immer weiter differenziert wurde, wurde jedoch auch der Rollenbegriff zunehmend verändert, angepasst und erweitert, sodass die vor allem an dem Parsons'schen Begriff ansetzende Rollenkritik heute nur noch eingeschränkt trägt. Die Übernahme einer Rollenkonzeption bedeutet nicht, dass das „Persönliche" in der Gesellschaft an Bedeutung verliert. Im Gegenteil: Erst durch die Rollenorientierung sei es möglich, Ideen wie „Persönlichkeit", „Individualisierung" oder „Individuierung" zu erfassen. Erst aufgrund der Vielfalt von Rollenkombinationen, die sich durch den Übergang zur funktional differenzierten Gesellschaft ausgebildet hat, werde die Individualität als zunehmend selbstbestimmte Einzigartigkeit der Personen hervorgebracht (vgl. siehe dazu schon früh Simmels [1992, S. 456ff.] Theorie sozialer Kreise).

Man kann, so der Grundgedanke, sich als „Individuum" oder gar als „Persönlichkeit" überhaupt erst etablieren, wenn die Differenz zwischen Person und Rolle klar ist. Erst wenn man weiß, was von einer Arbeiterin normalerweise erwartet wird, kann man Celine Petersen als Leistungsträgerin identifizieren. Erst wenn man versteht, wie stark Arbeitsorganisationen ihre Mitglieder zu rollenadäquatem Verhalten anhalten, kann man den Widerstand der Betriebsrätin Anne Ibscher persönlich zurechnen. Nur wenn man weiß, was die Normalanforderungen an den Rollenträger „Manager" oder „Revolutionär" sind, kann man diesen als „echten Reißer" oder „Loser" identifizieren.

Im Innenleben von Organisationen, in Experten-Klienten-Beziehungen oder in Verhandlungen zwischen Vertretern von Interessengruppen muss immer mitreflektiert werden, welche Erwartungen aufgrund der personalen Situation durchsetzbar sind und welche Erwartungen man an eine bestimmte Person richtet. In einer Tarifverhandlung tariert der Arbeitgebervertreter genau aus, inwiefern sein Kontrahent aufgrund seiner Rolle als ernannter Verhandlungsführer einen Kompromiss in der Gewerkschaft durchsetzen kann und inwieweit die Durchsetzungskraft darauf beruht, dass der Verhandlungsführer diesmal der Kollege Peters und nicht der Kollege Huber ist. Erst vor dem Hintergrund der Differenz zwischen Rolle und Person wird überhaupt beobachtbar, dass Rollenausführungen einen „persönlichen Stil" annehmen (Luhmann 1997, S. 771f.).

Zur Ausbildung von „Persönlichkeit", „Individualisierung" oder „Individuierung" trägt ferner bei, dass Rollen in der funktional differenzierten Gesellschaft bis zu einem gewissen Grade gewählt werden können. Zwar gibt es auch in der modernen Gesellschaft Rollen wie „Schüler", „Wehrpflichtiger" oder „Strafgefangener", die man nicht unbedingt freiwillig einnimmt, aber auf die meisten Rollen lässt man sich aus eigenem Antrieb ein: Man entscheidet sich, Soziologie und nicht Betriebswirtschaftslehre zu studieren. Man arbeitet in Brüssel als Lobbyistin einer sozialistischen Nichtregierungsorganisation und nicht als Unternehmensberaterin für „McKinsey". Man wird Mitglied eines Strick- und nicht eines Boxvereins. Man wählt seinen Ehe- oder Lebenspartner selbst und lässt ihn sich nicht mehr durch Arrangement der Eltern vorgeben oder vorschlagen. Da Rollen in der modernen Gesellschaft (in Grenzen) selbst gewählt werden können, werden sie Ausdruck der persönlichen Selbstdarstellung (vgl. Goffman 1983, S. 19ff.).

Außerdem ist es möglich, Rollen mit unterschiedlichem Engagement auszuführen. Ein Grundgedanke des Interaktionssoziologen Erving Goffman ist, dass die Übernahme einer Rolle nicht zwingend hundertprozentige Begeisterung bei ihrer Ausübung verlangt. Das siebenjährige Mädel kann Karussell fahren und gleichzeitig zeigen, dass es für solche banalen Formen des Freizeitvergnügens eigentlich schon zu alt ist. Die Studentin kann ihren Praktikantenjob am Kopierer machen und dabei deutlich markieren, dass sie damit als Teil der zukünftigen Elite Deutschlands eigentlich unterfordert ist. Rollendistanz ermöglicht es, eine Rolle auszufüllen und dabei gleichzeitig (und weitergehend: dadurch) seine Persönlichkeit zum Ausdruck zu bringen. Je stärker der Zwang zur Rollenübernahme ist, desto leichter fällt es, Rollendistanz zu zeigen. Jemand, der aufgrund kapitalistischer Verhältnisse (oder armer Eltern) zum Jobben am Fließband gezwungen wird, kann seine Rollendistanz besser zeigen als jemand, der seit fünf Jahren darauf hingearbeitet hat, Juniorpartner einer Unternehmensberatungsfirma zu werden. Dem Wehrpflichtigen fällt es leichter, beim Exerzieren seine Rollendistanz zu zeigen, als der Berufssoldatin, die sich zur Verteidigung ihres Vaterlandes auf zwölf Jahre verpflichtet hat (vgl. Goffman 1973, S. 93ff.).

Die Diskussion über die Individualisierung in der modernen Gesellschaft, die schon bei Durkheim und Simmel eine große Rolle gespielt hat und spätestens über die Zuspitzungen durch Ulrich Beck auch Eingang in die Soziologie gefunden hat, lässt sich so rollentheoretisch deuten. Wenn Ulrich Beck im Rückgriff auf Talcott Parsons von einem „institutionalisierten Individualismus" spricht, dann wird letztlich eben genau auf die Kombination verschiedener Rollen zurückgegriffen. Die Rollenkonzeption bietet genug Spielraum, die Konstruktion der einzelnen Individuen in den Mittelpunkt der Analyse zu rücken, und entgeht der Gefahr, dass das Konzept der „Individualisierung" lediglich zu einem komplexe Beweisverfahren vermeidenden Kürzel degeneriert (vgl. Beck 2000a, S. 87).

Offene Fragen: Ansätze für eine Klassen- und Schichtungskonzeption der Theorie funktionaler Differenzierung

Die Stärke der Theorie funktionaler Differenzierung besteht darin, dass sie – ganz im Gegensatz zu einer marxistischen Klassentheorie – mit der Erklärung von Statusinkonsistenzen keine Probleme hat. Der akademische Taxifahrer, der einen Rechtsprozess verlierende Wirtschaftsführer oder der in der Liebe erfolglose Spitzenpolitiker löst aus dieser theoretischen Perspektive keine Überraschung aus. Man hat in dieser Theorie gelernt, dass eine herausragende Rolle in einem gesellschaftlichen Teilbereich nicht bedeuten muss, dass man auch in einem anderen viel zu sagen hat.

Statuskonsistenzen, also die Übertragung eines hohen (oder niedrigen) Ranges, den jemand in einem Funktionsbereich einnimmt, in alle anderen Bereiche, in denen er aktiv ist, erscheinen aus dieser Theorieperspektive nur noch als „Wahrnehmungskrücken", auf die man für eine erste Orientierung in Interaktionen zurückgreift. Man geht davon aus, dass der gut gekleidete Geschäftsmann einen Hochschul- oder wenigstens einen MBA-Abschluss hat und man folglich mit ihm über die Wirtschaftstheorie von Milton Friedman diskutieren kann. Von einem Trucker wird erwartet, dass er nicht gerade zu den Anhängern von Zwölftonmusik gehört und das Lied der Maria Magdalena aus dem Benediktbeurer Osterspiel auswendig aufsagt (vgl. Moers 1993). Aber weil es sich lediglich um Wahrnehmungskrücken für Gespräche beim Trampen, am Rande von Gottesdiensten oder auf Partys handelt, ist man schnell in der Lage, sich einem statusinkonsistenten Gesprächspartner anzupassen.

Die Gefahr eines solchen an die Theorie funktionaler Differenzierung angelehnten Rollenkonzeptes ist, dass – bewusst oder unbewusst – das Klassen- und Schichtungsthema der Soziologie „wegdefiniert" wird. Weil die Rollentheorie den Gedanken betont, dass sich Menschen in unterschiedlichen Situationen unterschiedlich (nämlich rollenadäquat) verhalten, fehlt es an einem Blick für die Kohärenz über verschiedene Rollen hinweg.

Der von den Systemtheoretikern vertretene Ansatz der funktionalen Differenzierung scheint deswegen immer dann Erklärungsprobleme zu bekommen, wenn es in der modernen Gesellschaft Statuskonsistenzen über die gesellschaftlichen Teilbereiche hinweg gibt: Wie kann man erklären, dass der mehrere Millionen schwere Firmengründer bei einer Geschwindigkeitskontrolle besser behandelt wird als der am Existenzminimum dahinvegetierende Mitarbeiter aus seiner Produktion? Wie erklärt man, dass der als Anwalt tätige Sohn eines bayrischen Ministerpräsidenten sich über Jahre erfolgreich einem Steuerhinterziehungsprozess verweigern kann? Wie kann man erklären, dass in Unternehmen, Verwaltungen oder Universitäten organisationsexterne Statuskriterien wie Geschlecht, Ethnizität oder sexuelle Orientierung immer noch eine Rolle spielen (vgl. Tilly 1998)?

Um aus dieser Theorieperspektive eine Antwort auf solche Fragen zu finden, muss man einen Schritt zurückgehen. Es fällt auf, dass funktional differenzierte Gesellschaften in der Lage sind, extrem „ungleiche Verteilungen öffentlicher und privater Güter nicht nur zu erzeugen, sondern auch zu tolerieren" (Luhmann 1995b, S. 249). Es wird allgemein akzeptiert, dass Mörder zu lebenslanger Haftstrafe verurteilt werden – mit extremen Folgen, was den Zugang zu öffentlichen und privaten Gütern betrifft. Die große Masse der Bevölkerung duldet, dass Tony Blair politisch mehr zu sagen hat als ein einfacher Wähler – und zwar selbst dann, wenn man für seine Politik keine Sympathie hegt. Die Besitztümer eines Franz Beckenbauer lösen in der Kitzbüheler Dorfbevölkerung keine sozialen Unruhen aus.

Die auf den ersten Blick überraschende Tolerierung der extrem ungleichen Verteilung öffentlicher und privater Güter ist nur dadurch erklärlich, dass alle Teilsysteme der modernen Gesellschaft auf die prinzipielle Inklusion aller Menschen aufgebaut sind. In funktional differenzierten Gesellschaften kann im Prinzip jeder für ein politisches Amt kandidieren, auch Arme, Frauen oder Schwarze – was, wie die Geschichte zeigt, alles andere als selbstverständlich ist. Im Prinzip kann sich in der modernen Gesellschaft jeder bei der Justiz melden und verlangen, dass ein von

ihm beobachteter Rechtsverstoß verfolgt wird. Die Professur an einer US-amerikanischen Uni ist vom Prinzip her nicht mehr männlichen weißen angloamerika-
nischen heterosexuellen Protestanten vorbehalten, sondern kann auch von einer
homosexuellen weiblichen asiatisch-stämmigen Muslimin eingenommen werden.
Bei einer solchen „prinzipiellen Vollinklusion" entscheiden die Funktionssysteme
selbst, wie weit es jemand bringt: „ob er Recht oder Unrecht bekommt, ob sein
Wissen als wahr anerkannt wird oder nicht" (Luhmann 1995a, S. 142).

Überspitzt ausgedrückt: Soziale Ungleichheiten können in der funktional
differenzierten Gesellschaft zunehmen, weil gesellschaftliche Teilbereiche wie das
Wirtschaftssystem, das Erziehungssystem oder das Wissenschaftssystem „Gleich-
heiten bzw. Ungleichheiten" für ihre eigenen Operationen nutzen (vgl. Luhmann
1997, S. 776). Die Vertriebsleiterin entlässt ihre Mitarbeiterin mit dem Hinweis,
dass sie im letzten Jahr nicht genügend Umsatz generiert habe. Sie braucht nur
auf das schon von Marx beschriebene Schild „No admittance except on business"
hinzuweisen, das sinnbildlich an der Schwelle jeder Produktionsstätte hängt,
und kaum jemand protestiert (vgl. Marx 1962a, S. 190). Die Gutachterin bei der
„Deutschen Forschungsgemeinschaft" lehnt das Forschungsprojekt eines Kollegen
ab, weil der Projektantrag ungleich schlechter war als die anderen eingereichten
Anträge. Der Universitätsprofessor verweigert einem Studenten die Möglichkeit,
bei ihm zu promovieren, weil dessen Diplomarbeit im Vergleich zu denen anderer
Promotionskandidaten einfach nicht gut gewesen ist.

Gegen diese Form der Ungleichheit lässt sich in einer funktional differenzierten
Gesellschaft schwer protestieren. Der Student, der es für unfair hält, dass die klü-
gere und belesenere Kommilitonin bessere Noten bekommt, hat ähnlich schlechte
Karten wie der Mitarbeiter, der von seiner Chefin verlangt, das Kriterium des er-
brachten Umsatzes bei der Aushandlung neuer Löhne bitte außer Acht zu lassen.
Deswegen konzentriert sich der Protest der „schlecht Behandelten" in der modernen
Gesellschaft auf das Argument, dass die Ungleichbehandlung nichts mit den Anforderungen des jeweiligen Funktionssystems zu tun habe. Der Philosoph Michael
Walzer (1983) hat herausgestellt, dass „Ungerechtigkeit" heutzutage immer dann
empfunden wird, wenn die „Zäune" zwischen den gesellschaftlichen Teilbereichen
nicht funktionieren und jemand seine Leistungen in einem gesellschaftlichen Teilbereich für Vorteile in einem anderen Feld nutzen kann. Man fühlt sich erst dann
ungerecht behandelt, wenn man bei einer Beförderungsrunde übergangen wurde,
wenn man erfährt, dass der erfolgreiche Konkurrent enge Familienbande mit der
Chefin hat. Es fällt auf, dass den Geschäftsführern eines Unternehmens in der Regel
zugestanden wird, dass sie mehr verdienen und deswegen „dickere" Autos fahren
können als die Frauen und Männer an der Basis. Als ungerecht wird es lediglich
empfunden, wenn die gesellschaftlich anerkannten Leistungen in einem Bereich

mit Vorteilen in anderen Bereichen einhergehen und die Geschäftsführerin eines Unternehmens nur aufgrund ihrer einflussreichen Stellung in der Wirtschaft auch bessere Chancen auf eine glückliche Beziehung hat.

Es spricht aus der durch den Blick auf den Prozess der funktionalen Differenzierung geprägten Systemtheorie vieles dafür, den Schichtungs- und Klassenbegriff für diese Form von funktionssystemübergreifenden Ungleichheiten zu reservieren. Aus dieser Perspektive ist die Identifizierung von Schichtung und Klasse kein Argument gegen die Vorstellung einer funktional differenzierten Gesellschaft – im Gegenteil. Es fällt auf, dass im Gegensatz sowohl zu den vormodernen Hochkulturen als auch zu den Gesellschaften der Frühindustrialisierung Schichtung und Klasse heutzutage eine „schlechte Presse" haben. Man empfindet es – ganz anders als noch vor hundert Jahren – als illegitim, dass die Bauerstochter aus Ostwestfalen schlechtere Chancen hat, ein Hochschulstudium zu absolvieren, als der Sohn eines Berliner Ministerialdirigenten. Selbst konservative Volksparteien haben Legitimierungsschwierigkeiten, wenn sich ein Mitglied ihres Spitzenpersonals aufgrund seiner politisch herausragenden Rolle eine privilegierte Behandlung in Rechtsverfahren herausnehmen will. Kurz: Die Tatsache, dass man in Rechtfertigungsnöte gerät, wenn man einen Vorteil aus einem gesellschaftlichen Feld in ein anderes Feld überträgt, kann als Indiz dafür gewertet werden, dass wir in einer funktional differenzierten Gesellschaft leben, deren Grundstruktur eben nicht mehr Klassen und Schichten ausmachen.

Der Unterschied eines solchen Klassen- und Schichtungsansatzes zur marxistischen Klassentheorie wird schnell deutlich. Die verschiedenen Spielarten der marxistischen Klassentheorie – aber auch die meisten sich von Marx distanzierenden Sozialstrukturanalytiker – suchen das zentrale Kriterium für die Bestimmung einer Schicht oder Klasse in der Wirtschaft (vgl. Berger 1998, S. 32). Die Theorie der funktionalen Differenzierung gibt diese weit über hundertjährige soziologische Tradition der ökonomischen Verortung von Klassen auf und reserviert den Klassen- und Schichtungsbegriff für die Ordnungsmuster, die über so verschiedene gesellschaftliche Teilbereiche wie Wirtschaft, Politik, Recht, Wissenschaft und Religion hinweg wirken.

Für eine Renaissance der großen Theorien 5

Die Stärke der marxistischen Theorie bestand darin, dass sie schon in den Grundformulierungen von Karl Marx und Friedrich Engels ein Großteil der Ansprüche an eine Gesellschaftstheorie bedienen konnte. Die marxistische Theorie besitzt mit der Idee des Klassenkampfes ein Konzept, mit dem Konflikte in der Weltgesellschaft, in den Nationalstaaten, in Betrieben, Universitäten oder Fernsehanstalten und in Interaktionen zwischen Menschen erklärt werden konnten. Diese an Klassengegensätzen festgemachte Konfliktkonzeption dient in der marxistischen Theorie dazu, auch gesellschaftlichen Wandel zu beschreiben. Wie kaum eine andere soziologische Theorie verfügt der Marxismus über ein ausgefeiltes Verständnis kapitalistischer Wirtschaft und ist über die Unterscheidung von der ökonomischen „Basis" und dem ideologischen „Überbau" in der Lage, das Verhältnis der Wirtschaft zu anderen gesellschaftlichen Teilbereichen zu bestimmen.

Es ist besonders das Verdienst der an Marx orientierten Sozialwissenschaften, dass sie die eher auf große gesellschaftliche Linien ausgerichtete marxistische Theorie auf die Ebene von Organisationsanalysen und teilweise auch auf die Ebene von konkreten Face-to-Face-Interaktionen herunterbrachen (vgl. z. B. Burawoy 1979 oder auch Willis 1977). Weiterhin verfügt der Marxismus mit seiner Überlegung, dass das Bewusstsein von Personen aus den Klassenlagen abgeleitet werden kann, über eine Konzeption, mit der Wissens- und Denkweisen rekonstruiert werden können. Es mag manchen Sozialwissenschaftlern heutzutage zu brachial erscheinen, die Art und Weise, wie Leute denken und welches Wissen ihnen einleuchtet, aus der Klassenlage zu erklären. Es lässt sich aber nicht leugnen, dass der Marxismus mit diesem Gedanken über eine eigene Wissenssoziologie verfügte.

Die Prominenz des Marxismus als Gesellschaftstheorie wird daran erkennbar, dass sich alle soziologischen Klassiker – von Simmel über Durkheim bis hin zu Weber – an der Marx'schen Theorie abarbeiteten. Am Ende haben dann auch nicht so sehr wissenschaftliche Kontroversen, sondern eher die Zusammenbrüche des „real existierenden" Staatssozialismus Marx als Theoretiker aus dem allgemeinen

Interesse verdrängt. Das ist zeitgeschichtlich verständlich, aber von der Sache her sicherlich paradox (vgl. Haug 2002, S. 229). Vielleicht stimmt es, wenn konstatiert wird, dass die an Marx orientierten Soziologen, Politologen und Pädagogen seit geraumer Zeit an „Atemnot" litten und sich immer weniger empirische Evidenzen den klassentheoretisch naheliegenden wissenschaftlichen Erklärungen fügten. Die Frage aber ist, ob Marx hier nicht vorschnell als soziologischer Theoretiker beerdigt wird. Denn die Stärken der Marx'schen Theorie liegen wohl weniger in einer marxistisch begründeten Organisationstheorie oder einer soziologischen Klassenbewusstseinsforschung, sondern in der Beschreibung der Expansionskraft einer kapitalistischen Wirtschaftsordnung.

Abgesehen von der Rational-Choice-Theorie, die mit ihrer ökonomischen Theoriebasis dem Marxismus viel ähnlicher ist, als sie sich selbst zugestehen mag, gibt es zurzeit wohl nur eine Gesellschaftstheorie, die ähnlich komplett ausgearbeitet ist wie der Marxismus: die Systemtheorie. Im Gegensatz zu Theorien, die entweder einzelne Phänomene wie Organisationen (z. B. der Neoinstitutionalismus mit seinem Fokus auf den Diffusionsprozess von Organisationsmustern) oder das Verhältnis von Struktur und Handlung (z. B. den Akteur-Struktur-Bezug in der Strukturationstheorie) zu einer Gesellschaftstheorie erheben, hat die Systemtheorie den Anspruch, alle (!) Aspekte des Sozialen erschließen zu wollen.

Die Aspekte, für die sich die marxistischen Sozialwissenschaftler interessieren, kann die Systemtheorie präziser in das Blickfeld bekommen, weil sie diese Aspekte nicht unter den kausal doch relativ simplen Annahmen über die Auswirkung der Produktionsverhältnisse ableitet. Erst wenn man der Annahme der Differenzierung der modernen Gesellschaft in weitgehend autonome gesellschaftliche Teilsysteme folgt, kann man die Rolle der „Ökonomie" in der Gesellschaft näher bestimmen. Erst wenn man das Eigenleben der Organisation betrachtet, erschließt sich die Frage nach der Funktion von „Profit" für Unternehmen. Erst wenn nicht die „Klasse", sondern die „Rolle" als Nexus von Individuum und Gesellschaft begriffen wird, kann man das Zusammenspiel näher in Augenschein nehmen.

Welche (und ob überhaupt eine) der beiden hier dargestellten gesellschaftstheoretischen Perspektiven sich durchsetzen kann, hängt maßgeblich davon ab, ob es einer von beiden gelingt, die jeweils andere Perspektive zu integrieren. Der Anspruch an eine sozialwissenschaftliche „Supertheorie" besteht nicht nur darin, als „Grand Theory" alle Aspekte des Sozialen erfassen zu können, sondern auch die Erklärungsansätze anderer Theorien einordnen zu können (Luhmann 1984, S. 19). Das theoretische Schisma zwischen der marxistischen Theorie und der Systemtheorie führt im schlechtesten Fall zu einem gegenseitigen Anschweigen oder einer fortgesetzten pauschalen Zurückweisung, im besten Fall zu produktiven Versuchen zur Integration der jeweils anderen Beobachterperspektive.

Zum „kritischen Potenzial" der Soziologie

Besonders groß scheint die Sorge zu sein, dass der Sozialwissenschaft das „kritische Potenzial" verloren gehen könnte (siehe Dörre et al. 2009, S. 9; Neumann 2010, S. 163ff.). Aber welche Form von Kritik ist gemeint, wenn vom „kritischen Potenzial" der Soziologie, der Politik oder der Pädagogik die Rede ist? Geht es um eine Sozialwissenschaft, die sich nicht von den bürgerlichen Selbstverständlichkeiten blenden lässt? Geht es um eine Sozialwissenschaft, die die Proletarierin als „natürliche" Koalitionspartnerin (an-)erkennt und mit ihr zusammen die kapitalistischen Produktionsverhältnisse revolutioniert oder wenigstens reformiert? Geht es um eine Soziologie, eine Politikwissenschaft, eine Pädagogik oder eine Arbeitswissenschaft, die sich in Fragen einer „Humanisierung der Arbeitswelt" nicht nur auf die Rolle des Begleitforschers beschränkt, sondern energisch Position für den Arbeiter bezieht?

Aus der Perspektive der Systemtheorie – und weitergehend aller Theorien funktionaler Differenzierung – würde man argumentieren, dass die Soziologie als ausdifferenzierte und theoretisch abgesicherte Wissenschaft schon per se eine kritische Distanz zu ihrem Gegenstand hat (so Luhmann 1991). Es ist für eine ausdifferenzierte Wissenschaft charakteristisch, dass man sich primär für das Urteil seiner Fachkollegen interessiert und nicht besonders dafür, ob der Personalmanager, Gewerkschaftsfunktionär oder gar der Arbeiter am Fließband die eigenen Forschungen besonders gut und einleuchtend findet. Der Wissenschaftler schielt auf das Literaturverzeichnis des Aufsatzes seines Kollegen, um festzustellen, ob seine eigenen mehr oder minder innovativen Gedanken auch entsprechend gewürdigt wurden. Natürlich kann man sein Renommee auch aus der Prominenz in den höheren Etagen der politischen Parteien, der Arbeitgeberverbände, der Gewerkschaften oder der Massenmedien ziehen, aber es fällt auf, dass ein Renommee dieser Art in einer ausdifferenzierten Wissenschaft nur schwer in wissenschaftliche Bedeutung rückübersetzbar ist und Prominenz außerhalb der Wissenschaft eher als Anzeichen wissenschaftlicher Fragwürdigkeit gewertet wird (siehe zum kritischen Potenzial der Systemtheorie die Sammelbände von Amstutz und Fischer-Lescano 2013; Scherr 2015; Möller und Siri 2016).

Besonders die Soziologie gewinnt als Wissenschaft der Gesellschaft ihre Stärke gerade dadurch, dass sie Beschreibungen anfertigen kann, die keine Rücksicht auf die Handlungslogiken von gesellschaftlichen Teilbereichen, auf die Interessen von Organisationen oder gar von Personen nehmen müssen (so auch Bourdieu 1993, S. 20). Ja, sie zieht ihre Existenzberechtigung als Sozialwissenschaft gerade daraus, dass sie die jeweils systemloyalen Selbstbeschreibungen mit den für die beschriebenen Funktionssysteme, Organisationen oder Interaktionen ketzerisch wirkenden Fremdbeschreibungen kontrastiert (vgl. Kieserling 2000, S. 77ff.). Die Soziologie kann beispielsweise – anders als die Theologie – Religion als „Opium des Volks" bezeichnen (Marx 1956, S. 378) oder proklamieren, dass die Menschen, wenn sie Gott anbeten, eigentlich die Funktionsweise der Gesellschaft anbeten (Durkheim 1981). Sie kann – anders als die Betriebswirtschaftslehre – die Profitorientierung von Unternehmen als „Mythos" bezeichnen oder gar in der Profitorientierung den Anfang allen Endes sehen (Marx 1962a). Gerade weil die Soziologie ihren Fokus auf die Gesamtgesellschaft richtet, braucht sie sich nicht wie andere Disziplinen – man denke an die Betriebswirtschaftslehre, aber auch die Politologie oder Pädagogik – durch ein Mindestmaß an „Loyalität" gegenüber dem beschriebenen gesellschaftlichen Teilbereich auszuzeichnen (vgl. Kieserling 2000, S. 45ff.). Angesichts dieser Fähigkeit zu ketzerischen Fremdbeschreibungen ist die Forderung nach einer „kritischen Soziologie" eigentlich ein „weißer Schimmel", ein Pleonasmus.

Der „Kritikbegriff" besonders der meisten Sozialwissenschaften war aber lange Zeit enger gefasst als das aus der Ausdifferenzierung der Soziologie abgeleitete Kritikverständnis. Es ging um Kritik an den „herrschenden Verhältnissen" bei gleichzeitiger (natürlich auch kritischer) Loyalität gegenüber gesellschaftsverändernden Gruppen der Gesellschaft. Deutlich schimmerte die berühmte elfte Marx'sche These über Feuerbach durch, dass es nicht nur darauf ankomme, Gesellschaft zu interpretieren, sondern auch darauf, sie zu verändern (vgl. Marx 1958, S. 535). Da der Gegensatz von Kapital und Arbeit das zentrale Differenzierungsschema dafür war, wem gegenüber man kritisch zu sein hatte, hatten die marxistischen Sozialwissenschaftler eine abgeschwächte Distanz zu den Vertretern der Arbeitnehmerschaft; in den Boom-Phasen Anfang der 1970er Jahre wurde dies teilweise unter dem Label der „Arbeitnehmerorientierung" und durch Besetzung entsprechender Universitätsstellen mit Personen, die über eine Doppelqualifikation als Facharbeiter und Wissenschaftler verfügten, offen propagiert (vgl. schon die frühe Beobachtung von Hoefnagels 1966, S. 48ff.).

Diese kämpferische Sozialwissenschaft, wie sie durch Pierre Bourdieu, Michel Foucault, Zygmunt Bauman, Judith Butler oder Ulrich Beck vertreten wurde, gewinnt leicht Sympathie. Es ist für Sozialwissenschaftler verlockend, sich in Debatten als unabhängiger politischer Intellektueller, als Kritiker der Verhältnisse zu stilisieren. Mit dieser Ausrichtung an einer häufig ziemlich freihändig formulierten Kritik an einer Herrschaft des „militärisch-industriellen Komplexes", des „heteronormativen Patriarchats" oder eines „weißen kolonialen Mainstreams" wurde – um die Formulierung von Luc Boltanski (2010) zu nutzen – jedoch das „Gebot zur Neutralität" verletzt.

Die Herausforderung besteht für die Soziologie also nicht so sehr darin, die positiven Bezugnahmen auf den Status quo zu vermeiden. Anders als die Betriebswirtschaftslehre, die Pädagogik oder die Politikwissenschaft, die deutliche Sympathien für eine systemloyale Perspektive haben, drohen die Sozialwissenschaften vorschnell die Perspektive der Opfer eines Systems zu übernehmen. Wenn man sich so unterschiedliche Forschungsgebiete wie die Arbeitssoziologie, die Geschlechterforschung oder die politische Soziologie ansieht, dann erkennt man eine nur mühsam kontrollierte Sympathie für die Unterdrückten, Geschädigten und Widerständigen. Durch die Übernahme genau dieser Perspektive verlieren die Spezialgebiete jedoch die nötige kritische Distanz. Gute Sozialwissenschaftler – so könnte man eine auf die Genderforschung bezogene Überlegung von Stefan Hirschauer (2014, S. 882) generalisieren – erkennt man daran, dass sie sich nicht mit einer Sache gemein machen, auch nicht mit einer guten".

Sicherlich – wenn eine Disziplin bereit ist, auf den Anspruch zu verzichten, eine Wissenschaft zu sein, ist gegen einen Entwicklungspfad hin zu einer affirmativen Reflexionstheorie einer Gewerkschaft, einer Nichtregierungsorganisation oder einer unterdrückten Minderheit erst einmal nichts einzuwenden, „halten" sich das Management mit der dominierenden Betriebswirtschaftslehre und die Politiker mit der normativen Politikwissenschaft ja ebenfalls eine eigene Reflexionstheorie, die sich aber aufgrund ihrer Praxisorientierung der Kritik der fehlenden wissenschaftlichen Distanz aussetzt. Aber genauso wie sich die Betriebswirtschaftslehre und die Politikwissenschaft fragen lassen müssen, ob sie durch ihren affirmativen Zugang die Unternehmen oder Parteien wirklich über sich selbst aufklären, muss sich eine als kritisch gebärdende Sozialwissenschaft fragen lassen, ob sie den Gewerkschaften, den Nichtregierungsorganisationen oder den Bewegungsorganisationen als ihren „natürlichen" Ansprechpartnern wirklich nutzt, wenn sie mit der Programmatik dieser Organisationen vereinbare Beschreibungen anfertigt. Genauso wie in Teilen des Unternehmens- und Parteimanagements der Trend zu beobachten ist, unter der Prämisse „Quäl mich" mehr als „sozialverträgliche Beschreibungen" von den Organisationswissenschaften einzufordern, stellt sich auch für die Arbeitnehmervertreter die Frage, ob es ihnen nicht mehr nützen würde, wenn die Soziologie ketzerische (weil distanzierte) Beschreibungen nicht nur über die kapitalistischen Unternehmen, sondern auch über die Gewerkschaften, Nichtregierungsorganisationen oder Bewegungsorganisationen selbst anfertigte. Diese Frage kann man getrost den Unternehmen, Gewerkschaften oder Bewegungsorganisationen als Nachfragern sozialwissenschaftlichen Wissens überlassen.

Besonders aber für die Sozialwissenschaften als Wissenschaften (!) ist die Begrenzung eines Blickwinkels problematisch. Der Gegensatz von Kapital und Arbeit als Leitdifferenz versetzt einen in die Lage, hierarchisch strukturierte Herrschaftsverhältnisse in Betrieben zu beschreiben, verkennt aber, dass die Gewerkschaften oder Nichtregierungsorganisationen in ihrem professionalisierten Kern ähnliche hierarchische Prinzipien ausbilden. Man kommt über den Gegensatz von Kapital und Arbeit an die Entfremdungsphänomene in taylorisierten oder auch nicht taylorisierten Betrieben heran, verbaut sich aber tendenziell die Einsicht, dass auch in Interessenorganisationen in dem Moment, indem sie Mitglieder über Lohnarbeit finanzieren, vergleichbare Entfremdungsphänomene auftreten können. Eine „begrifflich durchkonstruierte Gesellschaftstheorie" kann – so Niklas Luhmann (1996, S. 200) – auf diese Weise „viel radikaler und viel selbstbeunruhigender wirken", als es sich punktuelle Kritiken – man denke an die Kapitalismus- oder die Patriarchatskritik – je hätten vorstellen können.

Der Charme einer in der Systemtheorie abgesicherten Soziologie liegt darin, dass eine solchermaßen theoretisch fundierte Soziologie erst einmal eine im besten Sinne „unpraktische Wissenschaft" (Bergmann 1982) ist. Man kann geradezu die Stärke besonders der Soziologie daran erkennen, wie ketzerisch ihre Beschreibungen im beschriebenen Feld angesehen werden. Es ist ein Qualitätsmerkmal einer theoretisch abgesicherten Sozialwissenschaft, dass ihre Erkenntnisse nicht einfach in die Praxis eines Unternehmens, einer Gewerkschaft oder auch einer sozialen Bewegung übertragbar sind, sondern dort als irritierende Aufklärung über sich selbst (und nicht nur über ihre Umwelt) empfunden werden. Der wissenschaftliche Reiz der Systemtheorie ist, dass sie, anders als der Marxismus, für Unternehmen und Gewerkschaften, für Kapital und Arbeit, für Wirtschaft und Politik gleichsam „unpraktisch" und „ketzerisch" ist. Welche bessere Basis für eine wissenschaftliche Kritik könnte es geben?

Literaturverzeichnis

Abel, Emily K.; Nelson, Margaret K. (1990): Circles of Care. Work and Identity in Women's Lives. Albany: State University of New York Press.

Abraham, Martin; Büschges, Günter (2004): Einführung in die Organisationssoziologie. 3. Aufl. Wiesbaden: VS Verlag für Sozialwissenschaften.

Acker, Joan (1990): Hierarchies, Jobs, Bodies. A Theory of Gendered Organizations. In: *Gender & Society* 4, S. 139–158.

Ackroyd, Stephen et al. (1988): The Japanisation of British Industry? In: *Industrial Relations Journal* 19, S. 11–23.

Adorno, Theodor W. (1969): Einleitungsvortrag zum 16. Deutschen Soziologen Tag. In: Theodor W. Adorno (Hg.): Spätkapitalismus oder Industriegesellschaft? Stuttgart: Ferdinand Enke, S. 12–28.

Aglietta, Michel (1979): A Theory of Capitalist Regulation. London: NLB.

Aglietta, Michel (2000): Ein neues Akkumulationsregime. Die Regulationstheorie auf dem Prüfstand. Hamburg: VSA.

Aglietta, Michel (2002): Mutationen des Kapitalismus. Eine schizophrene Lohnarbeitsgesellschaft? In: *Sozialismus* 29 (4), S. 13–19.

Almeling, Rene (2007): Selling Genes, Selling Gender: Egg Agencies, Sperm Banks, and the Medical Market in Genetic Material. In: *American Sociological Review* 72 (3), S. 319–340.

Althusser, Louis (1977): Ideologie und ideologische Staatsapparate. Aufsätze zur marxistischen Theorie. Hamburg: VSA.

Altmann, Norbert; Deiß, Manfred; Döhl, Volker; Sauer, Dieter (1986): Ein „neuer Rationalisierungstyp" – neue Anforderungen an die Industriesoziologie. In: *Soziale Welt* 37, S. 191–207.

Altvater, Elmar; Hecker, Rolf; Heinrich, Michael; Schaper-Rinkel, Petra (1999): Kapital.doc. Münster: Westfälisches Dampfboot.

Altvater, Elmar; Mahnkopf, Birgit (1996): Grenzen der Globalisierung. Ökonomie, Ökologie und Politik in der Weltgesellschaft. Münster: Westfälisches Dampfboot.

Alvesson, Mats; Willmott, Hugh (2002): Identity Regulation as Organizational Control. Producing the Appropriate Individual. In: *Journal of Management Studies* 39 (5), S. 619–644.

Amin, Ash (Hg.) (1994): Post-Fordism. A Reader. Oxford: Blackwell.

Amstutz, Marc; Fischer-Lescano, Andreas (Hg.) (2013): Kritische Systemtheorie. Zur Evolution einer normativen Theorie. Bielefeld: transcript.

Aneesh, A. (2012): Negotiating Globalization. Men and Women of India's Call Centers. In: *Journal of Social Issues* 68 (3), S. 514–533.

Applebaum, Herbert (1992): The Concept of Work. Ancient, Medieval, and Modern. Albany: State University of New York Press.

Aristoteles (1967): Aufzeichnungen zur Staatstheorie (Politik). Köln: Hegner.

Aron, Raymond (1964): Die industrielle Gesellschaft. Frankfurt a. M.: Fischer.

Attems, Rudolf (1996): Es lebe der Widerspruch. In: Alfred Gutschelhofer und Josef Scheff (Hg.): Paradoxes Management. Widersprüche im Management Management der Widersprüche. Wien: Linde, S. 523–548.

Baecker, Dirk (2014): Vom empirischen Vorteil ambivalenter Konzepte. Zu Horst Kern/Michael Schumann: „Neue Produktionskonzepte haben Chancen". In: Norman Braun, Julian Müller, Armin Nassehi, Irmhild Saake und Tobias Wolbring (Hg.): Begriffe – Positionen – Debatten. Eine Relektüre von 65 Jahren Soziale Welt. Baden-Baden: Nomos, S. 213–216.

Baethge, Martin (1991): Arbeit, Vergesellschaftung, Identität. Zur zunehmenden normativen Subjektivierung der Arbeit. In: *Soziale Welt* 42, S. 6–19.

Bahrdt, Hans Paul (1962): Die Industriearbeiter. In: Hans Paul Bahrdt und Marianne Feuersenger (Hg.): Gibt es noch ein Proletariat? Frankfurt a. M.: EVA, S. 25–33.

Bahrdt, Hans Paul (1974): Die Krise der Hierarchie im Wandel der Kooperationsformen. In: Friedrich Fürstenberg (Hg.): Industriesoziologie II. Darmstadt, Neuwied: Luchterhand, S. 111–132.

Bahrdt, Hans Paul (1982): Die Industriesoziologie – eine „spezielle Soziologie"? In: Gert Schmidt, Hans-Joachim Braczyk und Jost von dem Knesebeck (Hg.): Materialien zur Industriesoziologie. Kölner Zeitschrift für Soziologie und Sozialpsychologie, Sonderband 24. Opladen: WDV, S. 11–15.

Barnard, Chester I. (1938): The Functions of the Executive. Cambridge: Harvard University Press.

Beck, Ulrich (1986): Risikogesellschaft. Auf dem Weg in eine andere Moderne. Frankfurt a. M.: Suhrkamp.

Beck, Ulrich (1999): Die Zukunft der Arbeit. Frankfurt a. M., New York: Campus.

Beck, Ulrich (2000a): Freiheit oder Kapitalismus. Frankfurt a. M.: Suhrkamp.

Beck, Ulrich (2000b): Wohin führt der Weg, der mit dem Ende der Vollbeschäftigungsgesellschaft beginnt? In: Ulrich Beck (Hg.): Die Zukunft von Arbeit und Demokratie. Frankfurt a. M., New York: Campus, S. 7–66.

Beck, Ulrich; Holzer, Boris; Kieserling, André (2001): Nebenfolgen als Problem soziologischer Theoriebildung. In: Ulrich Beck und Wolfgang Bonß (Hg.): Modernisierung der Moderne. Frankfurt a. M.: Suhrkamp, S. 63–81.

Beckenbach, Niels (1991): Industriesoziologie. Berlin, New York: de Gruyter.

Beckenbach, Niels; Braczyk, Hans-Joachim; Herkommer, Sebastian; Malsch, Thomas; Seltz, Rüdiger; Stück, Heiner (1973): Klassenlage und Bewußtseinsformen technisch-wissenschaftlicher Lohnarbeiter. Zur Diskussion über die „Technische Intelligenz". Frankfurt a. M.: EVA.

Bendix, Reinhard (1960): Herrschaft und Industriearbeit. Untersuchungen über Liberalismus und Autokratie in der Geschichte der Industrialisierung. Frankfurt a. M.: EVA.

Berger, Johannes (1995): Warum arbeiten die Arbeiter? Neomarxistische und neodurkheimianische Erklärungen. In: *Zeitschrift für Soziologie* 24, S. 407–421.

Berger, Johannes (1998): Was behauptet die Marxsche Klassentheorie – und was ist davon haltbar? In: Hans-Joachim Giegel (Hg.): Konflikt in modernen Gesellschaften. Frankfurt a. M.: Suhrkamp, S. 29–60.

Berger, Johannes (1999): Der Konsensbedarf der Wirtschaft. In: Johannes Berger (Hg.): Die Wirtschaft der modernen Gesellschaft. Frankfurt a. M., New York: Campus, S. 155–194.

Berger, Johannes (2008): Kapitalismusanalyse und Kapitalismuskritik. In: Andrea Maurer (Hg.): Handbuch der Wirtschaftssoziologie. Wiesbaden: VS Verlag für Sozialwissenschaften, S. 363–382.

Bergmann, Joachim (1982): Industriesoziologie – eine unpraktische Wissenschaft? In: Ulrich Beck (Hg.): Soziologie und Praxis. Göttingen: Soziale Welt Sonderband 1, S. 397–416.

Berle, Adolf A.; Means, Gardiner C. (1932): The Modern Corporation and Private Property. New York: Macmillan.

Bischoff, Joachim; Herkommer, Sebastian; Hüning, Hasko (2002): Unsere Klassengesellschaft. Verdeckte und offene Strukturen sozialer Ungleichheit. Hamburg: VSA.

Boll, Christina; Reich, Nora (2012): Das Betreuungsgeld — eine kritische ökonomische Analyse. In: Wirtschaftsdienst 92 (2), S. 121–128.

Boltanski, Luc (2010): Soziologie und Sozialkritik. Frankfurt a. M.: Suhrkamp.

Boltanski, Luc; Chiapello, Ève (1999): Le nouvel esprit du capitalisme. Paris: Gallimard.

Bolte, Karl Martin (1966): Entwicklungen und Probleme der Berufsstruktur. In: Karl Martin Bolte, Friedhelm Neidhardt und Horst Holzer (Hg.): Deutsche Gesellschaft im Wandel. Band 2. Opladen: Leske, S. 279–449.

Bommes, Michael; Tacke, Veronika (2001): Arbeit als Inklusionsmedium moderner Organisationen. Eine differenzierungstheoretische Perspektive. In: Veronika Tacke (Hg.): Organisation und gesellschaftliche Differenzierung. Opladen: WDV, S. 61–83.

Borrus, Michael; Zysman, John (1998): Globalization with Borders: The Rise of "Wintelism" as the Future of Industrial Competition. In: John Zysman und Andrew Schwartz (Hg.): Enlarging Europe. The Industrial Foundations of a New Political Reality. Berkeley: University of California Press, S. 27–62.

Bourdieu, Pierre (1979): La distinction. Critique social du jugement. Paris: Les Éditions de Minuit.

Bourdieu, Pierre (1983): Ökonomisches Kapital, kulturelles Kapital, soziales Kapital. In: Reinhard Kreckel (Hg.): Soziale Ungleichheiten. Sonderband 2 der Sozialen Welt. Göttingen: Nomos, S. 183–198.

Bourdieu, Pierre (1985): Sozialer Raum und ,Klassen'. Zwei Vorlesungen. Frankfurt a. M.: Suhrkamp.

Bourdieu, Pierre (1993): Soziologische Fragen. Frankfurt a. M.: Suhrkamp.

Bourdieu, Pierre (2003): Interventionen 1961–2001. Band 1. Hamburg: VSA.

Bourdieu, Pierre; Boltanski, Luc; Saint Martin, Monique de; Maldidier, Pascale (1981): Titel und Stelle. Über die Reproduktion sozialer Macht. Frankfurt a. M.: Suhrkamp.

Boyer, Robert; Saillard, Yves (Hg.) (2002): Théorie de la régulation. L'état des savoirs. Paris: Découverte.

Braverman, Harry (1974): Labor and Monopoly Capital. The Degradation of Work in the Twentieth Century. New York, London: Monthly Review Press.

Britton, Dana; Llogan, Llaura (2008): Gendered Organizations. Progress and Prospects. In: Sociological Compass 2, S. 107–121.

Bromley, Patricia; Meyer, John W. (2015): Hyper-organization. Global Organizational Expansion. Oxford: Oxford University Press.

Budd, John W. (2011): The Thought of Work. Ithaca: Cornell University Press.

Budd, John W. (2013): Work, Definitional. In: Vicki Smith (Hg.): Sociology of Work. An Encyclopedia. Los Angeles, London, New Delhi: Sage, S. 985–987.

Bude, Heinz (1998): Die Überflüssigen als transversale Kategorie. In: Peter A. Berger und Michael Vester (Hg.): Alte Ungleichheiten – Neue Spaltungen. Opladen: Leske + Budrich, S. 363–382.

Bungum, Brita; Kvande, Elin (2013): The Rise and Fall of Cash for Care in Norway. Changes in the Use of Child-care Policies. In: Nordic Journal of Social Research 4, S. 31–54.

Burawoy, Michael (1979): Manufacturing Consent. Chicago, London: University of Chicago Press.

Burawoy, Michael (1985): The Politics of Production. Factory Regimes Under Capitalism and Socialism. London: Verso.

Búriková, Zuzana; Miller, Daniel (2010): Au pair. Cambridge, Malden, MA: Polity.

Burnham, James (1941): The Managerial Revolution. New York: Day.

Callaghan, George; Thompson, Paul (2001): Edwards Revisited. Technical Control and Call Centres. In: Economic and Industrial Democracy 22 (1), S. 13–37.

Carruthers, Bruce G.; Ariovich, Laura (2004): The Sociology of Property Rights. In: Annual Review of Sociology 30, S. 23–46.

Castel, Robert (1995): Les métamorphoses de la question sociale. Une chronique du salariat. Paris: Fayard.

Cole, Robert E. (1989): Strategies for Learning. Small Group Activities in American, Japanese, and Swedish Industry. Berkely: University of California Press.

Coleman, James S. (1982): The Asymmetric Society. New York: Syracuse University Press.

Collins, Randall (1990): Market Dynamics as the Engine of Historical Change. In: Sociological Theory 8 (2), S. 111–135.

Collins, Randall (2000): Situational Stratification. A Micro-Macro Theory of Inequality. In: Sociological Theory 18, S. 17–43.

Collins, Randall (2012): Konflikttheorie. Ausgewählte Schriften. Wiesbaden: Springer VS.

Commons, John R. (1924): Legal Foundation of Capitalism. New York: Macmillan.

Conze, Werner (1972): Arbeit. In: Otto Brunner, Werner Conze und Reinhart Koselleck (Hg.): Geschichtliche Grundbegriffe. Band 1. Stuttgart: Ernst Klett Verlag, S. 154–215.

Crouch, David; Ward, Colin (1997): The Allotment. Its Landscape and Culture. Nottingham: Five Leaves.

Crozier, Michel; Friedberg, Erhard (1977): L'acteur et le système. Paris: Seuil.

Dahrendorf, Ralf (1957): Soziale Klassen und Klassenkonflikt in der industriellen Gesellschaft. Stuttgart: Ferdinand Enke.

Dahrendorf, Ralf (1962): Industrie- und Betriebssoziologie. 2. Aufl. Berlin: Walter de Gruyter.

Davis, Gerald F. (2009): Managed by the Markets. New York: Oxford University Press.

Davis, Theodore J. (1995): The Occupational Mobility of Black Males Revisited. Does Race Matter? In: The Social Science Journal 32 (2), S. 121–135.

Decker, Peter; Hecker, Konrad (2002): Das Proletariat. München: Gegenstandpunkt.

Deppe, Frank (1971): Das Bewußtsein der Arbeiter. Studien zur politischen Soziologie des Arbeiterbewußtseins. Köln: Pahl-Rugenstein.

Deutschmann, Christoph (1987): Der „Betriebsclan". Der japanische Organisationstypus als Herausforderung an die soziologische Modernisierungstheorie. In: Soziale Welt 38, S. 133–148.

Deutschmann, Christoph (1999): Die Verheißung des absoluten Reichtums. Zur religiösen Natur des Kapitalismus. Frankfurt a. M., New York: Campus.

Deutschmann, Christoph (2002): Postindustrielle Industriesoziologie. Theoretische Grundlagen, Arbeitsverhältnisse und soziale Identitäten. Weinheim, München: Juventa.

Deutschmann, Christoph (2009): Soziologie kapitalistischer Dynamik. Köln: Max-Planck-Institut für Gesellschaftsforschung, Working Paper 09/5.

Döhl, Volker; Kratzer, Nick; Moldaschl, Manfred; Sauer, Dieter (2001): Auflösung des Unternehmens? Die Entgrenzung von Kapital und Arbeit. In: Ulrich Beck und Wolfgang Bonß (Hg.): Modernisierung der Moderne. Frankfurt a. M.: Suhrkamp, S. 219–232.

Dörre, Klaus; Lessenich, Stephan; Rosa, Hartmut (2009): Soziologie – Kapitalismus – Kritik. Zur Wiederbelebung einer Wahlverwandtschaft. In: Klaus Dörre, Stephan Lessenich und Hartmut Rosa (Hg.): Soziologie – Kapitalismus – Kritik. Eine Debatte. Frankfurt a. M.: Suhrkamp, S. 9–20.

Drucker, Peter F. (1969): The Age of Discontinuity. Guidelines to our Changing Society. New York: Harper & Row.

Duffy, Mignon (2011): Making Care Count. A Century of Gender, Race, and Paid Care Work. New Brunswick: Rutgers University Press.

Durkheim, Émile (1981): Die elementaren Formen des religiösen Lebens. Frankfurt a. M.: Suhrkamp.

Durkheim, Émile (1984): Die Regeln der soziologischen Methode. Frankfurt a. M.: Suhrkamp.

Durkheim, Émile (1988): Über soziale Arbeitsteilung. Studie über die Organisation höherer Gesellschaften. Frankfurt a. M.: Suhrkamp.

Eichler, Lutz (2013): System und Selbst. Arbeit und Subjektivität im Zeitalter ihrer strategischen Anerkennung. Bielefeld: transcript.

Engels, Friedrich (1962): Der Anteil der Arbeit an der Menschwerdung des Affen. In: Karl Marx und Friedrich Engels (Hg.): Marx-Engels-Werke. Band 23. Berlin: Dietz, S. 444–455.

Engels, Friedrich (1963): Brief von Engels an Marx vom 7.10.1858. In: Karl Marx und Friedrich Engels (Hg.): Marx-Engels-Werke. Band 29, Bd. 29. Berlin: Dietz, S. 357–358.

Engels, Friedrich (1969): Der Ursprung der Familie, des Privateigentums und des Staates. In: Karl Marx und Friedrich Engels (Hg.): Marx-Engels-Werke. Band 21. Berlin: Dietz, S. 30–173.

Fiss, Peer C.; Zajac, Edward J. (2006): The Symbolic Management of Strategic Change: Sensegiving via Framing and Decoupling. In: The Academy of Management Journal 49 (6), S. 1173–1193.

Fligstein, Neil (1996): Markets as Politics. A Political and Cultural Approach to Market Institutions. In: American Sociological Review 61, S. 656–673.

Fligstein, Neil (2001): The Architecture of Markets. An Economic Sociology of Twenty-First-Century Capitalist Societies. Princeton: Princeton University Press.

Ford, Henry (1923): Mein Leben und Werk. Leipzig: List.

Forrester, Viviane (2001): Die Diktatur des Profits. München: Carl Hanser.

Fourcade, Marion (2011): Cents and Sensibility: Economic Valuation and the Nature of "Nature". In: American Journal of Sociology 116 (6), S. 1721–1777.

Friedberg, Erhard (1995): Ordnung und Macht. Frankfurt a. M., New York: Campus.

Friedman, Andrew (1977): Industry and Labour. London: Macmillan.

Friedman, David (1999): Der ökonomische Code. Wie wirtschaftliches Denken unser Handeln bestimmt. Frankfurt a. M.: Eichborn.

Friedmann, Georges (1959): Grenzen der Arbeitsteilung. Frankfurt a. M.: EVA.

Furth, Peter (1991): Soziale Rolle, Institution und Freiheit. In: Harald Kerber und Arnold Schmieder (Hg.): Soziologie. Arbeitsfelder, Theorien, Ausbildung. Reinbek: Rowohlt, S. 213–251.

Galbraith, John Kenneth (1970): Die moderne Industriegesellschaft. München, Zürich: Droemer-Knaur.

Ganßmann, Heiner (1996): Geld und Arbeit. Grundlagen einer Theorie der modernen Gesellschaft. Frankfurt a. M., New York: Campus.

Geiger, Theodor (1929): Zur Soziologie der Industriearbeit und des Betriebes. In: *Die Arbeit* 6, S. 673–689 und S. 766–781.

Geiger, Theodor (1932): Die soziale Schichtung des deutschen Volkes. Soziographischer Versuch auf statistischer Grundlage. Stuttgart: Ferdinand Enke.

Geiger, Theodor (1949): Die Klassengesellschaft im Schmelztiegel. Köln, Hagen: Gustav Kiepenheuer.

Georgeou, Nichole (2012): Neoliberalism, Development, and Aid Volunteering. New York: Routledge.

Gershuny, Jonathan (1978): After Industrial Society? The Emerging Self Service Economy. London, Basingstoke: Macmillan.

Gerst, Detlef (2006): Von der direkten Kontrolle zur indirekten Steuerung. Eine empirische Untersuchung der Arbeitsfolgen teilautonomer Gruppenarbeit. München, Mering: Rainer Hampp Verlag.

Glick, Mark; Brenner, Robert (1999): Der Regulationsansatz: Theorie und Geschichte. In: Arbeitsgruppe Marxismus (Hg.): Kapitalistische Entwicklung und Krisen. Eine marxistische Kritik der „Regulationstheorie". Wien: Arbeitsgruppe Marxismus, S. 37–130.

Glucksmann, Miriam (1990): Women Assemble. Women Workers and the New Industries in Inter-war Britain. London, New York: Routledge.

Goffman, Erving (1973): Rollendistanz. In: Erving Goffman (Hg.): Interaktion. Spaß am Spiel – Rollendistanz. München: Piper, S. 107–149.

Goffman, Erving (1983): Wir alle spielen Theater. Die Selbstdarstellung im Alltag. München: Piper.

Goldthorpe, John H.; Lockwood, David; Bechhofer, Frank; Platt, Jennifer (1967): The Affluent Worker and the Thesis of Embourgeoisement. Some Preliminary Research Findings. In: *Sociology* 1, S. 11–31.

Goldthorpe, John H.; Lockwood, David; Bechhofer, Frank; Platt, Jennifer (1968): The Affluent Worker. Industrial Attitudes and Behaviour. London: Cambridge University Press.

Graeber, David (2012): Schulden. Die ersten 5.000 Jahre. Stuttgart: Klett-Cotta.

Gramsci, Antonio (1967): Philosophie der Praxis. Frankfurt a. M.: Fischer.

Gramsci, Antonio (1999): Amerikanismus und Fordismus. In: Antonio Gramsci (Hg.): Gefängnishefte. Band 9. Hamburg: Argument Verlag, S. 2061–2101.

Guidi, Gianfranco; Bronzino, Alberto; Germanetto, Luigi (1974): Fiat. Struttura aziendale e organizzazione dello sfruttamento. Mailand: Mazotta.

Gurland, Arcadius Rudolf Lang (1969): Zur Theorie der sozial-ökonomischen Entwicklung der gegenwärtigen Gesellschaft. In: Theodor W. Adorno (Hg.): Spätkapitalismus oder Industriegesellschaft? Stuttgart: Ferdinand Enke, S. 48–62.

Haber, Samuel (1964): Efficiency and Uplift. Scientific Management in the Progressive Era 1890–1920. Chicago, London: University of Chicago Press.

Habermas, Jürgen (1981): Theorie des kommunikativen Handelns. Frankfurt a. M.: Suhrkamp.

Hack, Lothar (1977): Subjektivität im Alltagsleben. Zur Konstitution sozialer Relevanzstrukturen. Frankfurt a. M.: Campus.

Hall, Peter; Soskice, David (2001): An Introduction to Varieties of Capitalism. In: Peter Hall und David Soskice (Hg.): Varieties of Capitalism. The Institutional Foundations of Comparative Advantage. Oxford: Oxford University Press, S. 1–68.

Hammer, Michael; Champy, James (1993): Reengineering the Corporation. A Manifesto for Business Revolution. New York: HarperBusiness.

Haug, Wolfgang Fritz (2002): Karl Marx – der Kritiker des Kapitalismus. In: *Das Argument* 245, S. 229–240.

Häußermann, Hartmut; Siebel, Wolfgang (1996): Dienstleistungsgesellschaften. Frankfurt a. M.: Suhrkamp.

Healy, Kieran (2006): Last Best Gifts: Altruism and the Market for Human Blood and Organs. Chicago: University of Chicago Press.

Heidenreich, Martin; Schmidt, Gert (1992): Informatisierung, Arbeitsorganisation und Organisationskultur. Eine vergleichende Analyse der Einführung von Informationssystemen in italienischen, französischen und deutschen Unternehmen. Bielefeld: FSP „Zukunft der Arbeit".

Herkommer, Sebastian; Bierbaum, Heinz (1979): Industriesoziologie. Bestandsaufnahme, Kritik, Weiterentwicklung. Stuttgart: Ferdinand Enke.

Hirsch, Joachim (1995): Der nationale Wettbewerbsstaat. Staat, Demokratie und Politik im globalen Kapitalismus. Berlin: Edition ID Archiv.

Hirsch, Joachim; Roth, Roland (1986): Das neue Gesicht des Kapitalismus. Vom Fordismus zum Post-Fordismus. Hamburg: VSA.

Hirschauer, Stefan (2014): Wozu Gender Studies? Ein Forschungsfeld zwischen Feminismus und Kulturwissenschaft. In: *Forschung & Lehre* (11), S. 880–882.

Hirschhorn, Larry; Gilmore, Thomas (1993): Die Grenzen der flexiblen Organisation. In: *Harvard Business Manager* (1), S. 29–39.

Hochschild, Arlie Russell (1983): The Managed Heart. Commercialisation of Human Feeling. Berkeley: University of California Press.

Hoefnagels, Harry (1966): Soziologie des Sozialen. Einführung in das soziologische Denken. Essen: Hans Driewer.

Hofstätter, Peter R. (1963): Einführung in die Sozialpsychologie. Stuttgart, Wien: Kröner.

Holbeche, Linda (2015): The Agile Organization: How to Build an Innovative, Sustainable and Resilient Business. London: Kogan Page.

Holloway, John; Piciotto, Sol (1979): Introduction: Towards a Materialist Theory of the State. In: John Holloway und Sol Picciotto (Hg.): State and Capital. A Marxist Debate. Austin: University of Texas Press, S. 1–31.

Horx, Matthias (2001): Smart Capitalism. Das Ende der Ausbeutung. Frankfurt a. M.: Eichborn.

Hounshell, David A. (1985): From the American System to Mass Production. 1800–1932. Baltimore: Johns Hopkins University Press.

Hübner, Kurt; Mahnkopf, Birgit (1988): Einleitung. In: Birgit Mahnkopf (Hg.): Der gewendete Kapitalismus. Akteure, Strukturen und Perspektiven. Berlin: Edition Sigma, S. 7–28.

Illich, Ivan (1979): Entmündigende Expertenherrschaft. In: Ivan Illich (Hg.): Entmündigung durch Experten. Zur Kritik der Dienstleistungsberufe. Reinbek: Rowohlt, S. 7–35.

Jakob, Martin (1999): Die Regulationstheorie. In: Arbeitsgruppe Marxismus (Hg.): Kapitalistische Entwicklung und Krisen. Eine marxistische Kritik der „Regulationstheorie". Wien: Arbeitsgruppe Marxismus, S. 7–36.

Jessop, Bob (2003): Postfordismus und wissensbasierte Ökonomie. Eine Reinterpretation des Regulationsansatzes. In: Ulrich Brand und Werner Raza (Hg.): Fit für den Postfordismus? Theoretisch politische Perspektiven des Regulationsansatzes. Münster: Westfälisches Dampfboot, S. 89–113.

Jessop, Bob; Sum, Ngai-Ling (2006): Beyond the Regulation Approach. Putting Capitalist Economies in their Place. Cheltenham, U.K, Northampton, Mass: Edward Elgar.

Jochum, Georg (2010): Zur historischen Entwicklung des Verständnisses von Arbeit. In: Fritz Böhle, G. Günter Voß und Günther Wachtler (Hg.): Handbuch Arbeitssoziologie. Wiesbaden: VS Verlag für Sozialwissenschaften, S. 81–125.

Jürgens, Ulrich (1995): Lean Production in Japan. Myth and Reality. In: Wolfgang Littek und Tony Charles (Hg.): The New Division of Labour. Emerging Forms of Work Organisation in International Perspective. Berlin: de Gruyter, S. 349–466.

Karsunke, Yaak; Wallraff, Günter (1970): Fragebogen für Arbeiter. In: *Kursbuch* 21, S. 2–8.

Katz, Harry (Hg.) (1997): Telecommunications. Restructuring Work and Employment Relations Worldwide. Ithaca: Cornell University Press.

Kern, Horst (1997): Industriesoziologie weit gedacht. In: Daniel Bieber (Hg.): Technikentwicklung und Industriearbeit. Frankfurt a. M., New York: Campus, S. 29–44.

Kern, Horst; Schumann, Michael (1970): Industriearbeit und Arbeiterbewußtsein. Frankfurt a. M.: Suhrkamp.

Kern, Horst; Schumann, Michael (1984a): Das Ende der Arbeitsteilung? Rationalisierung in der industriellen Produktion. München: Beck.

Kern, Horst; Schumann, Michael (1984b): Vers une déprofessionnalisation du travail industriel. In: *Sociologie du travail* 26, S. 398–406.

Kette, Sven (2017): Unternehmen. Eine sehr kurze Einführung. Wiesbaden: Springer VS.

Kieserling, André (2000): Die Soziologie der Selbstbeschreibung. In: Henk de Berg und Johannes F.K. Schmidt (Hg.): Rezeption und Reflexion. Zur Resonanz der Systemtheorie Niklas Luhmanns außerhalb der Soziologie. Frankfurt a. M.: Suhrkamp, S. 38–92.

Kieserling, André (2003): Makropolitik, Mikropolitik, Politik der Protestbewegungen. In: Armin Nassehi und Markus Schroer (Hg.): Der Begriff des Politischen. Baden-Baden: Sonderband 14 der Sozialen Welt, S. 419–439.

Kieserling, André (2004): Selbstbeschreibung von Organisationen: Zur Transformation ihrer Semantik. In: André Kieserling (Hg.): Selbstbeschreibung und Fremdbeschreibung. Beiträge zur Soziologie soziologischen Wissens. Frankfurt a. M.: Suhrkamp, S. 212–243.

Kleemann, Frank; Matuschek, Ingo; Voß, G. Günter (2002): Subjektivierung von Arbeit. Ein Überblick zum Stand der soziologischen Diskussion. In: Manfred Moldaschl und G. Günter Voß (Hg.): Subjektivierung von Arbeit. München, Mering: Rainer Hampp, S. 53–100.

Kluth, Heinz (1995): Arbeiterjugend. Begriff und Wirklichkeit. In: Helmut Schelsky (Hg.): Arbeiterjugend gestern und heute. Heidelberg: Quelle und Meyer, S. 16–174.

Koch, Max (1994): Vom Strukturwandel einer Klassengesellschaft. Theoretische und empirische Analyse. Münster: Westfälisches Dampfboot.

Kocka, Jürgen (1983): Lohnarbeit und Klassenbildung. Arbeiter und Arbeiterbewegung in Deutschland 1800–1975. Berlin: J.H.W. Dietz Nachfolger.

Kocka, Jürgen (1990): Arbeitsverhältnisse und Arbeiterexistenzen. Grundlage der Klassenbildung im 19. Jahrhundert. Bonn: J.H.W. Dietz Nachfolger.

Kratzer, Nick (2003): Arbeitskraft in Entgrenzung. Grenzenlose Anforderungen, erweiterte Spielräum, begrenzte Ressourcen. Berlin: Edition Sigma.

Krippner, Greta R. (2011): Capitalizing on Crisis. The Political Origins of the Rise of Finance. Cambridge, London: Harvard University Press.

Krishnamurthy, Mathangi (2004): Resources and Rebels. A Study of Identity Management in Indian Call Centers. In: *Anthropology of Work Review* 25 (3-4), S. 9-18.

Kronauer, Martin (1997): „Soziale Ausgrenzung" und „Underclass". Über neue Formen der gesellschaftlichen Spaltung. In: *Leviathan* 25, S. 28-49.

Kronauer, Martin (2002): Exklusion. Die Gefährdung des Sozialen im hoch entwickelten Kapitalismus. Frankfurt a. M., New York: Campus.

Kronauer, Martin (2010): Inklusion – Exklusion. Eine historische und begriffliche Annäherung an die soziale Frage der Gegenwart. In: Martin Kronauer (Hg.): Inklusion und Weiterbildung. Reflexionen zur gesellschaftlichen Teilhabe in der Gegenwart. Bielefeld: Bertelsmann, S. 24-58.

Kudera, Werner; Ruff, Konrad; Schmidt, Rudi (1982): Soziale Lage und Bewußtsein von Arbeitern. In: Wolfgang Littek, Werner Rammert und Günther Wachtler (Hg.): Einführung in die Arbeits- und Industriesoziologie. Frankfurt a. M., New York: Campus, S. 269-283.

Kühl, Stefan (2002): Vom Arbeitskraftunternehmer zum Arbeitskraftkapitalisten. In: Eva Kuda und Jürgen Strauß (Hg.): Arbeitnehmer als Unternehmer? Herausforderungen für Gewerkschaften und berufliche Bildung. Hamburg: VSA, S. 81-99.

Kühl, Stefan (2003): Exit. Wie Risikokapital die Regeln der Wirtschaft verändert. Frankfurt a. M., New York: Campus.

Kühl, Stefan (2011): Organisationen. Eine sehr kurze Einführung. Wiesbaden: VS Verlag für Sozialwissenschaften.

Kühl, Stefan (2012): Der Sudoku-Effekt. Hochschulen im Teufelskreis der Bürokratie. Bielefeld: transcript.

Kühl, Stefan (2015a): Das Regenmacher-Phänomen. Widersprüche im Konzept der lernenden Organisation. 2. Aufl. Frankfurt a. M., New York: Campus.

Kühl, Stefan (2015b): Gesellschaft der Organisation, organisierte Gesellschaft, Organisationsgesellschaft. Zu den Grenzen einer an Organisationen ansetzenden Zeitdiagnose. In: Maja Apelt und Uwe Wilkesmann (Hg.): Die Zukunft der Organisationssoziologie. Wiesbaden: Springer VS, S. 73-92.

Kühl, Stefan (2015c): Gruppen, Organisationen, Familien und Bewegungen. Zur Soziologie mitgliedschaftsbasierter sozialer Systeme zwischen Interaktion und Gesellschaft. In: Bettina Heintz und Hartmann Tyrell (Hg.): Interaktion – Organisation – Gesellschaft revisited. Sonderband der Zeitschrift für Soziologie. Stuttgart: Lucius & Lucius, S. 65-85.

Kühl, Stefan (2015d): Sisyphos im Management. Die vergebliche Suche nach der optimalen Organisationsstruktur. 2. Aufl. Frankfurt a. M., New York: Campus.

Kühl, Stefan (2015e): Wenn die Affen den Zoo regieren. Die Tücken der flachen Hierarchien. 6. Aufl. Frankfurt a. M., New York: Campus.

Kurbjuweit, Dirk (2003): Unser effizientes Leben. Die Diktatur der Ökonomie und ihre Folgen. Hamburg: Rowohlt.

Landier, Hubert (1987): L'entreprise polycellulaire. Pour penser l'entreprise de demain. Paris: Éditions Entreprise moderne.

Landshut, Siegfried (1956): Die Gegenwart im Lichte der Marxschen Lehre. In: *Hamburger Jahrbuch für Wirtschafts- und Gesellschaftspolitik* 1, S. 42-55.

Lang, Richard; Hellpach, Willy (1922): Gruppenfabrikation. Berlin: Springer.

Leidner, Robin (1993): Fast Food, Fast Talk. Service Work and the Routinization of Everyday Life. Berkeley: University of California Press.

Leithäuser, Thomas; Volmerg, Birgit; Salje, Gunther; Volmerg, Ute; Wutka, Berhard (1977): Entwurf zu einer Theorie des Alltagsbewußtseins. Frankfurt a. M.: Suhrkamp.

Lieckweg, Tania; Wehrsig, Christof (2001): Zur komplementären Ausdifferenzierung von Organisationen und Funktionssystemen. Perspektiven einer Gesellschaftstheorie der Organisation. In: Veronika Tacke (Hg.): Organisation und gesellschaftliche Differenzierung. Opladen: WDV, S. 39–60.

Liessmann, Konrad Paul (2000): Im Schweiße deines Angesichts. Zum Begriff der Arbeit in den anthropologischen Konzepten der Moderne. In: Ulrich Beck (Hg.): Die Zukunft von Arbeit und Demokratie. Frankfurt a. M., New York: Campus, S. 85–107.

Lillrank, Paul (1995): The Transfer of Management Innovation from Japan. In: *Organization Studies* 16, S. 971–989.

Lincoln, James R.; Kalleberg, Arne L. (1990): Culture, Control and Commitment. A Study of Work Organization and Work Attitudes in the United States and Japan. Cambridge: Cambridge University Press.

Linhart, Robert (1978): L'Établi. Paris: Edition de Minuit.

Lipietz, Alain (1985): Akkumulation, Krisen und Auswege aus der Krise. Einige methodologische Anmerkungen zum Begriff der „Regulation". In: *Prokla* 58, S. 109–137.

Lipietz, Alain (1998): Nach dem Ende des „goldenen Zeitalters". Regulation und Transformation kapitalistischer Gesellschaften. Berlin, Hamburg: Argument Verlag.

Littler, Craig R. (1982): The Development of the Labour Process in Capitalist Societies. A Comparative Study of Transformation of Work in Britain, Japan and the USA. London: Heinemann.

Littler, Craig R. (1990): The Labour Process Debate. A Theoretical Review 1974–1988. In: David Knights und Hugh Willmott (Hg.): Labour Process Theory. London: Macmillan, S. 46–94.

Littler, Craig R.; Salaman, Graeme (1982): Bravermania and Beyond: Recent Theories of the Labour Process. In: *Sociology* 16, S. 251–269.

Littler, Craig R.; Willmott, Hugh (1990): Introduction. In: David Knights und Hugh Willmott (Hg.): Labour Process Theory. London: Macmillan, S. 1–45.

Luhmann, Niklas (1964): Funktionen und Folgen formaler Organisation. Berlin: Duncker & Humblot.

Luhmann, Niklas (1965): Grundrechte als Institution. Berlin: Duncker & Humblot.

Luhmann, Niklas (1971): Zweck – Herrschaft – System. Grundbegriffe und Prämissen Max Webers. In: Niklas Luhmann (Hg.): Politische Planung. Opladen: WDV, S. 90–112.

Luhmann, Niklas (1973): Zweckbegriff und Systemrationalität. Frankfurt a. M.: Suhrkamp.

Luhmann, Niklas (1975a): Allgemeine Theorie organisierter Sozialsysteme. In: Niklas Luhmann (Hg.): Soziologische Aufklärung 2. Opladen: WDV, S. 39–50.

Luhmann, Niklas (1975b): Interaktion, Organisation, Gesellschaft. In: Niklas Luhmann (Hg.): Soziologische Aufklärung 2. Opladen: Westdeutscher Verlag, S. 9–20.

Luhmann, Niklas (1975c): Legitimation durch Verfahren. Frankfurt a. M.: Suhrkamp.

Luhmann, Niklas (1975d): Macht. Stuttgart: Enke.

Luhmann, Niklas (1975e): Selbst-Thematisierungen des Gesellschaftssystems. In: Niklas Luhmann (Hg.): Soziologische Aufklärung 2. Opladen: WDV, S. 72–102.

Luhmann, Niklas (1984): Soziale Systeme. Grundriß einer allgemeinen Theorie. Frankfurt a. M.: Suhrkamp.

Luhmann, Niklas (1985): Zum Begriff der sozialen Klasse. In: Niklas Luhmann (Hg.): Soziale Differenzierung. Zur Geschichte einer Idee. Opladen: WDV, S. 119–163.

Luhmann, Niklas (1988a): Die Wirtschaft der Gesellschaft. Frankfurt a. M.: Suhrkamp.

Luhmann, Niklas (1988b): Geld als Kommunikationsmedium. Über symbolische und dia-bolische Generalisierungen. In: Niklas Luhmann (Hg.): Die Wirtschaft der Gesellschaft. Frankfurt a. M.: Suhrkamp, S. 230–271.

Luhmann, Niklas (1988c): Kapital und Arbeit. In: Niklas Luhmann (Hg.): Die Wirtschaft der Gesellschaft. Frankfurt a. M.: Suhrkamp, S. 151–176.

Luhmann, Niklas (1988d): Organisation. In: Willi Küpper und Günther Ortmann (Hg.): Mikropolitik. Macht und Spiele in Organisationen. Opladen: WDV, S. 165–186.

Luhmann, Niklas (1991): An Ende der kritischen Soziologie. In: *Zeitschrift für Soziologie* 20, S. 147–152.

Luhmann, Niklas (1995a): Die Form „Person". In: Niklas Luhmann (Hg.): Soziologische Aufklärung 6. Opladen: WDV, S. 142–154.

Luhmann, Niklas (1995b): Inklusion und Exklusion. In: Niklas Luhmann (Hg.): Soziologische Aufklärung 6. Opladen: WDV, S. 237–265.

Luhmann, Niklas (1995c): Inklusion und Exklusion. Soziologische Aufklärung 6. Opladen, S. 237–265.

Luhmann, Niklas (1996): Systemtheorie und Protestbewegungen. Ein Interview. In: Niklas Luhmann (Hg.): Protest. Systemtheorie und soziale Bewegung. Frankfurt a. M.: Suhr-kamp, S. 175–200.

Luhmann, Niklas (1997): Die Gesellschaft der Gesellschaft. Frankfurt a. M.: Suhrkamp.

Luhmann, Niklas (2000): Organisation und Entscheidung. Opladen: WDV.

Lukacs, Georg (1923): Geschichte und Klassenbewußtsein. Berlin: Malik-Verlag.

Lutz, Burkhart (1989): Der kurze Traum der immerwährenden Prosperität. Eine Neuinter-pretation der industriell kapitalistischen Entwicklung im Europa des 20. Jahrhunderts. Frankfurt a. M., New York: Campus.

Lutz, Burkhart; Schmidt, Gert (1977): Industriesoziologie. In: René König (Hg.): Handbuch der empirischen Sozialforschung. Band 9. 2. Aufl. Stuttgart: Enke, S. 101–262.

Mallet, Serge (1969): La nouvelle classe ouvrière. Paris: Seuil.

March, James G. (1988): Introduction: A Chronicle of Speculations About Decision Making in Organizations. In: James G. March (Hg.): Decisions and Organizations. Oxford, New York: Blackwell, S. 1–21.

March, James G.; Simon, Herbert A. (1958): Organizations. New York: John Wiley.

Martin, Patricia Yancey (2003): "Aid and Done" Versus "Saying and Doing". Gendering Practices, Practicing Gender at Work. In: *Gender & Society* 17, S. 342–366.

Marx, Karl (1956): Zur Kritik der Hegelschen Rechtsphilosophie. Einleitung. In: Karl Marx und Friedrich Engels (Hg.): Marx-Engels-Werke. Band 1. Berlin: Dietz, S. 378–391.

Marx, Karl (1958): Thesen über Feuerbach. In: Karl Marx und Friedrich Engels (Hg.): Marx-Engels-Werke. Band 3. Berlin: Dietz, S. 533–535.

Marx, Karl (1959a): Das Elend der Philosophie. In: Karl Marx und Friedrich Engels (Hg.): Marx-Engels-Werke. Band 4. Berlin: Dietz, S. 63–182.

Marx, Karl (1959b): Die moralisierende Kritik und die kritisierende Moral Marx. In: Karl Marx und Friedrich Engels (Hg.): Marx-Engels-Werke. Band 4. Berlin: Dietz, S. 331–360.

Marx, Karl (1960): Der achtzehnte Brumaire des Louis Bonaparte. In: Karl Marx und Fried-rich Engels (Hg.): Marx-Engels-Werke. Band 8. Berlin: Dietz, S. 111–207.

Marx, Karl (1961a): Einleitung (zur Kritik der politischen Ökonomie). In: Karl Marx und Friedrich Engels (Hg.): Marx-Engels-Werke. Band 13. Berlin: Dietz, S. 615–641.

Marx, Karl (1961b): Zur Kritik der Politischen Ökonomie. In: Karl Marx und Friedrich Engels (Hg.): Marx-Engels-Werke. Band 13. Berlin: Dietz, S. 3–160.

Marx, Karl (1962a): Das Kapital. Erstes Buch. In: Karl Marx (Hg.): Marx-Engels-Werke. Band 23. Berlin: Dietz, S. 11–955.

Marx, Karl (1962b): Fragebogen für Arbeiter. In: Karl Marx und Friedrich Engels (Hg.): Marx-Engels-Werke. Band 19. Berlin: Dietz, S. 230–237.

Marx, Karl (1964): Das Kapital. Drittes Buch. In: Karl Marx und Friedrich Engels (Hg.): Marx-Engels-Werke. Band 25. Berlin: Dietz, S. 7–930.

Marx, Karl (1985): Ökonomisch-Philosophische Manuskripte. In: Karl Marx und Friedrich Engels (Hg.): Marx-Engels-Werke. Band 40. Berlin: Dietz, S. 465–588.

Marx, Karl; Engels, Friedrich (1958a): Die deutsche Ideologie. In: Karl Marx und Friedrich Engels (Hg.): Marx-Engels-Werke. Band 3. Berlin: Dietz, S. 9–33.

Marx, Karl; Engels, Friedrich (1958b): Manifest der kommunistischen Partei. In: Karl Marx und Friedrich Engels (Hg.): Marx-Engels-Werke. Band 3. Berlin: Dietz, S. 459–493.

Maurice, Marc; Sellier, Francois; Silvestre, Jean Jacques (1982): Politique d'éducation et organisation industrielle en France et en Allemagne. Paris: Presses Universitaires de France.

Maurice, Marc; Sorge, Arndt; Warner, Malcom (1980): Societal Differences in Organizing Manufacturing Units: A Comparision of France, West Germany, and Great Britain. In: *Organization Studies* 1, S. 59–86.

Mayer, Tom (1994): Analytical Marxism. Thousand Oaks, London, New Delhi: Sage.

Meier, Christian (2000): Das Problem der Arbeit in seinen Zusammenhängen. In: Ulrich Beck (Hg.): Die Zukunft von Arbeit und Demokratie. Frankfurt a. M., New York: Campus, S. 67–84.

Meyer, John W.; Rowan, Brian (1977): Institutionalized Organizations. Formal Structure as Myth and Ceremony. In: *American Journal of Sociology* 83, S. 340–363.

Mizruchi, Mark S. (2004): Berle and Means Revisited: The Governance and Power of Large U.S. Corporations. In: *Theory and Society* 33 (5), S. 579–617.

Mizruchi, Mark S.; Stearns, Linda Brewster (1988): A Longitudinal Study of the Formation of Interlocking Directorates. In: *Administrative Science Quarterly* 33 (2), S. 194–210.

Moers, Walter (1993): On the Road. Frankfurt a. M.: Eichborn.

Moldaschl, Manfred; Weber, Wolfgang G. (1998): The "Three Waves" of Industrial Group Work. Historical Reflections on Current Research on Group Work. In: *Human Relations* 51, S. 347–388.

Möller, Kolja; Siri, Jasmin (Hg.) (2016): Systemtheorie und Gesellschaftskritik. Perspektiven der Kritischen Systemtheorie. Bielefeld: transcript.

Mooser, Josef (1983): Auflösung proletarischer Milieus. Klassenbindung und Individualisierung in der Arbeiterschaft vom Kaiserreich bis in die Bundesrepublik Deutschland. In: *Soziale Welt* 34, S. 270–305.

Morf, Otto (1970): Geschichte und Dialektik in der politischen Ökonomie. Zum Verhältnis von Wirtschaftstheorie und Wirtschaftsgeschichte bei Karl Marx. 2. Aufl. Frankfurt a. M.: EVA.

Müller, Hans Peter (1992): Sozialstruktur und Lebensstile. Der neuere theoretische Diskurs über soziale Ungleichheit. Frankfurt a. M.: Suhrkamp.

Müller, Hans Peter (1994): Abschied von der Klassengesellschaft? Über ein „Menetekel" im Spiegel der soziologischen Diskussion. In: Christoph Görg (Hg.): Gesellschaft im Übergang. Perspektiven kritischer Soziologie. Darmstadt: Wissenschaftliche Buchgesellschaft, S. 120–140.

Müller, Wolfgang; Neusüss, Christel (1979): The „Welfare State Illusion" and the Contradiction between Wage Labour and Capital. In: John Holloway und Sol Picciotto (Hg.): State and Capital. A Marxist Debate. Austin: University of Texas Press, S. 32–39.

Müller-Jentsch, Walther (1997): Soziologie der Industriellen Beziehungen. Eine Einführung. 2. Aufl. Frankfurt a. M., New York: Campus.

Nadler, Richard (1999): The Rise of Worker Capitalism. Washington, D.C.: Cato Policy Analysis No. 359.

Neelsen, Karl (1973): Kapital und Mehrwert. Berlin: Dietz.

Neuberger, Oswald (1995): Mikropolitik. Der alltägliche Aufbau und Einsatz von Macht in Organisationen. Stuttgart: Enke.

Neuendorff, Hartmut; Sabel, Charles (1978): Zur relativen Autonomie der Deutungsmuster. In: Karl Martin Bolte (Hg.): Materialien aus der soziologischen Forschung. Darmstadt, Neuwied: Luchterhand, S. 842–863.

Neumann, Alexander (2010): Kritische Arbeitssoziologie. Ein Abriss. Stuttgart: Schmetterling-Verlag.

Oakley, Ann (1985): The Sociology of Housework. Oxford: Blackwell.

Oakley, Ann (1990): Housewife. 2. Aufl. London: Pinguin.

Offe, Claus (1984): Arbeit als soziologische Schlüsselkategorie? In: Claus Offe (Hg.): Arbeitsgesellschaft. Strukturprobleme und Zukunftsperspektiven. Frankfurt a. M., New York: Campus, S. 13–43.

Offe, Claus (1985): Disorganized Capitalism. Contemporary Transformation of Work. Cambridge: Polity Press.

Ortmann, Günther (1994): Dark Stars. Institutionelles Vergessen in der Industriesoziologie. In: Niels Beckenbach und Werner van Treek (Hg.): Umbrüche gesellschaftlicher Arbeit. Göttingen: Soziale Welt Sonderband 9, S. 85–118.

Palmer, Donald (1983): Broken Ties. Interlocking Directorates and Intercorporate Coordination. In: Administrative Science Quarterly 28, S. 40–55.

Parsons, Talcott (1971): The System of Modern Society. Englewood Cliffs: Prentice-Hall.

Piore, Michael J.; Sabel, Charles F. (1985): Das Ende der Massenproduktion. Studie über die Requalifizierung und die Rückkehr der Ökonomie in die Gesellschaft. Berlin: Wagenbach.

Polanyi, Karl (1977): The Great Transformation. Politische und ökonomische Ursprünge von Gesellschaften und Wirtschaftssystemen. Wien: Europa Verlag.

Polillo, Simone (2009): Wildcats in Banking Fields. The Politics of Financial Inclusion. In: Theory and Society 40, S. 347–383.

Pondy, Louis R.; Boje, David M. (1980): Bringing Mind Back in. In: William M. Evan (Hg.): Frontiers in Organization and Management. New York: Praeger, S. 83–101.

Popitz, Heinrich (1958): Zum Begriff der Klassengesellschaft. In: Hamburger Jahrbuch für Wirtschafts- und Gesellschaftspolitik 3, S. 93–102.

Popitz, Heinrich; Bahrdt, Hans Paul; Järes, Ernst August; Kesting, Hanne (1957): Das Gesellschaftsbild des Arbeiters. Soziologische Untersuchung in der Hüttenindustrie. Tübingen: J.C.B. Mohr.

Poulantzas, Nicos (1973): Political Power and Social Classes. London: New Left Books.

Powell, Walter W. (1990): Neither Market Nor Hierarchy: Network Forms of Organization. In: Research in Organizational Behavior 12, S. 295–336.

Projektgruppe Automation und Qualifikation (1976): Entwicklung der Arbeitstätigkeit und die Methoden ihrer Erfassung. Berlin: Argument Verlag.

Provis, Chris (2009): On the Definition of Work. In: Labour & Industry 20, S. 123–137.

Quesnay, Francois (1888): Oeuvres économiques et philosophiques. Frankfurt a.m: Baer Peelman.

Reich, Adam D. (2014): Contradictions in the Commodification of Hospital Care. In: *American Journal of Sociology* 119 (6), S. 1576–1628.

Robertson, Brian J. (2015): Holacracy. The New Management System for a Rapidly Changing World. New York: Holt.

Roth, Karl Heinz (1994): Die Wiederkehr der Proletarität und die Angst der Linken. In: Karl Heinz Roth (Hg.): Die Wiederkehr der Proletarität. Dokumentation der Debatte. Köln: ISP Verlag, S. 11–36.

Rummler, Hans Michael (1984): Die Entstehungsgeschichte der Betriebssoziologie in Deutschland. Eine wissenschaftshistorische Studie. Frankfurt a.m, Bern, New York: Peter Lang.

Saint-Simon, Claude-Henri de (1964): Du système industriel. Aalen: Reprografischer Nachdruck Oevres des Saint Simon et d'Enfantin.

Sako, Mari; Jackson, Gregory (2006): Strategy Meets Indsitutions. The Transformation of Management-Labor Relations at Deutsche Telekom and NTT. In: *Industrial and Labor Relations Review* 59, S. 347–366.

Sauer, Dieter (2010): Vermarktlichung und Vernetzung der Unternehmens- und Betriebsorganisation. In: Fritz Böhle, G. Günter Voß und Günther Wachtler (Hg.): Handbuch Arbeitssoziologie. Wiesbaden: VS Verlag für Sozialwissenschaften, S. 545–568.

Sauer, Dieter; Döhl, Volker (1997): Die Auflösung des Unternehmens? Entwicklungstendenzen der Unternehmensreorganisation in den 90er Jahren. In: ISF, IfS, INIFES und SOFI (Hg.): Jahrbuch Sozialwissenschaftliche Technikberichterstattung. Schwerpunkt Reorganisation. Berlin: Edition Sigma, S. 19–76.

Savage, Mike (2009): Against Epochalism. An Analysis of Conceptions of Change in British Sociology. In: *Cultural Sociology* 3 (2), S. 217–238.

Schelsky, Helmut (1965): Auf der Suche nach Wirklichkeit. Gesammelte Aufsätze. Köln, Düsseldorf: Eugen Diederichs Verlag.

Scherr, Albert (Hg.) (2015): Systemtheorie und Differenzierungstheorie als Kritik. Perspektiven in Anschluss an Niklas Luhmann. Weinheim, Basel: Beltz Juventa.

Scherrer, Christoph (1995): Eine diskursanalytische Kritik der Regulationstheorie. In: *Prokla* 25, S. 457–482.

Schimank, Uwe (2000): Theorien gesellschaftlicher Differenzierung. Opladen: Leske + Budrich.

Schimank, Uwe (2009): Die Moderne. Eine funktional differenzierte kapitalistische Gesellschaft. In: *Berliner Journal für Soziologie* 19, S. 327–351.

Schluchter, Wolfgang (1979): Die Entwicklung des okzidentalen Rationalismus. Eine Analyse von Max Webers Gesellschaftsgeschichte. Tübingen: J.C.B. Mohr.

Schmidt, Gert (1974): Gesellschaftliche Entwicklung und Industriesoziologie in den USA. Eine historische Analyse. Köln: EVA.

Schmidt, Gert (1990): Neue Produktionskonzepte, veränderte betriebliche Interessenstrukturen und Wandel institutioneller Konfliktregulierung versus alter Klassengesellschaft. Von der Klassengesellschaft zur Organisationsgesellschaft. In: Österreichische Zeitschrift für Soziologie 15, S. 3–16.

Schumann, Michael; Baethge-Kinsky, Volker; Kuhlmann, Martin; Kurz, Constanze; Neumann, Uwe (1994): Der Wandel der Produktionsarbeit im Zugriff neuer Produktionskonzepte. In: Niels Beckenbach und Werner van Treek (Hg.): Umbrüche gesellschaftlicher Arbeit. Göttingen: Soziale Welt Sonderband 9, S. 11–43.

Schwinn, Thomas (1995): Funktionale Differenzierung wohin? Eine aktualisierte Bestandsaufnahme. In: *Berliner Journal für Soziologie* 5, S. 25–40.

Scott, John (1997): Corporate Business and Capitalist Classes. Oxford: Oxford University Press.

Scott, W. Richard (2001): Institutions and Organizations. Ideas and Interests. 2. Aufl. Thousand Oaks: Sage.

Senge, Peter M. (1990): The Fifth Discipline: The Art and Practice of the Learning Organization. New York: Doubleday.

Sennett, Richard (1998): Der flexible Mensch. Die Kultur des neuen Kapitalismus. Berlin: Berlin Verlag.

Sennett, Richard; Cobb, Jonathan (1972): The Hidden Injuries of Class. New York: Knopf.

Simmel, Georg (1992): Soziologie. Untersuchungen über die Formen der Vergesellschaftung. Frankfurt a. M.: Suhrkamp.

Simon, Herbert A. (1957): Models of Man. New York: John Wiley.

Spencer, David A. (2000): Braverman and the Contribution of Labour Process Analysis to the Critique of Capitalist Production – Twenty-Five Years on. In: *Work, Employment & Society* 14 (2), S. 223–243.

Spencer, Herbert (1969): Principles of Sociology. 3. Aufl. London: Macmillan.

Springer, Roland (1999): Rückkehr zum Taylorimus? Arbeitspolitik in der Automobilindustrie am Scheideweg. Frankfurt a. M., New York: Campus.

Stacey, Clare (2012): The Caring Self. The Work Experiences of Home Care Aids. Ithaca: Cornell University Press.

Stollberg, Rudhard (1978): Arbeitssoziologie. Berlin: Verlag Die Wirtschaft.

Strangleman, Tim (2016): The Disciplinary Career of the Sociology of Work. In: Stephen Edgell, Heidi Gottfried und Edward Granter (Hg.): The SAGE Handbook of the Sociology of Work and Employment. London: Sage, S. 17–33.

Stuke, Horst (1976): Bedeutung und Problematik des Klassenbegriffs. In: Ulrich Engelhardt, Volker Sellin und Horst Stuke (Hg.): Soziale Bewegung und politische Verfassung. Stuttgart: Ernst Klett Verlag, S. 46–82.

Sweezy, Paul M. (1972): Theorien der kapitalistischen Entwicklung. Frankfurt a. M.: Suhrkamp.

Tacke, Veronika (2015): Perspektiven der Organisationssoziologie. Ein Essay über Risiken und Nebenwirkungen des Erfolgs. In: Maja Apelt und Uwe Wilkesmann (Hg.): Die Zukunft der Organisationssoziologie. Wiesbaden: Springer VS, S. 275–294.

Tanner, Jakob (1999): Fordismus. In: Wolfgang Fritz Haug (Hg.): Historisch-Kritisches Wörterbuch des Marxismus. Band 4. Hamburg, Berlin: Argument Verlag, S. 580–587.

Taylor, Frederick W. (1967): The Principles of Scientific Management. London: Norton.

Thompson, Paul; O'Doherty, Damian P. (2009): Perspectives on Labor Process Theory. In: Mats Alvesson, Todd Bridgman und Hugh Willmott (Hg.): The Oxford Handbook of Critical Management Studies. Oxford, New York: Oxford University Press, S. 99–121.

Thompson, Paul; van den Broek, Diane (2010): Managerial Control and Workplace Regimes. An Introduction. In: *Work, Employment & Society* 24 (3), S. 1–12.

Tilly, Charles (1998): Durable Inequality. Berkeley, Los Angeles, London: University of California Press.

Tönnies, Ferdinand (2010): Geist der Neuzeit. Wien: Profil-Verlag.

Touraine, Alain (1966): La conscience ouvrière. Paris: Seuil.

Türk, Klaus (1989): Organisationssoziologie. In: Günter Endruweit und Gisela Trommsdorff (Hg.): Wörterbuch der Soziologie. Stuttgart: dtv, S. 474–481.

Türk, Klaus; Lemke, Thomas; Bruch, Michael (2002): Organisation in der modernen Gesellschaft. Opladen: WDV.

Tuschling, Burkhard (1976): Rechtsform und Produktionsverhältnisse. Zur materialistischen Theorie des Rechtsstaates. Frankfurt a. M.: EVA.

Tyrell, Hartmann (1978): Anfragen an die Theorie der gesellschaftlichen Differenzierung. In: *Zeitschrift für Soziologie* 7, S. 175–193.

Useem, Michael (1990): Business Restructuring, Management Control, and Corporate Organization. In: *Theory and Society* 19 (6), S. 681–707.

Useem, Michael (1993): Executive Defense. Shareholder Power and Corporate Reorganization. Cambridge: Harvard University Press.

Vahrenkamp, Richard (1976): Taylors Lehren – ein Mittelklassetraum. Überlegungen zu einem Rätsel. In: *Kursbuch* 43, S. 14–26.

Velthuis, Olav (2005): Talking Prices. Symbolic Meanings of Prices on the Market for Contemporary Art. Princeton: Princeton University Press.

Volmerg, Birgit; Senghaas-Knobloch, Eva; Leithäuser, Thomas (1986): Betriebliche Lebenswelt. Eine Sozialpsychologie industrieller Arbeitsverhältnisse. Opladen: WDV.

Voß, G. Günter (1991): Lebensführung als Arbeit. Über die Autonomie der Person im Alltag der Gesellschaft. Stuttgart: Enke.

Voß, G. Günter (1994): Das Ende der Teilung von „Arbeit und Leben"? In: Niels Beckenbach und Werner van Treek (Hg.): Umbrüche gesellschaftlicher Arbeit. Göttingen: Soziale Welt Sonderband 9, S. 269–294.

Voß, G. Günter (2010): Was ist Arbeit? Zum Problem eines allgemeinen Arbeitsbegriffs. In: Fritz Böhle, G. Günter Voß und Günther Wachtler (Hg.): Handbuch Arbeitssoziologie. Wiesbaden: VS Verlag für Sozialwissenschaften, S. 23–80.

Voß, G. Günter; Pongratz, Hans J. (1998): Der Arbeitskraftunternehmer. Eine neue Grundform der Ware Arbeitskraft? In: *Kölner Zeitschrift für Soziologie und Sozialpsychologie* 50, S. 131–158.

Walzer, Michael (1983): Spheres of Justice. A Defence of Pluralism and Equality. Oxford: Robertson.

Waring, Marilyn (1999): Counting for Nothing. What Men Value and what Women are Worth. 2. Aufl. Toronto, Buffalo: University of Toronto Press.

Wark, Mackenzie (1991): From Fordism to Sonyism. In: *New Formations* 15, S. 43–54.

Warnecke, Hans-Jürgen (1992): Die Fraktale Fabrik. Revolution der Unternehmenskultur. Berlin: Springer.

Weber, Max (1976): Wirtschaft und Gesellschaft. Tübingen: J.C.B. Mohr.

Weber, Max (1990): Gesammelte Aufsätze zur Religionssoziologie. Band 1. 10. Aufl. Tübingen: Mohr.

Wehrsig, Christof (1993): Anmerkung zu einer Theorie der Ware Arbeitskraft. In: Heiner Ganßmann und Stephan Krüger (Hg.): Produktion Klassentheorie. Hamburg: VSA, S. 175–180.

Weiss, Hilde (1936): Die „Enquête Ouvrière" von Karl Marx. In: *Zeitschrift für Sozialforschung* 5, S. 76–98.

Westphal, James D.; Zajac, Edward J. (1998): Symbolic Management of Stockholders: Corporate Governance Reforms and Shareholder Reactions. In: *Administrative Science Quarterly* 43, S. 127–153.

Wildemann, Horst (1988): Die modulare Fabrik. Kundennahe Produktion durch Fertigungssegmentierung. München: TCW.

Willes, Margaret (2014): The Gardens of the British Working Class. New Haven: Yale University Press.

Willis, Paul (1977): Learning to Labor. How Working Class Kids Get Working Class Jobs. Farnborough: Taylor & Francis.

Wilson, George; Roscigno, Vincent J. (2016): Public Sector Reform and Racial Occupational Mobility. In: *Work and Occupations* 43 (3), S. 259–293.

Windolf, Paul (1997): Eigentum und Herrschaft Elitenetzwerke in Deutschland und Großbritannien. In: *Leviathan* 25, S. 76–106.

Windolf, Paul (2002): Corporate Networks in Europe and the United States. Oxford, New York: Oxford University Press.

Wingfield, Adia Harvey; Alston, Renée Skeete (2014): Maintaining Hierarchies in Predominantly White Organizations. A Theory of Racial Tasks. In: *American Behavioral Scientist* 58 (2), S. 274–287.

Womack, James P.; Jones, Daniel T.; Ross, Daniel (1990): The Machine that Changed the World. New York: Maxwell Macmillan International.

Wood, Stephen; Kelly, John (1982): Taylorism, Responsible Autonomy and Management Strategy. In: Stephen Wood (Hg.): The Degradation of Work? Skill, Deskilling and the Labour Process. London: Hutchinson, S. 74–89.

Wright, Eric Olin (1978): Class, Crisis and the State. London: New Left Books.

Wright, Eric Olin (1985): Classes. London: Verso.

Zald, Mayer N. (1969): The Power and Function of Boards of Directors: A Theoretical Synthesis. In: *American Journal of Sociology* 75, S. 97–111.

Zelizer, Viviana A. (1985): Pricing the Priceless Child. The Changing Social Value of Children. New York: Basic Books.

Printed in the United States
By Bookmasters